ロベール・ボワイエ
山田鋭夫・平野泰朗◎訳

パンデミックは資本主義をどう変えるか

健康・経済・自由

藤原書店

Robert BOYER
LES CAPITALISMES À L'ÉPREUVE DE LA PANDÉMIE

This book is published in Japan by arrangement with La Découverte,
through le Bureau des Copyrights Français, Tokyo.

日本の読者へ

新型コロナと、グローバリゼーションの後退

二〇一〇年代の末、グローバリゼーションはすでに足踏みをしているように見えた。というのも、世界貿易はもはや世界的成長の原動力ではなくなり、国際資本移動は鈍化し、世界経済開放の推進者であったアメリカは「各国は自分のために」戦略へと転換したからである。これはとりわけ中国に対して、だがしかしヨーロッパに対しても、公然たる保護主義的政策をとることを意味する。アナリストたちは、第二次世界大戦以降で最長の経済拡大局面が続いたという強靭性に驚き、遂には、これほど非典型的な推移を理解すべく、トランポノミクスという用語を作り出すまでになった。

誰もが驚いたことに、その追従者の表現を借りるならば幸福なるグローバリゼーション時代の終焉を画したのは、武漢市で検知され最初は季節性インフルエンザ・ウイルスと同じものだとされていた、遠来のウイルスであった。実際、このウイルスは急速にまずヨーロッパに、次いで南北アメリカ大陸に伝播し、その後また第二波がヨーロッパを包みこんだ。アジアを除いて、多くの政府はパンデミックの予防やこれとの闘い

の準備ができていなかったので、破局的事態のなか、エッセンシャルでないすべての経済活動の停止を決定した。経済的損失の膨大化に直面して、政府は巨額な経済活動支援策を決定し、その際、かつて欧州中央銀行によるユーロ救済を可能にした合言葉――「いかなる犠牲をはらっても」――を前例なき規模で繰り返した。こうした諸政策はＧＤＰの低落や雇用の収縮を止めたが、正常状態に復帰させることはできなかった。なぜなら、経済的利害関係者だけでなく、移動の自由という民間人からの要請にも応えて、社会的距離《ソシアル・ディスタンシング》をとるという措置が緩和されるや否や、感染はいっそう勢いをましたからである。

こうして世界経済は、まったく未知の領域に突入した。つまり、封鎖措置の同時性、各国景気局面の同期化、保護主義的対立の拡大、国際システムの分裂リスクを抑えられない国際諸組織の機能不全、富国ならびに貧国における貧困の再来といったことである。アナリストや政策決定者は突然に、各国の自律性を危うくするような前例なき相互依存を自覚するようになった。こうしたメッセージは、すでに気候変動の認識から引き出されていたはずのものだが、まさにパンデミックのうちに含まれる激烈な変容によって、課題の重大さに見合う統治機構の構築なきグローバリゼーションの構造的危機が指し示されることになった。結局、あらゆる資本主義がこれによって直接かつ不均等に悪影響を受け、それら資本主義の構図再編は、新型コロナの持続的根絶の可能性にかんして、不確実だとの刻印を押されるのである。

新自由主義の失墜と、国家の復権

このウイルスはまた、経済理論、イデオロギー、経済政策、統計制度を介したこれらの道具的利用の領域でも決定的な一時代を画している。

事実、早々に分かったことは、経済はパンデミック以前の均衡に自動的には復帰しないだろうということであり、それだけに、顧客–生産者の対面や諸個人の自由な移動を基盤としたあらゆる部門は、その持続性が危ぶまれている。その結果生ずる部門間接合の解体は一連の悪循環を引き起こし、この悪循環は構造的な安定均衡の存在を前提とする集計モデルなるものを無効化する。新しい古典派のマクロ経済学よ、さらば。公債爆発が持続可能でないことを強調する以外は、これら論者たちは見事なまでに沈黙を守っている。彼らは成長再開の手段について決して意見を述べることはないのである。

新自由主義は三〇年近くにわたって、規制緩和、自由貿易、金融化、賃労働関係のフレキシブル化、公共支出の縮減を正当化してきたが、その新自由主義の支配は突如として正統性を失った。市場競争は経済的不振をつのらせ、世界貿易はゼロサム・ゲームに転化し、トレーダーや金融市場は新型コロナの新奇性と不確実性を前にして茫然自失となり、ＧＡＦＡＭ〔グーグル、アマゾン、フェイスブック、アップル、マイクロソフト〕の株価が高騰したがゆえに不平等が深刻化し、いちばん不安定な層は貧困に陥り、最後に、公共当局は保健医療への過少投資によって、パンデミックとの闘いの効果が危うくなっているのを確認することになった。国家が経済の救済者として戻って来たということは、右派や左派といった政治的方向性の違いを超えて、国家なき社会という幻想の終わりを告げている。かつて国家が問題なのだとされたが、二〇二一年には国家は、暗澹たる悲観論と無分別な楽観論を交互に繰り返す市場の近視眼に対する解決策となるのである。ウイルス由来の経済不振がもつ特殊性から説明できるのは、国家はシュンペーター的でもケインズ的でもないということである。シュンペーター的でないとは、スタートアップ企業はそれ自身では経済回復を主導できないということであり、ケインズ的でないとは、伝統的な公共支出は解決策にならないということである。事実、二〇二〇年、国家はシステミック・リスクへの最後の拠りどころとしての保証者であり、公共の時計の統率者なのである。国家は、将来についての見解を社会化し、それゆえ保健医療危機からの出口の行程表を提起しうる唯一のアクターだからである。換言すれば大危機にあっては、国家は不確実性の縮減者なのである。安定した社会経済レジームが支配する平穏期にあっては、国家は、公共財の計画者にもなるはずであり、この公共財は私的な投資戦略の可能性自体を条件づけることになる。

国家運営の用具もまた危機に陥った。例えば、経済はおよそ均衡の枠外にあり、国家によるサービス測定の慣行が各国ごとに大いに異なっているので、付加価値、需要、所得の三つによる評価法は異なった結果をもたらすという時に、ＧＤＰの測定法もそのような危機に陥った。そこから性急な国際比較がもつ危険が生ずる。ＩＬＯ事務局による定義にそった失業の測定についても、その妥当性が失われているのであるが、それというのも、失業補償によって雇用と失業の境界線が曖昧になっているからである。危機は倒産の激増と結びついているが、もし商事裁判所が人びとの外出禁止によって閉鎖されるならば、何がこれに照応する指標となるのか。そこから、パンデミック第一波における倒産の逆説的低下が結果する。というわけで、公共政策を解明するために作られた統計は陳腐化に見舞われる。感染症の追跡という点で、挑戦はこれと変わることはない。なぜならば、新型コロナ検査の陽性数、新型コロナ用の入院数、コロナ以前期とくらべた関連死者数やさらには超過死亡率などは、それだけ、測定不全や――保健衛生にかんする意思決定を複雑化させる――バイアスによって歪められた指標なのである。数による統治というテクノクラート的幻想から決別しよう。

ひとつの時代の終わり

という次第で、パンデミックは、一時的な影響に終わる偶発的な出来事を意味するものではない。それは一時代の終焉を告知しており、オルタナティブな社会経済レジームを模索しながら探究するという、長期にわたる過程の開始を告知しているのである。レギュラシオン・アプローチは、一九七〇年代におけるフォーディズムの危機以降に構築され、不断に前進してきたが、その土壌はこういうところにあるのではなかろうか。私の希望を表明するならば、それは、本書が市民の関心事と出会い、今世紀初頭の重要課題に見合う政治経済学を展開する志をもった若い研究者の仕事を刺激していく点にある。

最後に、私はこの日本語版をうれしく思っている。それというのも、ブルーノ・テレによって練り上げられた概念——人間労働による人間の生産という概念——が、この日本社会の分析にとってみごとに妥当することを見せつけられたのは、まさに一九九〇年、つまり私がはじめて日本を訪れたときであったからである。日本社会は、人口高齢化問題に直面した最初の社会の一つであった。それ以来、さまざまな研究によって、人間形成型発展様式という概念の発見的性格が確認されてきた。この機会に日本の研究者仲間に厚く感謝したい。彼らはレギュラシオン・アプローチをいち早く吸収し、自分たちの社会について独創的な分析を展開してきた。時代の要請に対して遅れているどころか、一切のお世辞を抜きにして、大いにありうることだが、日本は今世紀の発展モデルとなるものを開拓しつつある。日本は、本書結論で提起した第二のシナリオのうちに位置づけられるのである。

二〇二〇年一二月四日

ロベール・ボワイエ

パンデミックは資本主義をどう変えるか

目次

日本の読者へ　I

パンデミックは資本主義をどう変えるか

健康・経済・自由

謝辞

本書はジャクリーヌ・ジャン（Jacqueline Jean）の励ましと熱意なしには日の目を見なかったであろう。彼女は、新型コロナウイルス感染症の突発によって引き起こされた諸過程から、歴史を遡りつついくつかの偉大な社会経済的アプローチを動員してそれら諸過程を理解することに至るまで、その探究行程のすべての段階にわたって仕事を共にしてくれた。パスカル・コンブマル（Pascal Combemale）の助力とフランソワ・ジェズ（François Gèze）による原稿の整理がなかったなら、本文は以下に見るように読みやすいものとならなかったであろう。

序　説

過去が未来をどう制約するかを理解すること

人間は自分自身の歴史を創るが、しかし、恣意的に、自分で選んだ条件のもとで歴史を創るのではなく、過去から直接に与えられ継承した条件のもとでそうする。すべての死せる世代の伝統が、生きている者の思考に実に重たくのしかかっているのである。

（Karl Marx, *Le 18 Brumaire de Louis Bonaparte*, 1852）

われわれはいま大混乱に遭遇しているが、そこから見えてくる稲妻のごとき天啓は、かつてはバラバラに見えたものがすべて繋がっているということだ。というのも、保健医療上の破局が人間的なものすべてを連鎖的に破局に追いやっているからである。悲劇的なことに、われわれの文明においては、分離的で還元的な思考が君臨し、それが政治や経済を操っているのである。

（Edgar Morin, *Le Monde*, 19-20 avril 2020）

ＣＯＶＩＤ－19〔新型コロナウイルス感染症、以下「新型コロナ」と略記〕のパンデミックは、まことに例外的で予期せぬ出来事であった。これをリアルタイムで分析することなどできるのだろうか。本書の課題は、当初、一九二九年恐慌よりもはるかに深刻な危機と呼ばれ、「前例なき」と呼ばれたこの出来事を理解することにある。危機というものはあるクリティカル・モーメントであって、その出口で経済は、自己変容をとげつつ自らの矛盾を克服するか、それとも自己崩壊する。だからそれはある瞬間であって、恒久的状態ではない。一九二九〜三三年の大不況は危機であった。というのはこの大不況は、適切な制度的配置が欠如していたので、大量消費なき大量生産の終焉を画したからである。二〇〇八年九月、不動産やそのデリバティブ商品の投機バブルが破裂したが、それによってアメリカの金融システムは完全に凍結した。この突然の運命の急転はパニックをまき散らした。というのも数週間の間、ウォール街の金融業者たちはマルクスの予言――資本主義の終焉――が実現したのだと信じていたからである。……国家が救済に乗り出すまでは。

二〇二〇年三月は、そんなことにはならなかった。事の次第がまったく別だったからだ。保健医療《サニテール》上の危機――病院における医療機器不足による多数の死――を回避するために、大多数の政府は経済活動の停止、すなわちエッセンシャルでない全生産の停止を決定した。これら二つの「黒い白鳥《ブラック・スワン》」〔普通には起こりえない衝撃的事態を象徴する語〕――パンデミックと経済凍結――は株式市場パニックのきっかけとなり、一時的に取引が停止された。賃金生活者の所得支援、企業家への信用保証といった大がかりな計画や、とりわけアメリカでの中央銀行によるリファイナンス利用の徹底的緩和、――これらが経済を支え金融パニックにブレーキをかけたのだ。そして各種不安は公的債務の持続可能性へと向けられていった。

これら相異なる事の次第を前にして危機という語に頼ると間違いのもととなる。以上から示唆されるように、二〇〇八年に動員された政策はその時の状況には対応しえたかもしれないが、今回の場合、因果関係は正反対だからである。誤診は政策の間違いへと連なる。

経済諸理論にとって未知の状態に直面したら歴史に戻ること

経済学者たちは構造的に安定した市場経済の機能を定式化することに勤《いそ》しんでいる。彼らはめったに、ゲームのルール、制度、組織——これらの結合によってある社会経済レジームの強靭性《レジリアンス》が保証される——が樹立されるプロセスに関心を払わない。ソビエト体制の崩壊後にロシアで起こった長期不況を彼らが理解できなかったことは、こうした関心の欠如についての何よりの証拠である。さて、大小の差は別にして、これはまさに、パンデミックを抑制すべく経済に押しつけられた昏睡状態からの脱出ということが提起している問題なのである。すなわち、互いに異質で分断された各種成分をもとにして、機能的な経済システムをどのように再構成するか。歴史を回顧してみることをしないので、各人は、自分の教義的ないしイデオロギー的な好みに応じて、ある規範的なアプローチを提起することになってしまう。

景気回復を促進するために生産品に課される税を廃止すべきだ、と経営者団体は要求する。財産税を復活させ、高額所得者への——一時的ないしは恒久的でさえある——課税を創設し、いっそうの社会的正義への道を開くべきだ、と左派の研究者や運動は提唱する。別の人たちは「ゼロからの再出発」を主張する。つまり、最終的にエコロジー的崩壊の脅威を真剣に考え、縮小経済を続けていこうというのである。コロナウイルスの脅威のもと、封鎖《コンフィヌマン》〔外出制限など〕の措置によって縮小経済がありうることが示されたではないか、と。生産能力や各種イデオロギーの解体は——過去からの決定事項がほとんど断ち切られてしまうがゆえに——あらゆる未来が開かれているというほどに重大なことなのだろうか。本書冒頭に引用したマルクスの警句は、歴史へと回帰することによって、最近二〇年間の遺産を探りあてさせてくれよう。ここでの意図は、パンデミックがもたらした大いなる論戦に加わることではない。そうではなく、新型コロナ以来展開され、事実上、保健医療上の危機からの出口となってきた経済的、社会的、そしてとりわけ政治的な各種プロセスが明示されているような、そのような文句なしに分析的な手続きを採用することである。進行中の推移についてきちんとした知識をもっていれば読者は、自ら市民として守ろうとする社会プロジェクトにかんして、意見をもつことができよう。現況をよりよく理解することは、いかなる点においても、現況の転換への障害にはならない。

パンデミックは二〇〇八年危機からの出口に四苦八苦している状況のなかで出現したが、その出口は金融に厳格な枠をはめていく道には通じていなかった。反対に、この出口は経済活動を刺激するために準ゼロ金利を維持するというものであり、こうして金融史上前例なき時代を開くものであった。金融が支配する社会において繰り返される投機的暴走——当面の場合は石油と原材料のそれ——の源泉がそこにある。それは不平等の不断の源泉であり、不平等は資本所得の高額化と雇用の不安定化によって勢いを与えられた。二〇二〇年初頭、政治的責任者たちはウイルスがこうした強力な動きを止めてしまうとは想像できていなかった。

たしかに公衆衛生《サンテ・ピュブリーク》の専門家たちは、ＳＡＲＳ〔重症急性呼吸器症候群〕やＨ１Ｎ１〔新型インフルエンザの一種〕の観察を通して、感染症への準備を整える必要があり、また感染症が起こる蓋然性は頻繁な国際移動とともに高まっているという結論を引き出していた。このメッセージはアジアでは受けとめられたが、アメリカやヨーロッパではそうでなかった。それどころか一般に、各国政府は、感染症と闘うための基礎的設備が不足するおそれがあろうとも、医療費の膨張を抑えようとしてきた。有効な戦略手段——検査・追跡・隔離——が予見できず用意もできなかったので、感染の急拡大によって、封鎖〔ロックダウンなど〕といった抜本的措置が余儀なくされると混乱が広がった。例えば従来から各種政策の歴史があるおかげで、二〇二〇年には、さまざまな国の政府は開かれた選択肢を広範に与えられていた。この履歴現象は、世界経済の広域圏ごとに、また地理的に近接した諸国（例えばフランスとドイツ）の間で、パンデミックによる死亡率が異なる点を理解するにあたって、本質的なことである。問題は制度的構図のいかんであり、それがそれぞれの国民的軌道を規定しているのである。

正常経済の追求よりも人間の命を守ることを優先するという多くの政府の決定は、以前の自由化プログラム——これが医療制度を弱体化させたのだが——によって創設された伝統的ヒエラルキーを逆転させるものであった。この予期せぬ突然の変化は社会全体を覆っていた一連の調節過程を速めることになった。株式市場のパニック、石油価格の崩壊、信用の停止、為替相場の乱高下、正統的財政政策の放棄、等々である。であればこそこれら諸現象は、もはや別々のアプローチの内部ではなく、同時的に分析するのがよい。

新型コロナ危機からの脱出は、こうした悪循環がよく練られた公的介入によって阻止されることを想定している。これが本書全体を貫く導きの糸である。すなわち、経済を公衆衛生・社会・政治の過程へと埋めこむこと、つまり経済学という学問分野を社会科学のなかに統合することである。

新型コロナ——社会の容赦ない分解者

新型コロナの新奇な点は、何よりもまず、評論家や当事者自身が、自ら説明し立ち向かうべき現状について、これを表現する言葉を見出しえないことが明らかになったところにある。対テロ戦争のあとで、対ウイルス戦争を宣言するというのは理解を得られることだっただろうか。パンデミックとの闘いおよび日常生活にとって不要不急の全活動を停止させるという、事実としては政治的・行政的な意思決定であるものを、景気後退《リセッション》――つまり経済循環の内生的反転――と呼ぶのは適切なことだったのか。二〇〇八年に始まった大いなる景気後退期と二〇二〇年三月の経済凍結期に、それぞれ作用していた因果関係を比較してみれば、現況の新奇さが何よりも雄弁に示されることだろう（第1章）。

「前例なき」「前代未聞の」さらには「この一世紀来最大の危機」といった形容詞が濫用されているが、そこには同じような安易さが見られる。実際、パンデミックは不断に更新されており、その都度、時の科学的知識や公共当局の行動能力を超える問題が突きつけられてきた。にもかかわらずパンデミックが更新されるとともに、一定数の規則性が医療・経済・政治権力・宗教の間の関係を支配するようになる。例えば一三四六年のジェノヴァでは、商人たちは、自分たちの商売を破滅に追いやった公衆衛生措置を政治当局者たちが続けていたことに対抗して反乱を起こした。二〇二〇年五月、封鎖措置を徐々に――だが企業の意にそうほどには急速にではなく――解除していった諸国で見られた状況の典型的構図を想定してみよう。この場合でも歴史から学べるのは、パンデミックは経済に対して何十年にもわたる持続的な影響を与えるのであり、このことは急速な正常復帰を推進しようとするポピュリスト政権の楽観主義を中和するはずだということである。加えて、いくつかのパンデミックは、新しい社会経済レジームを生み出すイノベーションの仲介者なのである（第2章）。

非専門家や政治的責任者は、生物学の大きく確実な進歩によって新型コロナは早急に制御できるだろうと信じることができよう。だがこれはウイルス学研究者の警告を無視するものだ。つまり、典型的ウイルスなるものは存在しないのであり、各ウイルスにはそれぞれの特徴があり、これは各ウイルスが拡散すると同時に見つけ出されねばならないものなのである。だから当局は、この新型ウイルスの特徴――その伝染、メカニズム、解毒、ワクチンの可能性――にかかわる根本的不確実性を前にして、長い射程をもった意思決定をする必要があった。それゆえ、遅すぎるが明後日、結局何が分かる分からないということが分かっているというのに、今日、どういう意思決定をしたらよいのか。さらば、合理的経済計算よ！　その結果、全員が模倣的態度をとることになる。一人だけ正しいよりも、みんなで間違えば怖くない、と。こうして各国政府は互いに他を模倣し、結局、パンデミックにかんする一個同一の普及モデルに準拠することになる。金融業者は金融資産を評価する適切な情報をもっていないので、株価指数で表わされる資本に投資して満足する。それと同じように、先の見えない各国政府は前例のない措置によって改革していかざるをえない。これによって第二の根本的不確実性が付け加わる。その最終的影響は誰にも分らないからである。

公的意思決定はぎくしゃくし、公式言説は矛盾しているのだが、その理由のいくつかは以上に由来している。こうした不確実性という含意があるので、責任という問題について重要な帰結が生じる。つまり、いちばん有効だと判明した戦略が事後的にわかったとき、パンデミックへの不適切な処置によって被害を受けた市民は、医療行政やさらには各種政策に対して告訴することができるのだろうか（第3章）。

人間的発展の優位へと向かうのだろうか——楽観は禁物

経済活動の準停止という決定には、いちばん弱い企業の倒産やいちばん弱い人びとの貧困化というリスクがある。だからこの決定は、企業の損益や賃金生活者の所得を支える措置を伴うものでなければならない。フランスでは、国家による大規模出資は財政均衡への復帰計画と縁を切ることになる。こうした政府見解の見直しを正当化したのは、まさに大衆の健康という至上命令と——パニックとまでは言わないまでも——緊急性であった。

しかし、ウイルスに早々と打ち勝つという希望は裏切られ、保健衛生措置を、したがって予算的努力を延長する必要が出てきた。その一方で、二〇二〇年春の数週間が過ぎるにつれていくつかの補正予算が次々と組まれ、GDPの低下予想はますます悪化していった。死者を減らすことの代償は、全人口の所得喪失とくらべて過大になったのではなかろうか。人間の命はいかなる対価をもつものではないと思われていたが、それが代価をもつことになった。実際、ほとんどの部門（旅行、飲食、航空、劇場）が倒産寸前となり、その事業団体はもっと正常な経済活動への復帰を要望した。経済活動は二〇一九年に支配的であったようなそれではありえなくなった。ウイルス伝播への予防措置ということが、生産性、コスト、収益性のうえに重くのしかかってきたからである。

二〇二〇年六月、パンデミックの拡大と――二〇二〇年三月には暗黙的であったが今や公然となった――企業・事業団体の圧力に呼応して、政府は両者の間の裁定をしなければならなくなった。とはいっても、こうした難局からの持続可能な出口は、有効な治療法やワクチンの発見と普及によって、ウイルスに打ち勝つことからしか見出せない。ウイルスの時間は経済の時間を支配しつづけるが、金融は忍耐強くない。というのも金融の眼には、ワクチンの発見は遅いと映っているからだ。これが経済機能の復活にのしかかるもう一つの不確実性だ。政府の意思決定をさらにややこしくしているのは、保健衛生上の緊急立法は自由や個人的権利の縮小に向かう一段階でしかないのではないか、と多くの市民が懸念している点である。感染症の追跡のために個人情報の中央集権化を強めることになりかねないという怖れである（第4章）。

人間の弱さをこう自覚すると、社会が自らに課した優先事項のうちに、一時的でない屈折が刻印されることになるかもしれない。資本を蓄積せよ？　早々と陳腐化する消費財を絶えず刷新する？　あるいはさらに、天然資源が枯渇するのでないかぎり、果てしなく続く「技術進歩」が役に立つのでは？　貧困を克服した社会では、文化や才能教育に開かれた健康な生活は、すでに戦間期にケインズが主張したように、実現可能で魅力的な願望となるのではないのか？

医療費支出の抑制手段にかんする論議、市民的要求に学校が対応することへの懸念、パンデミック期における文化産業の暗い見通し、――これらはかえって、人間労働による人間の生産に立脚した「人間形成型《アントロポジェネティーク》」発展様式とは何でありうるかを浮き彫りにしている。理の当然として、仮に新型コロナによって形成された感情が長続きするものと分かったとしたら、パンデミックはある自覚を生み出すかもしれない。発展への新しいアプローチに向けた道標はすでにできているのだが、長らく遅延させられてきたという自覚である。すなわち、幸福な生活《ビアン・エートル》〔よき生〕の追求が社会のいしずえにならねばならないという自覚である（第5章）。とは言いながら本書は、その後で、こうした楽観的予想を中和することになる。というのも、新型コロナはこれまで既成観念を一掃していないからだ。とりわけ社会内部の権力の分布において、また国際レベルの各種社会の間では、「何も変わらないためには、すべてが変わらねばならない」〔ヴィスコンティ監督の映画『山猫』より〕という格言を想起しよう。

一方で、新型コロナはすでに数多くの行動や実践を変化させている。例えば、消費構造は対面関係がもつリスクを織りこむようになった。労働はデジタル化され、サービス提供の仕事は時間的・場所的に非接触化されるようになった。人びとの国際移動は継続的に阻止された。国際レベルのバリューチェーンは、戦略的とみなされた財の生産に対して一定の国家主権を奪還する努力を前にして、無傷のままでは済まされないであろう。各種の調整《レギュラシオン》様式は転換していくであろうが、過去に逆戻りするチャンスなどない。

他方で、新型コロナは二〇一〇年代以来みられた二つの傾向を加速させた。第一に、数多くの模索のはてに、あらゆる形の情報の利用を中心にすえた強力なプラットフォーム資本主義がアメリカで生まれ、世界を征服しはじめ、遂には超国籍的となった。保健医療危機のなか、このプラットフォーム資本主義はその力を見せつけた。例えば、人工知能やその計算能力によって強化されたアルゴリズムにもとづくｅコマース〔電子商取引〕活動を支えることによって、あらゆる活動にかんしてリアルタイムでの情報を提供することによって、テレワークや遠隔授業を容易にすることによって、新領域（自動運転車、宇宙の商業利用、遠隔診療、医療機器）において開かれた未来への道を開拓することによって、その力を見せつけた。金融筋はといえば、彼らは伝統的経済の衰退という文脈のなかで、自らの長期的成功を確信している。この侵略的で超国籍的な資本主義は、保健医療危機から経済的にうまく脱出し、さらに強力になっていくように見える。

しかし第二に、この資本主義もまた、自らの弁証法的反対物を呼び起こすことになった。国家が推進する無数の資本主義がそれであって、これらの資本主義は経済開放要求を無視することをバネとし、経済分野を含む国民国家の特権を守ろうとしている。グローバリゼーションの利益が消えていくにつれて、各種の国家資本主義の数が増えてきた。その政権はパンデミックによってイデオロギー的に強化され、パンデミックは国境防衛者としての役割を回復させたのである。というわけで本書冒頭の引用句が説明されよう。つまり、多くの観察者があらゆる種類の新興諸世界同士の競争を予想したにもかかわらず、二〇〇〇年代以降に構築された資本主義の支配が明確となってきたのだ。当面の場合でいえば、未来を条件づける過去は、表象やイデオロギーの過去であるよりも、情報、資本、利潤、経済力――これは弱体化した国民国家に対する力へと転換されうる――の集中という過去なのである（第6章参照）。

国際関係崩壊のリスクに直面して経済を社会に再度埋めこむこと

こう書くと必ずや常識からの反論を招く。これほど対立しあった二つの体制をどうやって共存させうるのか、と。事実、両者の相互作用は国際関係の持続性を危険に陥れている。かつてブレトンウッズ体制を構想し押しつけていたヘゲモニー国たるアメリカが、その最も激しい批判者にして破壊者となり、多国間のルールや組織を二国間の——何よりもまず中国という新興勢力との——力関係のゲームによって置き換えるようになって以来、国際関係はすでに脅威にさらされている。国際関係が崩壊するかどうかを決めるのは、両国の戦略的相互作用である。新型コロナはそのようなシナリオの蓋然性をいっそう高めた。

各国は自分のことを、という勢力は伝染していって、六〇年以上にわたる欧州建設は危殆に瀕するまでになった。新型コロナに対する各国の対応が分かれたことに代表されるように、分裂の脅威に直面して不決断の時期があったが、その後、ユーロの終焉に示される政治的危険が明白に理解されるようになった。二〇二〇年五月二七日、欧州委員会が再開されたことは歓迎され、それは野心に満ちていた。単一市場での競争という原則に連帯の原則を付け加える、と。北ヨーロッパ人と南ヨーロッパ人はある妥協にたどり着くのだろうか。確実なことは何も言えない。ナショナリズムは依然として勢力を増しているからだ（第7章参照）。

そこからの出口が何であろうと、新型コロナは経済学者をもっと慎ましやかにし、他の社会科学諸分野による多数の貢献に関心をもたせるようになろう（表0―1参照）。経済学者は、市場経済が理想的にはいかに機能するかについて助言するための準備はできているのだが、しかし、資本主義の力学の核心をなす蓄積過程を分析する点ではあまり明晰ではない。

表 0–1　新型コロナ分析のための各種アプローチの有効性

問題領域	新型コロナ分析への教訓
1. 多様な諸局面を接合するシステムとしての社会	1. 健康・経済・政治の間の相互作用の複合
2. レギュラシオン理論	2. 金融・経済・健康・政治の間の階層性の逆転
3. 不確実な未来にかんする合理性論	3. 未知のウイルスに直面した政策決定者の模倣行動の説明
4. 社会経済史	4. パンデミックと経済の関係への展望
5. 不可逆性の図式	5. 過去の選択によってパンデミックに対する医療制度の強靭性が形成される
6. グローバル化	6. 商品・資本・労働・観光・科学的知識・ウイルス・気候変動間の区別の必要性
7. 監視的な社会と経済	7. モバイルアプリによる新型コロナの追跡（グーグル、アップル）
8. ネットワーク理論	8. 疫学モデルによるネットワークの特性を考慮する可能性とそれをより適切にすること
9. 専門家と政治	9. 政策決定者と疫学専門家会議の関係分析
10. エコロジカルな経済	10. 対自然関係を経済システム転換のうちに再び組みこむこと

経済学ではよく危機は外生的ショックとして分析される。だから経済学者は、パンデミック――これは実際に外来のものだ――の帰結を分析する点で優れているはずだ。だが、現実にはそうでない。というのも経済の停止は、そうとは知らずに有効なコーディネーションを保証していた大部分の制度配置やルールに打撃を与えたからである。そういった制度配置やルールとしては、保健医療上の安全、公共当局への信頼、市場の予見可能性、部門間の補完性、学校・輸送・労働・余暇など社会的諸時間の同期化、根本的不確実性という状況下での意思決定者の責任を定める法的枠組みなどがある。これらはどれも、たんなる経済学の領域を超え、社会科学の各種分野を包含すべき変数である。実際問題として、仮に経済活動を停止するのは簡単だとしても、それを再開させることはまったく別の課題であ

る。パンデミックはまた、市場の効力への信仰がいかに集団的な権限や行動力――とりわけ中央政府や地方機関を通したそれ――を次第に弱めてしまったかを明らかにした。こうした欠陥は新型コロナ危機からの脱出を長引かせ困難にするおそれがある（第8章参照）。

国際関係の行方、ならびに、パンデミックの再発を前にして強靭な経済システムを再建する能力、――これらにかかわる二重の挑戦からの出口を予見することはできない。過去による決定論は戦略的対決に席を譲ることになってしまった。

第1章　困惑的な出来事を分析すること

物事にまちがった名前をつけると世界の不幸が増えてしまう。
（Albert Camus (1913-60), *Poésie 44*, janvier-février 1944）

この章の主題はまず、「コロナウイルス危機」をめぐる意味の曖昧さを取り除くことにある。意味が曖昧だとその分、理解の妨げになるからだ。次に、危機は歴史のなかで相継いで起こり、それら各種危機における恒常的なものと新奇なものを説明するための理論的武器が練り上げられてきたが、それが二〇一九年一二月――新型ウイルスが武漢で確認された日付――以降に観察された劇的な連鎖をとりあえずどのように説明しえたかを示す。結果として言えるのは、比較しても意味がないということだ。人びとに行動制限をかけるという決定は、二〇〇八年九月にアメリカ金融システムの崩壊を招いた投機バブルの破裂と似ている点は何もない。だから、今回は過去の大危機とくらべて驚くべき展開を示しているわけだが、その原動力を分析するためにいくつかの基本仮説を提起することが重要である。最後に、二〇〇八年危機後の経済救済プログラム以降生じた構造転換によって、不均衡と緊張が露わになったが、パンデミックはまさに、こうした事態によって特徴づけられる各種経済のうえに襲いかかってきたのである。

過去の危機から受け継いだ用語は適切でない

すでに一九三〇年代、当時の人びとは長らく躊躇したのちにやっと、歴史的に過ぎ去った事態について戦間期「大不況」と形容するようになった。同じような当惑が二〇二〇年春にも広く見られた（表1―1）。例えばブルームバーグ通信社は、二〇二〇年四月二九日、こう述べた。「アメリカの第1四半期におけるGDPは四・八％の落ちこみとなり、これは一一年間の拡張ののち景気後退《リセッション》に入ったことを表わしている」。ここでリセッションという用語は、全米経済研究所（NBER）――アメリカの民間研究機関――の教科書的定義によれば、成長から2四半期以上にわたる低落という減速に内生的に移行することを指している。新型コロナの蔓延を抑えこもうとして、非エッセンシャルな経済活動をすべて停止するという政府の意思決定については、そんなふうには言えない。むしろ経済活動の「凍結」だといった方が正しかろう。というのも原因は、保健衛生《サニテール》上の脅威への政治的反応にあるからだ。

実際には企業への補償や家計所得の支援のプログラムであるというのに、これを政府によるいわゆる「景気刺激策」だと特徴づけている点にも、同じように疑わしい同類扱いが見られる。こうした意思決定を知らせるにあたって、各国政府は、ユーロ危機の克服を可能ならしめた積極介入主義のレトリックを採用した。「いかなる犠牲をはらっても」(whatever it takes) 介入する用意がある、と。二〇〇八年、破産した金融企業への国家の支援は、信頼の回復、次いで経済活動の回復、最後に雇用の回復にとって決定的であった。だが二〇二〇年、公共財政の爆発的拡大や中央銀行の金融緩和は、保健衛生危機の結果たる閉塞状況に対する「一時的配慮」でしかなかった。これを乗りこえるための前提は、疫学者、医学者、生物学者の研究が成果をあ

表 1–1　まちがった命名が理解を妨げる

よく言われる表現	作動過程の特徴づけ
新型コロナによる**リセッション**	感染症対策のための封鎖決定による生産**停止**
経済**刺激**策	活動委縮への**補償**策
「**いかなる犠牲をはらっても**経済を維持する」	この表現は**金融市場**の信頼回復には有効であったが、生産停止が**実体経済**に起これば有効ではない
新型コロナの**金融**危機	第一に**保健衛生**危機、次いで**経済**危機、最後に金融危機
前例なき危機	疫学（SARS）にかんしてはある種の類似があるので妥当しない 長期的歴史における先行例参照（イタリアにおける検疫隔離期間や中世フランスの健康証明書の考案）
信頼の修復	**生産**の再建
発言による支配（自己実現的な予言）	エッセンシャル財（食糧、医療および対人ケア）生産を保証する**組織能力**

げることにあるのだが、彼らは所詮、ごくわずかな公的援助しかもらっていない。

中央銀行関係者の決定的役割がもっぱら経済的アクター――とりわけ金融関係者――の期待を操ることに置かれるようになって以来、政治的責任者は自らの発言によって舵取りしようとこだわるようになり、時には自己実現的な予言があるのだと信ずるまでになった。残念なことにどのウイルスも、大統領や政府首脳の各種プロジェクト――選挙を含む――に応えようという趣味をもちあわせていない。その結果、市民は、医療部門にパンデミックとの闘いに必要な手段（マスク、検査、病院設備……）を支給するという、政府首脳たちの約束を守れと要求する。ところが多くの国で世論が認めるところによれば、国家の組織能力はその課題を達成できるレベルにはない。

パンデミックという現実に興奮して、解説をまかされたアナリストたちは「前例なき」「前代未聞の」「空前絶後の」といった形容語を頻発した。歴史家たちはもっと落ちついていた。というのも彼らは、パンデミック、国家変容、経済力学の間の関係について多数の規則性を発見していたからである。そして実際、公共行動を導いていくために重要なのは、一定のメカニズムの反復と、それらが不断に刷新される構図へと組み替えなおされていくこととを同時に考察しうるような、そんな問題設定を引き出すことである（**表1―1**）。

だがしかし、大々的な検疫と、時にはパニックになりかねない恐怖で麻痺した経済という文脈――首相・社長・トレーダーだってウイルスにおかされて死ぬ可能性があるのだ――のなかにあっては、経済的均衡という便利な仮説は雲散霧消してしまった。需要と供給の不整合によって無数のプロセスが生まれたが、それらプロセスというのは、新しい均衡に収斂するどころか、欠乏のリスクを高め、株式市場の不安定性を生み、それゆえ長期的プロジェクトの停止を誘発した。つまり、あらゆる領域で「勝手に逃げろ！」という戦略が広まったのである。莫大な政府援助計画はこれを止めようとした。そのような政府援助は、かつて支配的であった市場経済理論が前提としていた自動調節作用に立脚した、ケインズ以前的なマクロ経済学への復帰によっては、明らかにしえないものであった。

安定的レジームの分析にかかわるもう一つの決別点として、情報にもとづく期待が形成されてよい時期に、経済合理性の原則が適用されていることがある。ウイルスがもたらすものに直面するとき、そんなことはありえない。研究者や臨床医は、ウイルスのいちばん本質的な属性をすぐには発見できないのだ。不確実性という状況のなかで思考しなければならないのであって、最適解などわからないことを認める必要がある。私的および公的な意思決定は、もう一つ別の、限定された合理性に立脚してなされねばならない。限定された合理性の出発点は、各活動領域に固有な歴史的・制度的な文脈が与える情報にもとづいた推論にある。したがってあらゆる分析は、特定の時間および空間のうちに位置づけられなければならない。普遍性をもった規則性などめったにないからである。今回の場合でいえば、政治的な意思決定者は和解困難な三つの至上命令の間でうまく操縦する必要があった。すなわち、人びとの健康の防衛、いちばんエッセンシャルな欲求を満たすための経済活動、そして最後に、市民の同意にもとづく正統性、——この三つである。

まさにこの段階で、制度諸形態や活動領域の階層性という概念が登場する。二〇〇〇年代以降、金融領域は自分たちの表象を押しつけてきていた。だが二〇二〇年、パンデミックが突然現れて、生命と健康を守ることこそ経済的繁栄の前提条件であり、加えて、経済活動なき市場金融ごときは形容矛盾だということを思い知らせた。こうした不意の逆転によって、ほとんどのアクターたちの表象が陳腐なものとなった。つまり、トレーダーたちは損失をこうむり、スタートアップ企業の革新者たちは自らのプロジェクトの見直しを迫られ、そして経済学者たちは、新しい構図は自分たちの学問の標準的規範に合致した説明ができないということを認識せざるをえなかった。

まさにこの点に、経済過程を、社会を構造化し政治空間を貫通する諸過程全体——さらにメディアの過程や、法を含む他の諸分野の過程——のうちに再度挿入せねばならない理由がある。資本主義のもとではしばしば、経済が自らのロジックを他に押しつけているのだが、戦争、経済的大危機、それにパンデミックの場合にはもはやそうはならない。レギュラシオン理論が提起したアプローチは、危機にかんする類型論を展開し、これによって長期的歴史における危機の各変種を説明してきた。各社会はその構造に見合った危機を経験する、と（Boyer 2015）。資本主義的関係に支配された経済にあっては、危機は次々と起こるが、同じような危機が反復されることはまずない。なぜなら危機は、社会的、経済的、そして最後に金融的な諸プロセスの不断に刷新されていく接合関係から生じるものだからである。

ウイルス拡散の結果というよりも封鎖という意思決定の結果

新しい不確実性の原点をなす出来事から出発しなければならない。つまり、二〇一九年末、動物から人間へと伝染するウイルスが出現したと、中国の当局者は検知し通告した。国際移動が緊密になったのでウイルスは拡散すると、研究者たちはいち早く確認した。それゆえ、「ミンスキー流」のモーメントという考えは放棄されねばならない。この名は、金融危機にかんするアメリカの経済専門家、ハイマン・ミンスキー（Minsky 1986）に由来しており、このモーメントは最終的に投機バブルが破裂するときに現われる。それよりもむしろ、マルサスへの復帰を考えるのがよかろう。人口の罹患率や死亡率は、いちばんエッセンシャルな財を含む生産を低下させることになるからである。

とはいっても、少なくとも豊かな社会で作動していたのは、こうしたエッセンシャルなメカニズムではない。感染の第一波を制御できなかったので、ウイルス拡散の爆発的増加によって、ほとんどの政府は公共空間の閉鎖というますます厳格な措置をとるようになり、遂には、エッセンシャルなサービスや財の生産・分配に携わっていない者すべてのステイホーム〔外出制限〕を決定した（**図1―1**）。こうして、人命保護の名のもと、政治的意思決定によって生産および需要が突如、全面的に停止することになった。経済よりも健康を！　これは多くの社会の暗黙の価値観や目標を大きくひっくり返すものであった。

産業部門間でも地理の面でも相互に依存しあっているので、そこから一連のドミノ効果が生じた。交通や多くの産業活動はほとんど停止したので、エネルギー需要の、したがって石油価格の暴落が起こった。この動きは石油会社を弱体化し、投資が見送られ、その分いっそう銀行は石油会社の経済的健全性に疑いを抱い

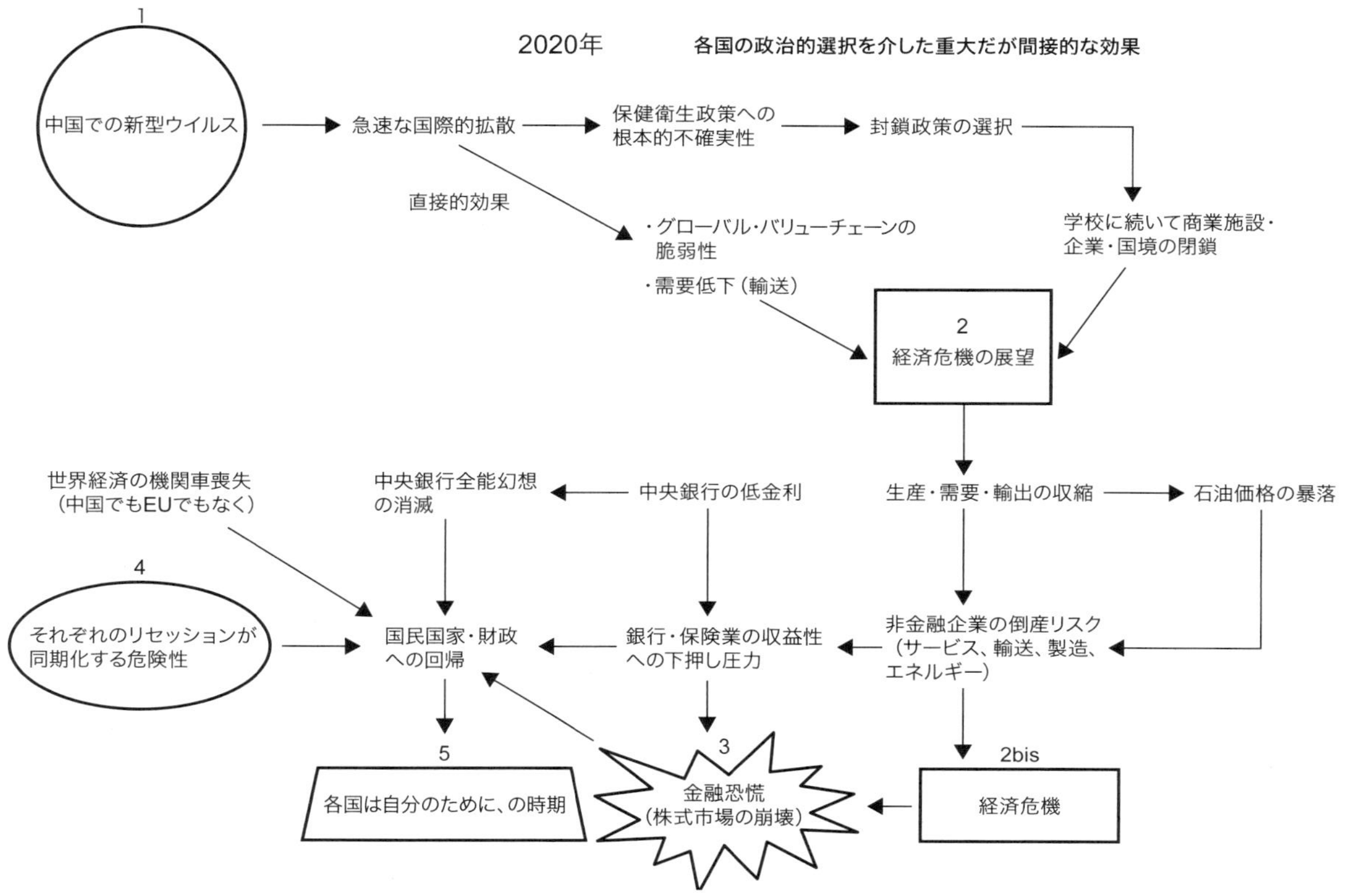
1
2020年
各国の政治的選択を介した重大だが間接的な効果
中国での新型ウイルス
急速な国際的拡散
保健衛生政策への
根本的不確実性
封鎖政策の選択
直接的効果
・グローバル・バリューチェーンの
脆弱性
・需要低下（輸送）
学校に続いて商業施設・
企業・国境の閉鎖
2
経済危機の展望
世界経済の機関車喪失
（中国でもEUでもなく）
中央銀行全能幻想
の消滅
中央銀行の低金利
生産・需要・輸出の収縮
石油価格の暴落
4
それぞれのリセッションが
同期化する危険性
国民国家・財政
への回帰
銀行・保険業の収益性
への下押し圧力
非金融企業の倒産リスク
（サービス、輸送、製造、
エネルギー）
5
各国は自分のために、の時期
3
金融恐慌
（株式市場の崩壊）
2bis
経済危機

図 1–1　新型コロナ——パンデミックから経済そして金融へ

た。こうして商業銀行も投資銀行も信用を利用することを控えねばならなくなり、緊張はこれら銀行の側から移されてきた。そこから北米の株式市場でのパニック売りが生じ、この動きは直ちに残り世界に波及した。ウォール街での取引は一時停止を繰り返したが、これは未来に対する見方が激しく調整されていることの証である。つまり、新型コロナが生産や雇用に与える破壊的な影響を認識したことが、この新しい金融危機の源泉となったのである。

というわけで中央銀行は、支払システムの崩壊を招きかねない流動性競争を止めるために介入しなければならなくなった。問題は実体経済にかかわる企業の信用を保証することであって、二〇〇八年の時のように投資銀行のリスク資産を守ることではなかった。だが、貨幣的用具は早々とその限界が明らかになったが、それというのも、貨幣的用具は企業や賃金生活者が直面していたリスクをごく間接的にしかカバーするものでしかなかったからである。それゆえ二〇二〇年は、公共支出を介した国家の復帰がはっきりしたという点で特徴的である。公共支出の標的は、所得の支援、企業への信用保証の供与、税金や社会保障分担金の免除に置かれた。これらに加えて、国境閉鎖や国内生産の保護措置という決定、例えばパンデミックとの闘いにおける戦略的医療品の輸出禁止、といった決定がなされた。同時に、その同じ政府は互いに、マスク、換気装置《ベンチレーター》、医薬品——これらは救急部門に殺到する病人の処置のためなくてはならぬものとなった——の獲得で高値をつけるべく、世界市場で競争しあうようになった。

要するに、「各国は自分のことを」がパンデミックの逆説的な帰結となったのであり、にもかかわらずこれが、国際レベルで調整された回答だと言われかねないものなのだ。世界保健機関〔WHO〕はこんなことを目的にして創設されたのではなかったのではないか。事実、WHOは国際通貨基金〔IMF〕、世界銀行、さらには世界貿易機関〔WTO〕さえもが得ている力をまったく手にしていない。そして、こうした弱さが時代のかかえる困難のうえに重くのしかかっている。

以前の危機から継承された概念枠組みを当てにしないこと

二〇二〇年春、いくつかの政府や国家機関は、生産の収縮にかんする統計や、アメリカでの失業補償の要求やフランスでの時短就労にかかわる統計を公表した（OCDE 2020; OFCE 2020）。二〇二〇年四月三〇日、欧州中央銀行はパンデミックの広がりに伴う各種シナリオを予想し、そのなかには欧州連合のＧＤＰは年率で五〜一〇％低下するというデータが含まれていた。こうして議論はしばしば、「この危機は二〇〇八年危機よりも深刻となり、さらには一九二九年危機よりも悪化していくのだろうか」という問いへと向かった。これに答えるべく、数々の大危機にかんする回顧的な分析が大いなる教訓を提供している。つまり資本主義にあっては、経済的金融的危機が繰り返し起こるが、どれも互いに似てはいない。だから二〇〇八年の大リセッションを参照することは忘れる必要がある。少なくとも四つの明白な特質が意思決定者の反応を特徴づけた（**図1―2、図1―3、表1―2参照**）。

二〇二〇年一月以来、危機への対応として、まず第一に、以前の危機の際に観察されたいくつかのプロセスが見られたが、そのすべてが見られたというわけではない。例えば、かつての不況時に経験したような、株式市場のパニックや手荒な保護主義政策の採用は起こらなかった。そして、経済、金融、政治領域、社会、そしてとりわけ——今回の危機で敬意をもって加えられた——公衆衛生のすべてが繋ぎあわさったとしても、この点は前例なきものであった。

とはいっても第二に、相異なる各種領域で作用しているプロセスは同等の重要性をもっているわけではな

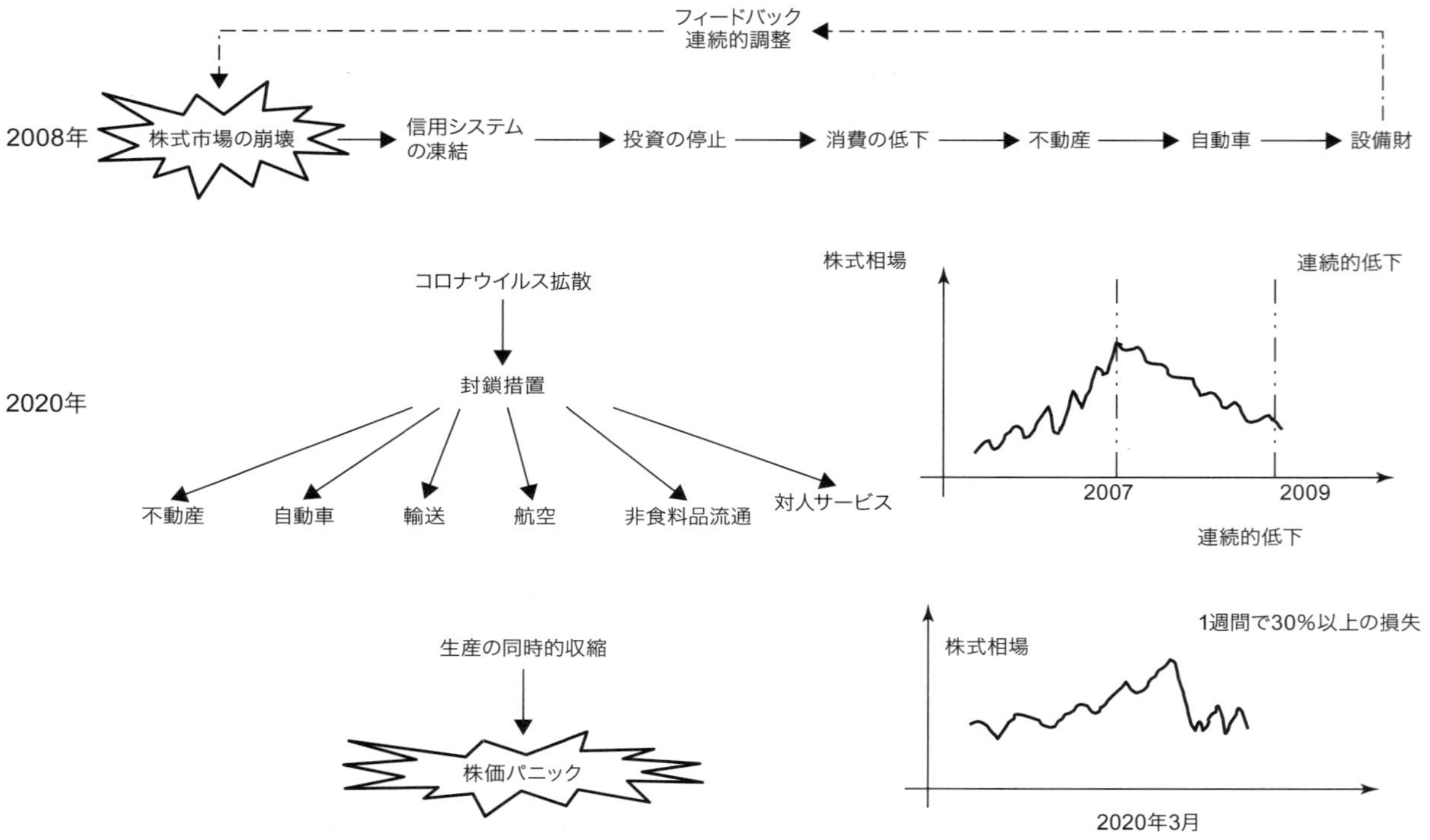

図 1–2　経済活動の突然かつ同時的な停止 vs 金融部門から各種経済部門への危機の伝播

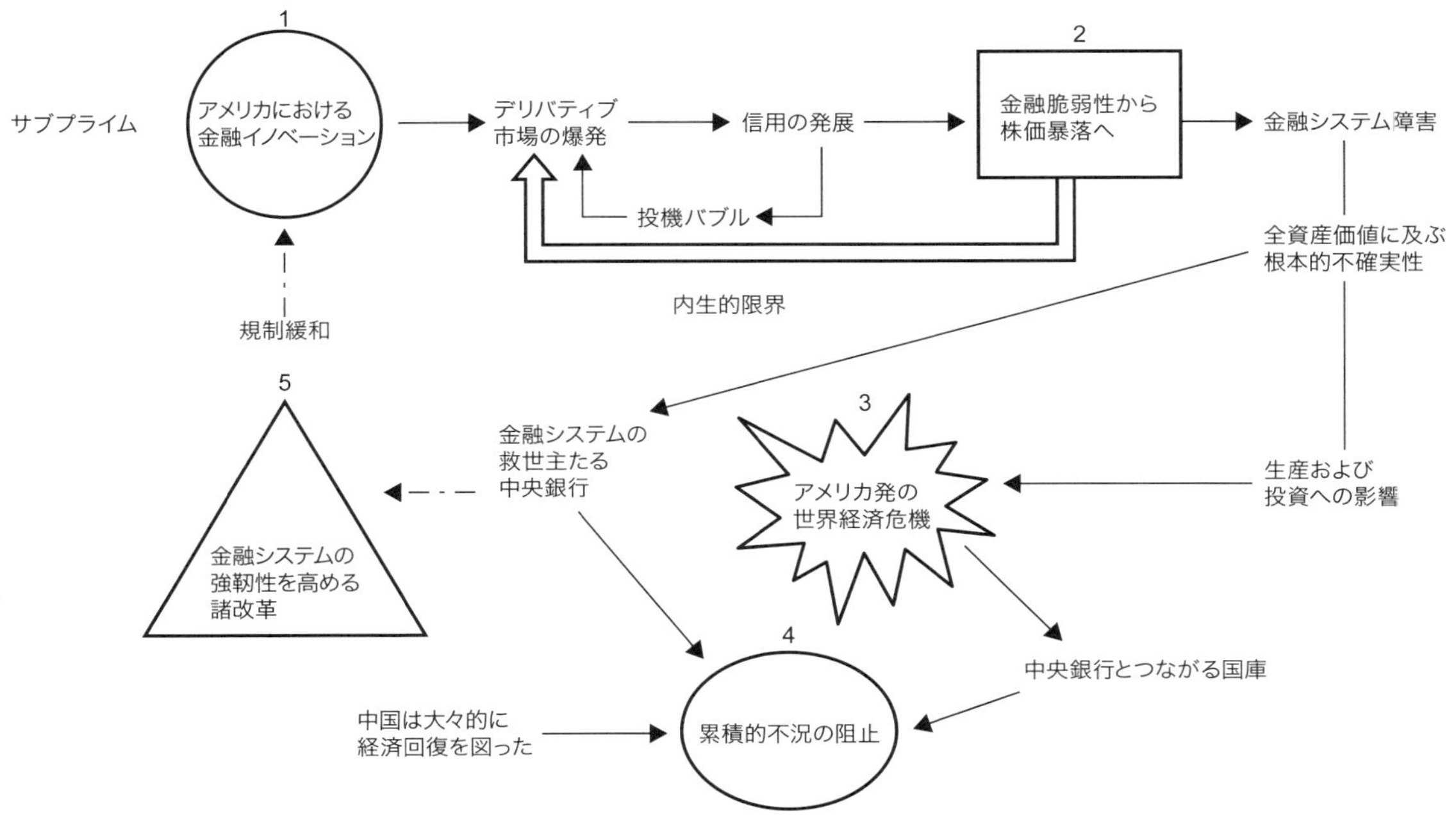

図 1–3　2008 年サブプライム危機の重要要素の連鎖

図1–1、図1–2、図1–3の見方

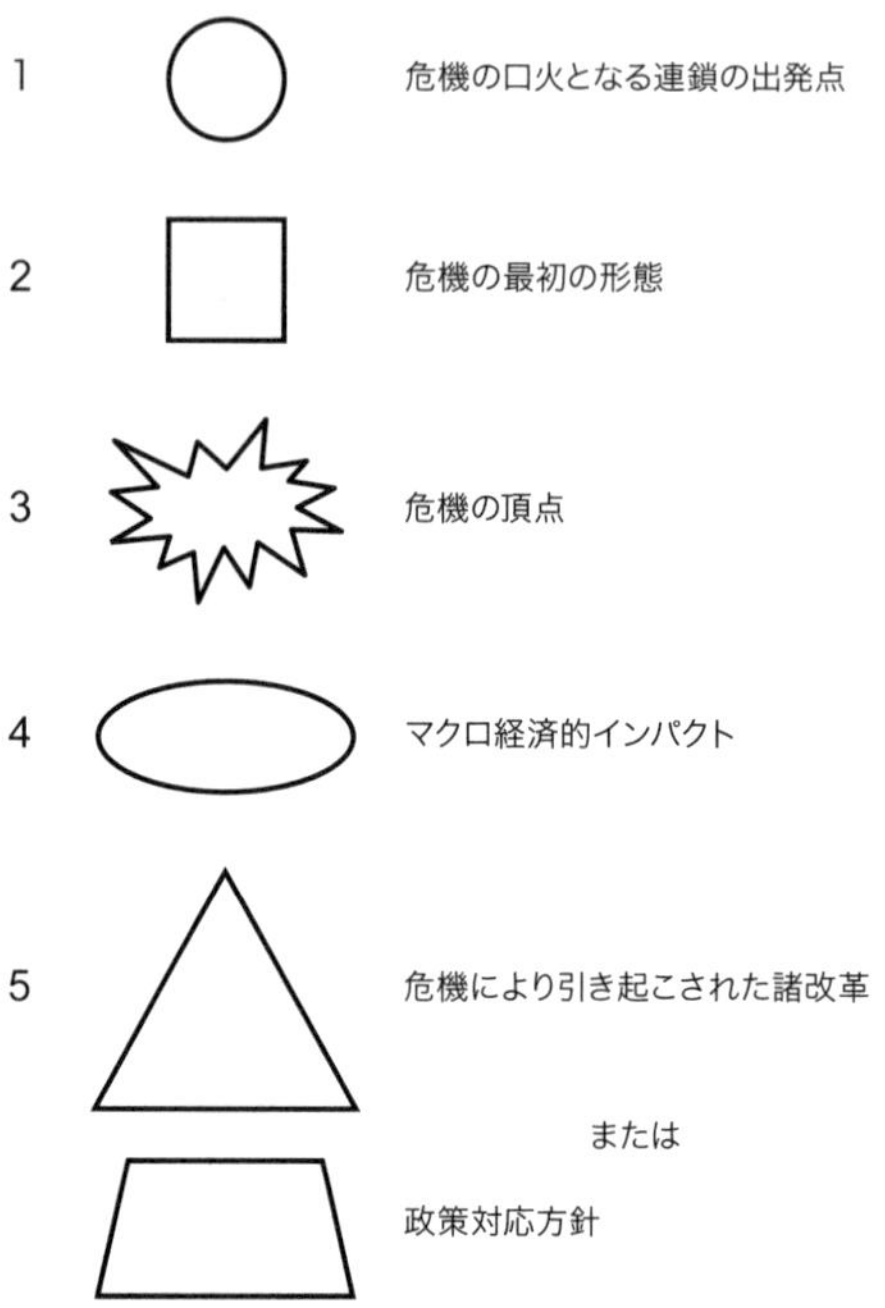

1 ◯	危機の口火となる連鎖の出発点
2 ▢	危機の最初の形態
3 ✦	危機の頂点
4 ⬭	マクロ経済的インパクト
5 △	危機により引き起こされた諸改革
	または
⏢	政策対応方針

い。そのいくつかは他よりも規定力があり、自らのロジックを外部に押しつけている。制度諸形態間の階層性《ヒエラルキー》という概念は、それでもって社会が構成される各種領域を司る概念へと移し替えることができる。コロナウイルスが抜本的に新奇であるのは、経済に対する金融の支配を、政治に対する経済の支配を、公衆衛生の選択に対する政治の支配を、そして――これも重要な点だが――世界的公共財の構築に対する各国のエゴイズムを、それぞれひっくり返してしまった点にあった。二〇二〇年はある大危機への突入を刻印したが、それはたんに、GDPレベルの経済的損失や一定の社会層の貧困化のゆえであるだけでなく、何よりも、自らの長期的再生産条件を保証できない社会経済レジームが限界に到達したがゆえにである。

第三の独自性は、現代社会を貫いているがほとんどの経済理論が無視してきたところの、各種の時間幅の衝突という問題である。イノベーションと金融グローバリゼーションが支配する経済（アメリカ、イギリス）にあっては、健康上の危機からの脱出への希望にリズムを与えるのは株式相場の時間である。あるスタートアップ企業（例えばギリアド）が薬剤やワクチンの見込みを表明し、根拠なき楽観論がまた生まれる、というわけだ。残念ながら、経済の再開のためにはまったく別の条件や推移が前提となる。その条件や推移はあ

表 1–2　根本的に異なる 2 つの要素連鎖とその構図

特　徴	サブプライム	新型コロナ
1. 起源	**アメリカの金融イノベーション**。その外部性は予測されてはいなかったが	中国における新型**ウイルス**の出現
2. 波及過程	信用に煽られた**投機的バブル**。楽観主義があらゆる市場に浸透した	中国発の**感染症**が、個人の移動を介して世界中に拡散した
3. 決定論の度合い／政策選択における開かれ方	**典型的**な金融危機 中央銀行と財務省による事後的な公的救済	パンデミックの**不完全な**モデル化 公衆衛生効果をコントロールするための**予測的**公的介入
4. 危機の性質	**金融**取引の停止が経済危機の口火を切る	二重の性質 ・保健面（罹患率、致死率） ・公共政策の結果として現れる経済面
5. 派生効果	全市場（不動産、株式、信用）の**同期化**	**ドミノ効果**。株式、原油、経済政策の効果を含む根本的不確実性の出現
6. 国際的波及	中国が例外となり、国際的**安定化**に貢献した	中国から世界へと拡大した。各国の危機が**漸次的に同期化**した
7. 危機により誘発された変化	・**金融への再規制** ・**中央銀行**の決定的役割（量的緩和） ・**財政への圧迫**	**国際化**の見直し（バリューチェーンを含む） 非伝統的金融政策が**限界に到達** **国家の回帰**と財政支出の重要性

る固有の時間幅によって、とりわけ労働の安全や需要復活の予測にかんする信頼の回復という時間幅によって刻印されているのである。パンデミックの時間は経済の時間に従いはしないのであり、ましてや金融の時間に従いはしない。アクターたちはこうした証拠をなかなか自らに組み入れることができていない。

第四の教訓は、アクターたちが自らの環境についてもっている認識の程度や、自らの意思決定の帰結について評価する可能性にかかわっている。安定した成長レジームの内部では、相継ぐ経済循環――これによって蓄積の流れにリズムが生まれる――からアクターたちが学んだことと一致するかたちで、彼らがほぼリアルに近い期待を形成するというのは、ありそうなことだ。例えば二〇〇八年危機は、長期にわたる一連の金融危機のうちに刻みこまれていたのであり、その結果、公権力は、不況をストップさせうる政策にかんして参照枠がまったくなかったわけではない。これに対して二〇二〇年一月には、専門家はみなこの新型ウイルスの性質をこれから発見せねばならなかったのであって、萌芽状態の知識しかなかった。だから公的な意思決定をする人たちは、このウイルスとの闘いで最適な戦略は何なのか、決めかねていた。たしかに以前のパンデミックに立ち戻ることが出来たかもしれない。だが、各パンデミックにはそれぞれ異なる特徴、媒介者、治療法があり、昔の経験を十分に伝えることはできない。こうした根本的不確実性を前にするとき、意思決定は、最適解の計算でなく、わずかながらの知識を情報源とした賭けによってなされることになる。最適解なるものは、パンデミックがひとまず収束した時にのみ、つまり遅きに失してのみ、認識されることになろう。意思決定をしながら学ぶというのは、合理的期待の存在を信じるよりも居心地はよくないが、経済外的プロセスにかかわる不確実性という状態のもとでは、合理的期待などはおよそ問題外なのである。

経済は二〇〇八年大危機の帰結を十分には克服していなかった

最後に、経済政策にかんする多数の助言のうちに見られる最後の仮説を取りあげる必要がある。以前の成長レジームはアクターたちみながその魅力の再発見を待ち焦がれていると思われており、その成長レジームに最速で復帰しなければならないという仮説である。実際、新型コロナは、克服されていない多数の不均衡や衝突にみちた経済のなかに出現した。発展した国の経済は、大リセッションの被害をごく部分的かつ不平等にしか克服していなかった。例えば、生産性上昇の停滞が続いていること、一九九〇年以来の日本で見られるようにデフレ懸念が繰り返し起こっていること、自らの回復によって世界経済を安定させていた中国の成長が顕著に減速したことなどである。例えばアメリカは、二〇一九年には一一年間にわたる経済拡大を記録し、経済学者たちはまたもや、経済循環を征服したと信じていた。ヨーロッパの経済はといえば、北部の相対的繁栄と南部の持続的大量失業の対立がこの先も続いていくだろう。

ところで、過去とくらべて所詮はかなり見劣りするこうした結果は、以下にみるような非伝統的な政策が一般化した結果なのである。すなわち、不良資産のマネタイゼーション〔買取り〕、中央銀行によるリファイナンス〔借換え〕基準の持続的拡大、最近ではマイナスの政策金利の受容などである。アメリカについては、巨大な財政赤字と、決して埋め合わせできないほどの貿易収支赤字とが同時存在していることもまた指摘しておかねばならない。もっとも貿易赤字は、アメリカ金融システムがもつ投資収益力に魅力を覚えた海外資本が流入することによって、埋め合わされているのであるが。

これほど特異なレジームの持続性を説明できる理論はまだない。企業、金融筋、規制機関、政治的責任者は日々、プラグマティックなやり方で意思決定をしているが、その際、自分たちの意思決定――そこには重大な結果をもたらすものもいくつかある――を、正当化するとまで行かなくても、せめて説明しうるだけの何らかの理論を参照できないでいる。例えばコロナウイルス以前、ゼロ金利、さらにはマイナス金利の経済からどうやって脱出するか、誰にも分かっていなかった。われわれは経済学者がいまだ知らない領地を開拓しているのだと言い聞かせたところで、現代人はそれほど安堵できるものではない。こうした無理解は、旧秩序への急速な復帰を推奨していた人たちの熱狂に冷や水を浴びせることになろう。というのもそれは、希望ある社会経済レジームというよりも、大いなる無秩序を隠蔽した危ういつぎはぎ細工《ブリコラージュ》だったからだ。

このように二〇一〇年代の一〇年間を特徴づけるのは、金融市場の高額収益と――賃金所得や市民生活の幸福〔よき生〕の点で――実体経済の芳しくない歩みとの間に乖離が起こったことである。実際、金融と経済は離縁した。これを起点としてとりわけアメリカで、所得・資産の不平等が爆発し、政治権力への影響も拡大した。こうした新しい不平等の流れは、広範な国際開放という政治的選択と直接にかかわっており、新自由主義のプロジェクトに加わった社会では敗者への補償など存在しなかった。だからこそ、二〇二〇年の第1四半期から、ウイルスも、外出制限と経済支援の計画も、以前から受け継いだ不平等を強めることになった。例えば、非熟練労働者は高い失業と所得の損失をこうむり、企業や個人のデジタル格差が拡大し、学校入学の不平等が深まった。

最後に、民営化、規制緩和、非集権化、それに公的介入は経済効率を妨げるという危険思想がひろく普及したこと、——これらはそれだけ、社会移転の膨張以上に、公共部門への過少投資の原因となった。一九九〇年代以来、例えば医療費の増大を説明するに際して、それは医学的知識の進歩の現れとか、豊かな社会の市民が健康に暮らしたいという要求の現れとかでなく(第4章参照)、まずい経営の結果だとか、病院経営の近代的手法——医療行為のテイラー主義的マニュアル化を含む——を拒否したからだとか、と説明された。公共セクターとして救急部門を作れと何度も要求しているのに、フランス政府はこれに否定的回答をしていることを、誰が思い起こさないというのか。コロナウイルスは、病院の最終目的は人命救助や病気治癒にあり、そのためにはかなりの手段が必要だということを想起させることになった。

それゆえパンデミックは、われわれの語彙を刷新《アッジョルナメント》するよう要請している。過去から受け継いだ語彙では理解不能だということに直面したからである。今日の新しい状況は、経済学は静かで自動的な需給調節しか扱えないという考えを捨てさせようとしている。代わって、異なった諸領域——医療、経済、金融、政治——で作用している各種プロセス間の接合関係をはっきりさせるようなアプローチが必要だ。このことは、レギュラシオン・アプローチを拡張していくに際しての一段階をなす。二〇二〇年現在、状況は過去の大危機の反復ではまったくない。そこから再検討すべき第一の問題が提起される。感染症、経済力学、社会経済レジーム変化の間にはいかなる関係が存在するのか、と。

第2章　パンデミック、経済、制度変化

まだはっきりしない唯一の問題は、資本主義はそれが破壊していく世界と同時に消滅するかどうか、あるいは、自らの帰結が抑制しがたくなるまでは資本主義自身は危機に突入することはないのかどうか、これを知るとことである。……要するにこれは、資本主義終焉の速さと世界終焉の速さの駈けっこなのだ。

(Michel Freitag (1935-2009), in Gaëtan Tremblay (dir.), *L'Emancipation, hier et aujourd'hui*, 2009)

政府、市民、企業、金融関係者がこぞって、あらゆる意思決定に先だって新型コロナ拡散の統計を注意深く観察しているが、これは株価騰落に左右されてきたこれまでの何十年とくらべて新奇な点である。こうして彼らは、パンデミックの専門家の方を向くようになったが、専門家自身は歴代にわたる長い歴史に教訓を求めている。経済に対するパンデミックの影響について、いくつかの一般的教訓を引き出すことができるのだろうか。経済活動の低下がその激しさや広がりにおいてしばしば前例なきものとして現れているとすれば、新型コロナについても同じような仮説を立て、したがってこのパンデミックについても過去は未来に情報提供をするだろうというのは正当なことか。だがしかし、仮にこのパンデミックが定義によって世界的なもの

だとしても、各社会が同じコースを歩むことはまずないのであって、その理由を理解することが重要だ。事実、研究者たちは国際規模では顕著な反応を示してはいるが、パンデミックの行方には大いなる不確実性がのしかかっている。だからこそ、多くの意思決定当局が模索と試行錯誤をしているわけだ。大金融危機とまったく同じくパンデミックは相継いで起こるが、それらは互いに似ていないのである。

エピソードは反復されるがその記憶はかすむ

医学が進歩することによってやがて、かなたの貧国の人びとを襲うかもしれない感染症がぶり返すという不安はなくなるかもしれない。だが、エイズ〔後天性免疫不全症候群〕は最初の警告であり、コロナウイルスがそれを復活させた。

持続期間と深刻さは大きく異なる

一四世紀以来、一五を下らない数のパンデミックが相継いだ(Jordà, Singh, Taylor 2020)。そこには、一三四七〜五二年にヨーロッパを襲い七五〇〇万人の死者を出したペストの猛威から、一億人が犠牲となった一九一八〜二〇年のスペイン・インフルエンザまで、幅広い拡がりがある。注目すべきは、その持続期間が大きく異なっている点である。つまり、一八二九〜五一年にアジアおよびヨーロッパを襲ったコレラ・パンデミックの第二波はほぼ二二年間にわたったが、二〇〇九年のH１N１の場合はわずか一年であった。エイズを例外として、近年の感染症は最終的に、短期的で、遠隔地に限られ、犠牲者もわずかであった。

こうした歴史記述から分かるのは、第一に、伝染性であれウイルス性であれ、それぞれの感染症は、以前のエピソードから受け継いだ医学的知識では克服できないという問題を提起しているということである。だからこそ、人びとはパニックを起こし当局は困惑する。第二に、こうしたエピソードの持続期間にかんしてはいかなる規則性も明らかでなく、新型コロナのような新しい感染症が爆発すると、将来が狂ってしまう。第三に、エボラ出血熱やＳＡＲＳが欧米の外に局限されたという事実は、保健担当機関に過大な信頼を与えたように思われる。保健当局は、生物学・医学・疫学モデルの進歩によって、大した困難もなく問題に対処しうるだろうと考えてしまった。今回、中国発の感染症が予期せぬかたちで大爆発を起こしたが、それと並んで右の信念も傷ついてしまった。

歴史的に存続するパンデミックへの闘い方を考案すること

パンデミックとの闘いの戦略的核心として四つのタイプのアクターがいる。それによって、歴史を通して考案された多様な装置や方策が説明され（Schama 2020）、またこれは新型コロナとの闘いにおいても見られるものだ（**図2―1**参照）。

こうした状況下では政策当局〔第一のアクター〕は、人的損失を抑制する責任を取らねばならない。例えば、一七二〇年、マルセイユでのペスト大流行に際しては、移動に枠をはめる処置（移動許可証、**図2―1 bis**参照）が考案されたことが記録されている。新型コロナを抑えこむための外出禁止に際して決定された例外的な移動許可証は、これと時を隔てて呼応している。生政治がみごとに戻ってきたのであるが（Foucault 1979）、これは時として高まる外国人嫌いを伴っていた。というのもしばしば、公衆衛生の破局は移民労働者のせいだとされ（一八八二年のニューヨークでのコレラ・パンデミックはアイルランド人のせいにされた）、また今日では、それは外国政府の悪意のせいだとされ、ドナルド・トランプは「中国ウイルス」との汚名を

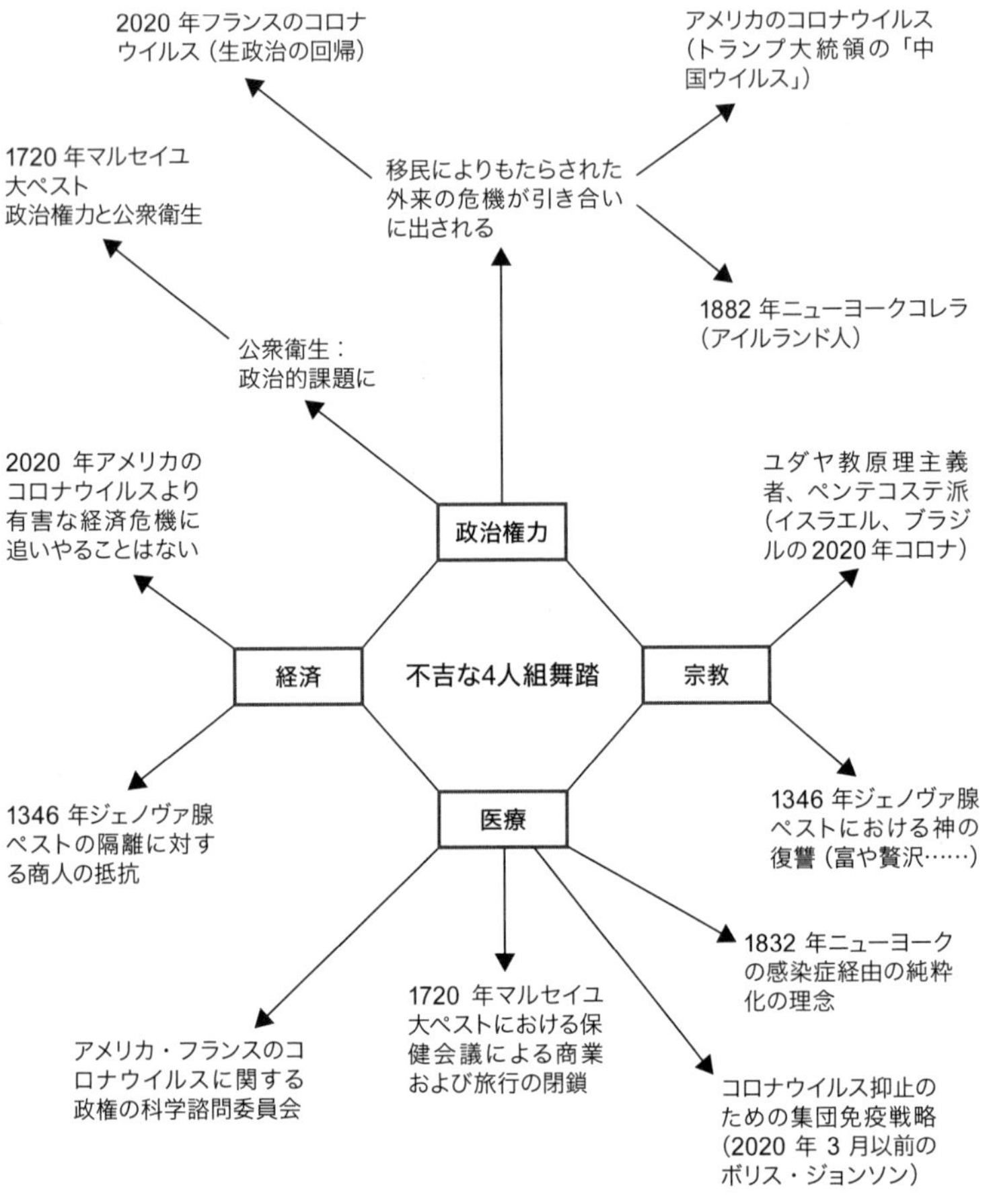

出典：Simon Schama (2020), « Plague time : what history tells us », *Financial Times*, 10 April からの情報を加工

図 2–1　コロナウイルスは前例なきとは言えない反応を引き起こす

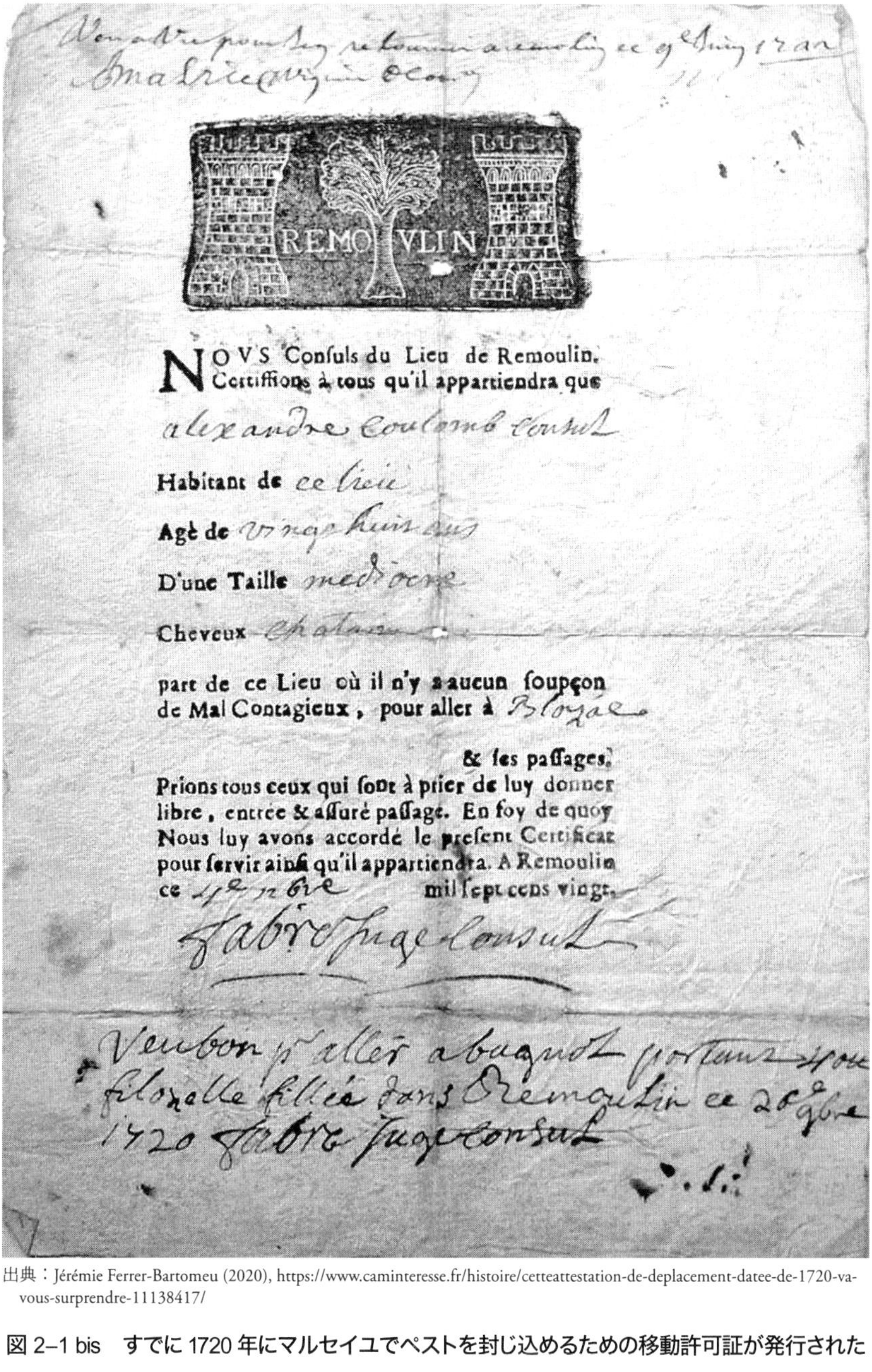
REMO VLIN

NOVS Consuls du Lieu de Remoulin, Certiffions à tous qu'il appartiendra que

alexandre Coulomb Consul

Habitant de ce lieu

Agé de vingt huit ans

D'une Taille mediocre

Cheveux

part de ce Lieu où il n'y a aucun soupçon de Mal Contagieux, pour aller à

& les passages. Prions tous ceux qui sont à prier de luy donner libre, entrée & assuré passage. En foy de quoy Nous luy avons accordé le present Certificat pour servir ainsi qu'il appartiendra. A Remoulin ce mil sept cens vingt.

出典：Jérémie Ferrer-Bartomeu (2020), https://www.caminteresse.fr/histoire/cetteattestation-de-deplacement-datee-de-1720-va-vous-surprendre-11138417/

図 2–1 bis　すでに 1720 年にマルセイユでペストを封じ込めるための移動許可証が発行された

着せている。

もちろん、医療関係者はカギとなる〔第二の〕アクターだ。彼らの知識が進歩することによってこそ、権力は自らを超えるプロセスの解決を期待できるからだ。マルセイユのペスト大流行以来、同市は保健評議会の専門意見を聞くようになったというのは、理解できることではないか。これは結局、二〇二〇年、フランスや他の多くの国――アメリカを含む――が採用した方策と同じものだ。専門家もあやふやな状態なので、感染症の進展は戦略の完全なるひっくり返しへと至ることもある。例えばイギリスでは、当初人びとに急速に免疫を獲得させるという賭けに出たが、それがやがて厳格なる封鎖に取って代わられたケースなどがそれだ。科学的基礎の探究と政治的なものの伝統的自律性との間に弁証法が樹立されるのであり、そこから公衆衛生という至上命令と、世論や経済活動という至上命令の間で裁定がなされねばならなくなる。この緊張は公然たる対立に至ることもあり、それはアンソニー・ファウチ博士〔アメリカ国立アレルギー・感染症研究所長〕とアメリカ大統領の関係としてご覧のとおりである。

一三四六年、ジェノヴァで広まった腺ペスト以降、経済活動の維持という論拠にもとづいて、同市の決定による検疫期間の長さに商人たちが反対することとなった。感染症に勝利したからといって地域経済が破壊されてしまったとしたら、この点どう考えるのか。今日、生産、雇用、財政、社会生活を封鎖することによる損失が公権力によって確認されているとき、これと同じ問いが発せられる。二〇二〇年五月、ウイルスがまだ制圧されていない時でさえ、企業家やフリーランス〔第三のアクター〕――彼らは公的予算による所得支援があっとしてもそれ以上に倒産を恐れていた――の要望に応えるかたちで、多くの政府は徐々に封鎖を解除していこうとした。ここには、公衆衛生と経済を繋ぎ合わせる諸過程という二元論がある。つまり、隔離によって命を守れば欠乏が生じ、その欠乏が今度は、大衆による隔離政策の受容だけでなく、公衆衛生にも悪影響を与える、というわけである。

さらにまた、宗教的な表象も加わってくる〔第四のアクター〕。中世の時代、人びとはしばしば、感染症は悪魔のお告げの表れだと理解した。一三四六年のジェノヴァでは、腺ペストは悪魔の復讐だと解釈されたが、こうした誘惑は今日まで続いている。例えば、ユダヤ教原理主義者やブラジル・ペンテコステ派は新型コロナのなかに、過大な献身を要請する悪魔のお告げを見ている。また時折、新型コロナは地球のエコシステムから人類に差し向けられたメッセージなのだと、大地の女神ガイア神話が持ち出されている。

保健医療システム、経済、時に社会に対する持続的効果

まったくの発端期には、新型コロナはたんに一時的なショックにすぎないといった分析がなされ、断固たる公衆衛生措置によって早急に克服されるだろうと言われていた。だがしかし、パンデミックが長く続くにつれて、経済情勢はV字回復するという仮説は、つまり以前の社会経済レジームに復帰するという仮説は、信用を失った。この点、経済史は貴重な教訓を与えている (Bell et Lewis 2004; Schama 2020; Jordà, Singh et Taylor 2020)。

保健医療システムの革新と転換——反復する出来事

というわけで、感染症は人類史の一部をなしている。とはいっても政策決定者は、歴史上最後の感染症に勝利したことによって、科学や公衆衛生の進歩のおかげで感染症は終わったという幻想を抱くようになった。たしかに専門家たちは、新しい感染症が起こる可能性をずっと考慮に入れ、その起源 (例えば動物からヒト

へのウイルスの伝染）や起こりうる蓋然性を突きとめることさえしてきた。だがしかし、こうした予防の原則は早々と、保健医療システムの経費削減の原則へと席を譲ってしまった。政治権力は予算の裁定を進め、それによって暗黙のうちに、社会の脅威となる新しい劇的なエピソードの突発などありえないとしてしまった。こうした事の次第はコロナウイルスにも当てはまる。コロナウイルスは、その保健医療システムがすでに緊張をはらむようになっていた多くの豊かな社会を驚愕に陥れた。

第二の教訓は近代史を貫くものである。大きな感染症は、政治や公衆衛生にかんする革新の機会ともなる（検疫期間の考案、保健評議会の創設）。新しい脅威が勃発したとき、各種機関のうちに体化された集団的記憶によって、照応する手続きが復活し現代化される。二〇二〇年三月に多くの国で決定された封鎖措置や、大統領や首相に近いところで科学評議会が広く設置されたことなどは、昔から先例がある。例えば、ウイルス蔓延を根絶するための長期的封鎖の維持と、経済基盤や社会連携を維持する必要と、――この両者の現代における困難な裁定は、コロナウイルスによるジレンマに特有なものではない。一三四六年のジェノヴァ商人による抗議を想起されたい。そのロジックは、二〇二〇年のフランスにおけるフランス企業運動〔ＭＥＤＥＦ、フランスの経営者団体〕の要求とそれほど隔たったものではない。

パンデミックの世界的波及と国民的に定着した闘争戦略の間の弁証法もまた、歴史上広く見られる。仮に当初は国境が閉鎖され「自国第一」の合言葉が優勢であったとしても、ひとたび危険が乗りこえられて反省してみれば、疫学的研究や将来のパンデミックとの闘いの戦略を調整する点で、国際的協働の利益が浮かび上がってくる。これが世界保健機関〔ＷＨＯ〕の出発点であった。残念ながら、国際機関はどれも――いつもとは言わないまでも――しばしば、危機やパンデミックに立ち遅れる。ナショナリズム――おまけに外国人嫌い――の誘惑が先立っていればなおそれだけ、立ち遅れてしまう。それゆえ、現在の情勢はまったく「前例がない」と主張するのは問題である。経済的帰結については確かにそうかもしれないが（第４章参照）、公衆衛生の領域ではそうではない。

過去は経済に対して長期的効果を及ぼす

商業資本主義やこれに次ぐ産業資本主義が支配的になる以前、気候条件によって農業に悪影響を与える危機が繰り返し起こった。経済史はこれを「旧式危機」と呼んだ。こうした文脈では、感染症は食糧不足からくる多数の死者によってさらに深刻化した。このとき、過酷をきわめる食糧不足は長期的軌道に影響を与える性質がある。ごく大ざっぱにいって、死者が多いと慢性的な人手不足が生ずるようになり、これが土地所有者と耕作民との、金持ちと労働者・職人との、交渉力を逆転させていくことになる。

コロナウイルスによって喚起された研究によって、一四世紀から今日までの期間について、一〇万人以上が死んだあらゆるパンデミックについての計量経済学的分析が行われるようになった（Jordà, Singh et Taylor 2020）。こうした長期系列の数量分析を行う際に必要な注意を払ったうえでのことだが、その影響はほぼ四〇年間みられることが判明した（**図２―２**および**図２―３**参照）。賃金生活者はこの大パンデミックで最終的に得をし、他方、資本収益は低下し、四〇年後になっても以前の水準に戻らなかった。だから、こうしたエピソードは経済史上のマークポイントであり、したがってコロナウイルスがこのカテゴリーに入りうるかどうか、問うてみる必要がある。この新来のウイルスの特徴把握がまだできていないことを考慮すると予測には危険が伴うだけに、これは事後にしかわからないことかもしれない。それはともかくとして、従前なみの成長への早急なる回帰という経済学者たちの希望は、ウイルスの根絶が遅くなるにつれてかすんでいくことがわかる。

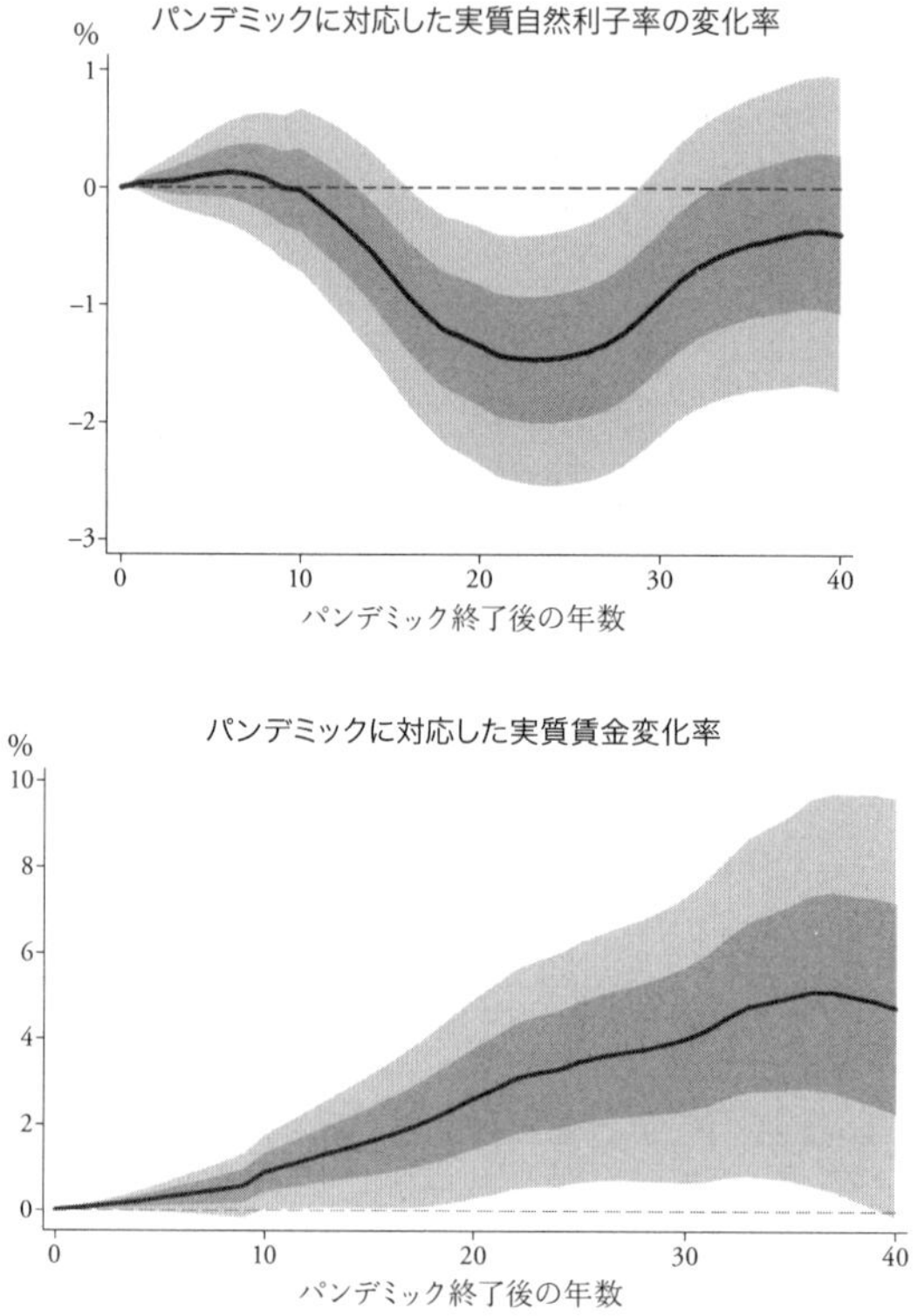

出典：Òscar Jordà, Sanjay R. Singh et Alan M. Taylor (2020), « Longer-run economic consequences of pandemics », CEPR, p. 11.

図 2–2　資本収益の低下と回復および実質賃金の増加

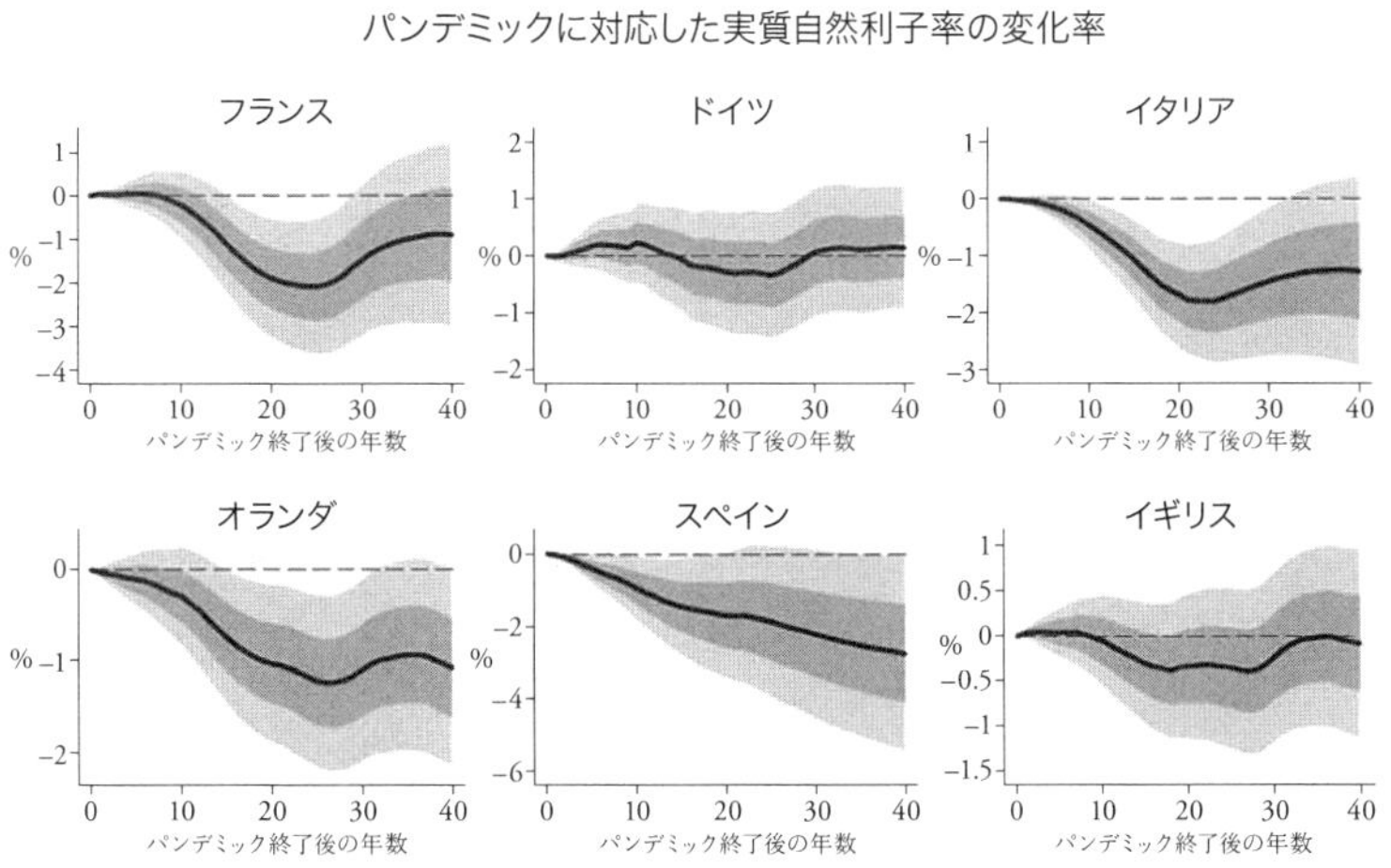

出典：Oscar Jorda, Sanjay R. Singh et Alan M. Taylor (2020), « Longer-run economic consequences of pandemics », CEPR, p. 9.

図 2–3　過去のパンデミック――各国ごとに異なる経済的帰結

感染症のなかには社会経済レジーム変革のきっかけとなったものもある

封建制度からの脱出にかんする一つの解釈によれば、大きな感染症が引き起こした人口減少の役割が強調されている。人口が減少するなかで、土地所有者に不利に、土地耕作者や商人に有利なかたちで、権力が次第に逆転していったというわけである。こうした長いプロセスの果てに、この新しい社会関係はある独自な経済レジーム――商業資本主義――へと結晶していった。コロナウイルスにそのような力があるかどうかははっきりしない。というのも、社会構造は大いに異なっているし、豊かな国の調整様式はもはやマルサス的メカニズムに立脚していないし、さらにまた、封鎖が経済活動を凍結し、資本収益だけでなく賃金生活者の雇用・所得を窮地に追いこんだからである。それゆえ、保健衛生および経済の危機からの脱出が資本と労働の関係をどのように修正していくのか、――これについて予想するのはリスクが伴う。

その昔、南アメリカの征服は、先住民を壊滅させ長年にわたる強力な社会政治レジームを終わらせた病気を持ちこんだことと不可分であった。ここでもまた、比較は意味をなさない。今日では、コロナウイルスは人びとの国際移動によって伝染しており、またおそらく、世界需要の鈍化の影響こそが、アフリカや南アメリカの諸国の人びとにこの上なく手ひどい打撃を与えるだろうからである。

コロナウイルス——連続性と新奇性

医学的にみて、かなりの死者を甘受することによって人びとの免疫獲得化の戦略をとるか、感染症の規模を抑えるか、——この両者の間でのためらいが二〇二〇年には見られた。イギリスの例がそれを証している。だが、多くのＳＡＲＳ－ＣＯＶ－２〔ＣＯＶＩＤ－19のウイルスに国際ウイルス分類委員会が与えた名称〕のキャリアがその兆候を示さないという事実によって、その波及の制御が厄介なものになっている。おまけに、諸個人の国際移動によって、中国からヨーロッパへ、次いでアメリカへと、素早い伝播が起こった。これは、例えばＳＡＲＳにくらべて二重に新奇な点であった。だから、新型コロナウイルスについての経過を予想するのであれば、ＳＡＲＳにこだわっているわけにはいかない。加えて、いくつかの感染症がほぼ同時に起こっているということは、保健衛生上の緊急事態が世界的性格のものだということを浮き彫りにしている（**コラム2—1**参照）。

政治分野では、ためらうことなくウイルスに国籍を与える政府もあり、大多数の政治責任者は国境管理、さらには一時的な国境閉鎖を始めた。ところで中国は、コロナウイルスの発生地であると同時に、医療品（欧州諸国が買おうとしていたマスクを含む）の生産基地であり、感染症対策に利用されうる医薬品のほとんどの有効成分の生産基地である。こうした矛盾があるから、中国相手に自国空間や排外空間に閉じこもろうという意思があっても、それは功を奏さない。中国政府が「マスク外交」を実行し、こうして国際連帯を証しているだけに、なおさらそうだ。世界空間を貫く矛盾のほどが知られよう。さらにまたウイルスは、貿易や知的所有権をめぐる米中の対立関係のなかに追加の戦線を開くことになった。われわれはたしかに二一世紀にいるのであり、その特徴は、一九四五年以降の国際関係の構図を作ってきたヘゲモニー強国の衰退と、ドル中心体制を排除していくであろうレジームのなかに自国の席を見出そうとしている国の躍進と、である。

まさに経済分野において、この画期的変化がいちばん明白に示されている。豊かな社会が人命保護のために認めた価値観——これはまた死者の抑制にかかわる——によって、しばしばきわめて厳格な封鎖の決定へとつながり、これは直ちに相当な規模で需要と生産を低下させた（第1章参照）。各種政策がほぼ同時に実施されたが、これは事実上前例のないことだった。というのもこれは、保健衛生政策に適用されたグローバリゼーションの失敗を意味するものだからである。第二の帰結は、株式市場の中心的役割にかかわるものであり、これは特に金融イノベーションに支配されたレジームにおいて言えることだ。つまり、パニックは国から国へと伝染したが、それというのもトレーダーたちは、パンデミックの制御がいちばん上手な諸国を追い求めるからである（第4章参照）。経済凍結による精力的なパンデミック対策は三つの危機を引き起こした。——保健医療危機、経済危機、金融危機がそれである。

宗教への回帰によって刻印される時代にあっては、科学的説明から少々離れる解釈が再登場しても、所詮はそう驚くほどのことでもない。ウイルスは悪魔のお告げであるからには、感染症を克服するためには祈りと信仰の復興が必要なのだ、と。これは、自由や人権の名において外出制限に反対することへの一つの理由である。マルセル・モースに倣って、このパンデミックを「全体的社会的事象」と呼びたくなる。これによっロナによる入院死亡者数の過少評価は、高齢者に顕著に表れている。このことは、高齢者施設での人員を含めないまま入院高齢者の死者を勘定していることを意味している。こうして2020年4月14日に計上され割り引かれた病院死者数によれば、2020年の90歳以上の新型コロナ死者は、全体のわずか18%である。これに対して、2015年インフルエンザ死者は47%、2018年のあらゆる原因で亡くなった人は27%であった」。**61頁図**は現時点での分析が難しいことを示している。統計の最終版は緊急事態下にある政策決定者により参考とされた指標が無効になりうることを示している。行動の火に移るときには、多かれ少なかれ一時しのぎの手段で満足するほかない。

3　戸籍統計に記録された高死亡率の国際比較

これらの統計の利点は人口全体を覆い、以前のインフルエンザ感染症と比較することができる点にある。しかし、電子手段を用いても他の二つの指標の計上頻度の伝達に遅れをきたすことを考慮すると、これらの統計は当日レベルでは意味をもたない。フランスに関しては、『コンバセーション』誌による統合作業の結果では、以下のことが記されている。「新型コ

図　年齢別死者割合(%)　フランス

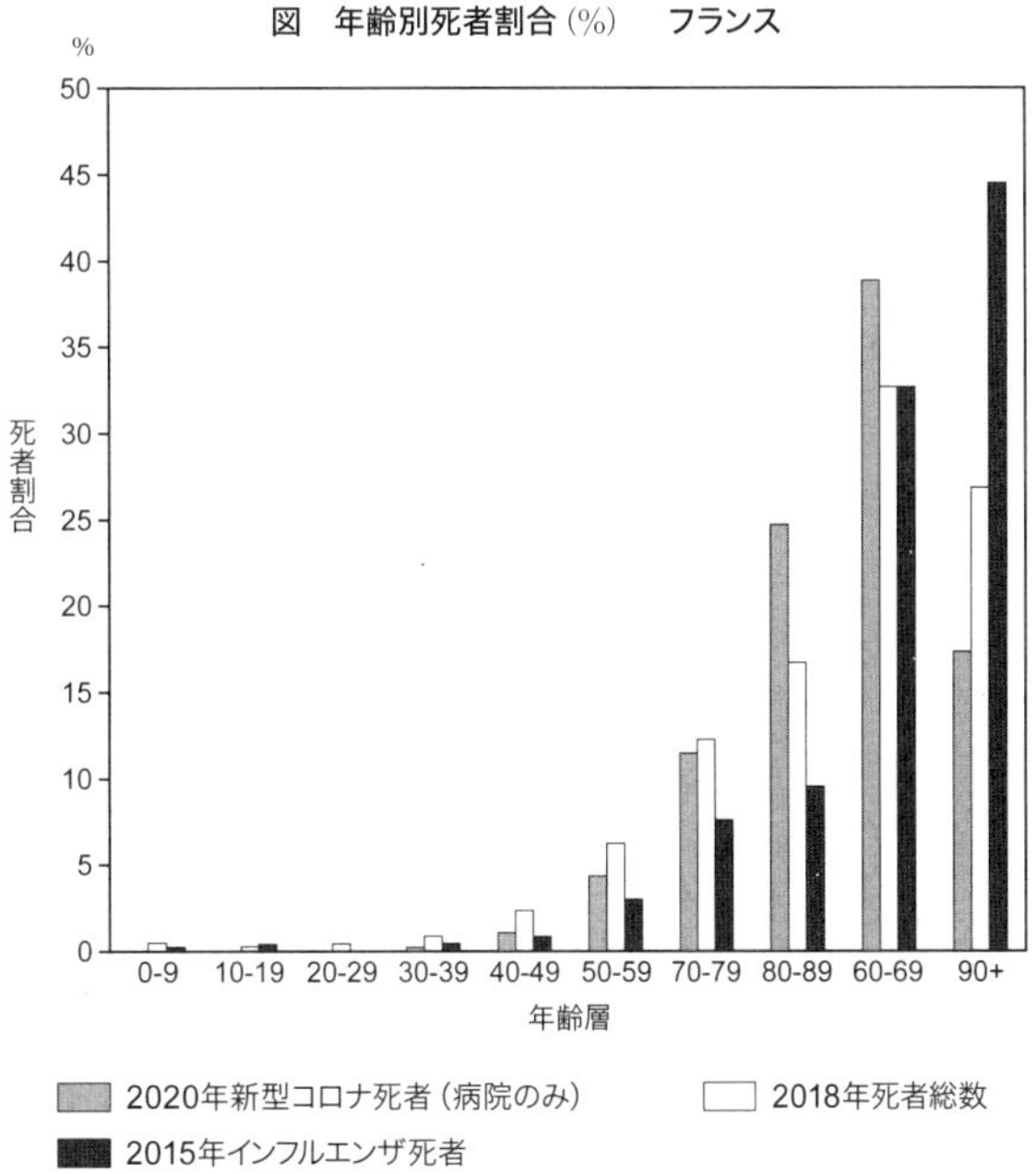

出典：新型コロナ死者データをもとに作成。国立人口学研究所 https://dc-covid.site.ined.fr/fr/(5/4/2020)

注）ここでは、死亡率や致死率ではなく、100人の死者のうちの相対人数を表している。

読み方）2020年4月14日に計上され割り引かれた病院死者数によれば、2020年の90歳以上の新型コロナ死者は、全体のわずか18%である。これに対して、2015年インフルエンザ死者は47%、2018年のあらゆる原因で亡くなった人は27%であった。

出典：*The Conversation* (2020), « Comment la France compte-t-elle ses morts ? », 5 avril, https://theconversation.com/comment-la-france-compte-t-elle-ses-morts-135586

や外国からの投資にかかわる評判や魅力度を落としかねないからである。したがって、現状では、国ごとの感染者数の推移を示すグラフ（**63頁下図**）を見るときは集計方法に十分注意する必要がある。

2　新型コロナ患者死者数

ケア不足ゆえ大量の死者を避ける目的で入院者のピークをなだらかにすることを狙って封鎖決定がなされるのに応じて、死者数は大部分の当事者や観察者が毎日追跡する第二の指標となる。ところでこの指標は、集計の早さと質、死因の正確な診断の可能性に依存している。これは、豊かな国とそうでない国で異なる。どのようなケースでも、中央であれ地方であれ（例えば中国の省）、公共当局は、感染症の深刻度を過少に公表することに関心をもつことがある。こうして、2020年4月にフランスの統計は、高齢者施設の中に死者を入れこみ、2月17日に中国政府はコロナウイルスによる死者数をおよそ50％過小評価したことを認めた。したがって、以下の国別の対照的な推移をみるときには、ある種の慎重さが求められる。

イタリアとスペインの1日当たりの死者数は減少傾向にあり、アメリカとイギリスではいまだ増加傾向にある
最初の死者が記録されてから3日後からの1日当たりの死者数（7日間の平均）

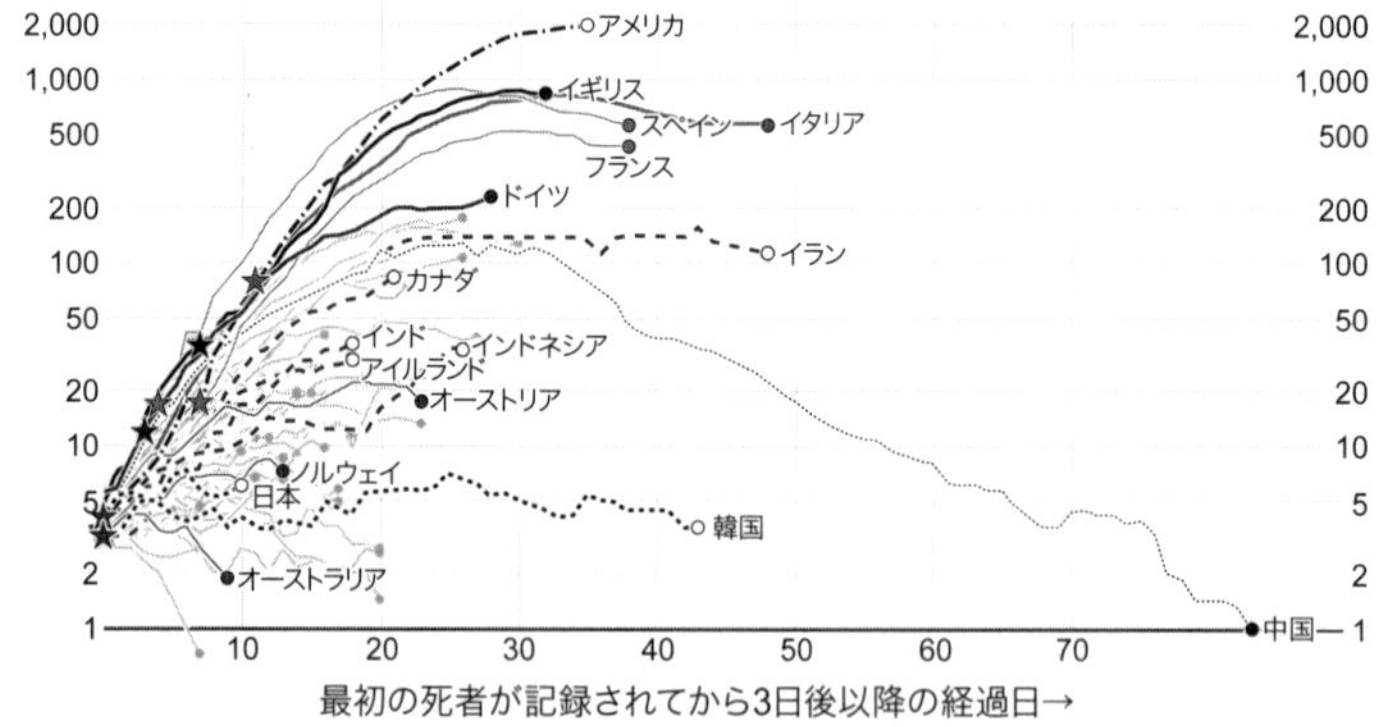

Financial Times Grafic, John Burman-Murdoch/@burnmurdoch
Source: FT analysis of European Centre for Disease Prevention and Control; FT reserch.
Data updated April 16, 19:00 GMT

〈コラム　2—1〉コロナウイルスの追跡統計は社会的に作られたものである

昔から人口学的・社会的・経済的な統計整備の過程は、研究者の注目を集めていた（Desrosieres, Gadrey, Jany-Catrice）。次の二つの特殊な測定値〔感染者数と死亡者数〕が政府・企業・金融業者の注意を集めているだけに、今日なおさらコロナウイルスの拡散データは用心深く取り扱われねばならない。

1　このコロナウイルスの感染者数

保健機関で集められるこの指標は、医療的診断の理由となったが、多くの場合、国によって極めて異なった検査率があるということに基づき記録されたものであることが知られている。また、最貧国ではこうした集計の保健的手段も統計的手段もない。さらに、いくつかの政府は、これらの数値をWHOに報告しないこともありうる。なぜなら、そのせいで、観光客

いくつかの国では、感染者数の低下がみられるので、峠を越えている
最初に記録されてから30日経ったあとの1日の数（7日間平均）
★印はロックダウンを示す

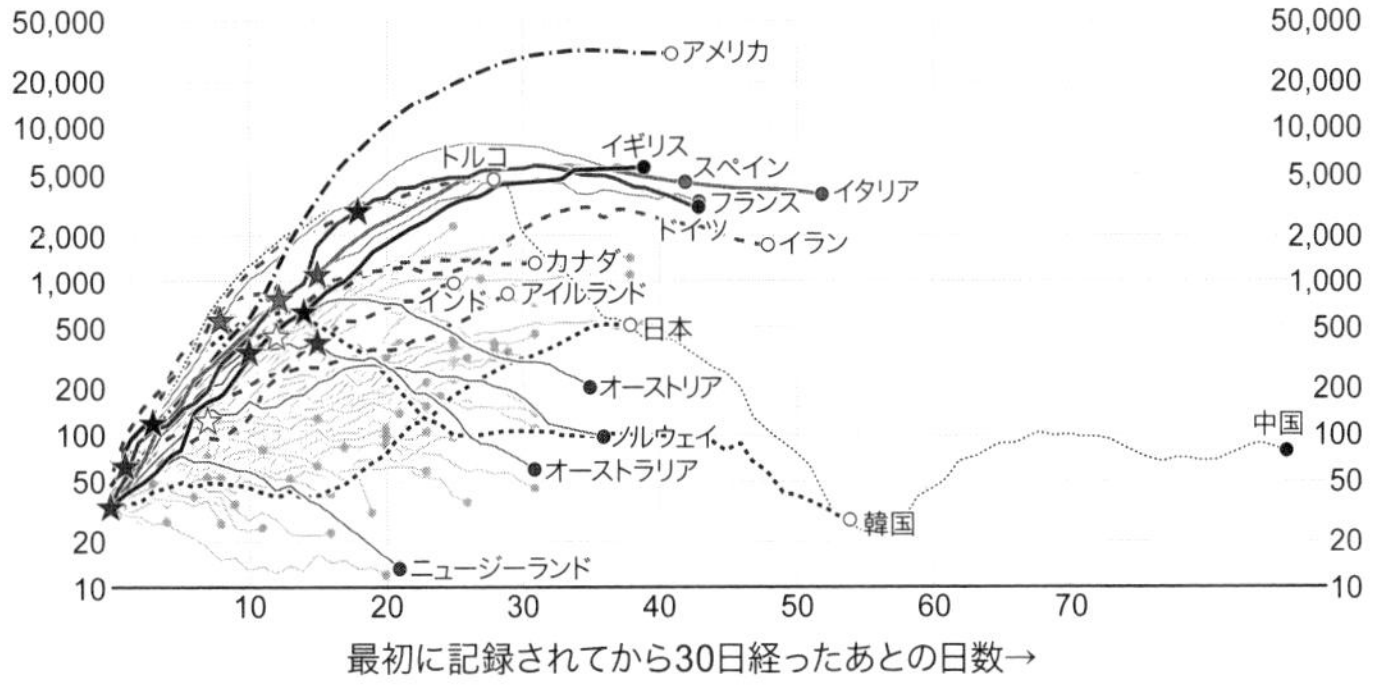

Financial Times Grafic, John Burman-Murdoch/@burnmurdoch
Source: FT analysis of European Centre for Disease Prevention and Control; FT reserch.
Data updated April 16, 19:00 GMT

て彼が、社会を構造化している各種の制度や信念を暴き出した、という意味で。

各国別対応は大いに異なっている

グローバリゼーションの語がしばしば一個同一の発展モデルへの収斂と関係しているのに対して、コロナウイルスの伝播では反対に、諸社会の多様性や、一個同一の世界的出来事への諸社会の反応の多様性が際立っている。

危機から学んだ国もあれば、そうでない国もある

新型ウイルスに直面して、保健医療システムのアクターたちは過去の感染症の経験から学ぶことができた。保健衛生組織や政治組織は、過去のこの種のエピソードに際して展開された手続きをいくつか自分のものとしていただけに、それだけいっそう適切であった。この点、台湾とフランスという二つのそれぞれの歴史が、いかにしてまったく正反対の戦略を生み出したかを示すことができる（**表2―1参照**）。

台湾は二〇〇四年、SARS感染症に激烈に襲われた。その結果、二〇〇九年、人命損失を繰り返さないために、政府は感染症常設監視機関を設立した。武漢で発生したウイルスの通知を受けた二〇一九年一二月末以降、この機関は中国発の航空便や旅客をコントロールし、検疫を実施し、ナショナル・センターによって組み合わされた一連の検査を行い、場合によっては個人の隔離に至ることもあった。マスクの輸出を禁止して一箇所に集めることによって、マスクを広く行きわたらせた。こうして、過去の経験と迅速な意思決定によって、かつてSARSがもたらした高い死亡率が避けられたのであった（二〇二〇年四月二八日現在、

表 2–1　２つの対新型コロナ戦略：早めの絞り込み決定か遅れ気味の大域的決定か

	台　湾	フランス
2004年	SARS 被害	
2009年	感染症常設監視機関	H1N1型インフルエンザ マスク17億枚注文
2011年、2013年		不可欠ではないので削減
2019年11月		専門家の推奨によりマスク10億枚
2019年12月31日	新型パンデミック宣言 武漢からの航空便制限（検温、健康証明書、隔離）	中国、WHO に未知の深刻な肺炎報告
2020年1月9日		保健省、中国の感染症に注意
1月20日	国立感染症対策センター設立 至るところでの検査網（病院、医療センター）	
1月22日		保健省総務部の初記者会見
1月24日	個人隔離、マスク輸出禁止	
1月26日		新型コロナ検出
2月6日	マスク数量管理システム	
2月23日		オルサン・レブ計画〔新型コロナ緊急ケア体制〕
3月10日		新型コロナ専門家会議設立
3月12日	マスクのオンライン注文	
3月14-16日		不要不急の公的施設閉鎖
4月12日	早めの決定と過去の経験による感染症の低下	検査不足、封鎖が唯一の手段（専門家会議）
4月28日	感染者429人 死者6人	感染者12万9859人 死者2万3660人

死者はわずか六人である)。
フランスでは、二〇〇九年に対感染症闘争を決意する出発点となったのは、H1N1のインフルエンザ・ウイルスであった。このとき保健省は、一七億枚のマスクと数千万回分のワクチンを用意したが、この感染症が短期的なものだったので、それらは結局使用されなかった。そこから当局が結論したのは、こうした高額な予防的支出を繰り返さないために、マスクの備蓄を減らしてもよいということだった。コロナウイルスの知らせが舞い込んできたとき、マスクはわずか数億枚程度しかなく、しかもそれがさまざまなレベルの行政機関にストックされており、フランスでの生産は放棄されていた。あわてて中国にマスクを注文する羽目となったが、時あたかも、あらゆる国がマスク獲得合戦をエスカレートさせていた(*Le Monde* 2020a)。公式プランはやっと二月末に動きだし、外出禁止はやっと三月半ばに始まった。コロナウイルスによる死者は、二〇二〇年四月末に数万人にのぼった。予防原則を忘れ意思決定が遅れたことによって、こんな結果が積みあがってしまったのだ。

だが、こうした比較がもつ教訓にはもっと広いものがある。というのも例えば、パンデミックとの闘いの分野と同様、金融危機予防の分野においても、まったく対照的な軌道が共存していることが説明できるからである。だから対立は、自らの失敗から結論を引き出す社会・政治システムと、そうした教訓を自分たちの組織のうちに組みこまない社会・政治システムとの間にある(**図2—4**参照)。

韓国、台湾、香港がコロナウイルスの制御に成功したことと、アメリカやイギリスが経験した劇的な人命喪失との対立は、どう説明されるべきだろうか。前者の諸国の政府責任者は、SARSによって示された脅威を真剣に受けとめたが、後者の諸国の責任者にあっては、この脅威は遠方の異国でのことであり、自分たちには関係ないと考えてきた。行きつくところ二〇二〇年、彼らは驚きかえり、テスト済みの手続きを持ち

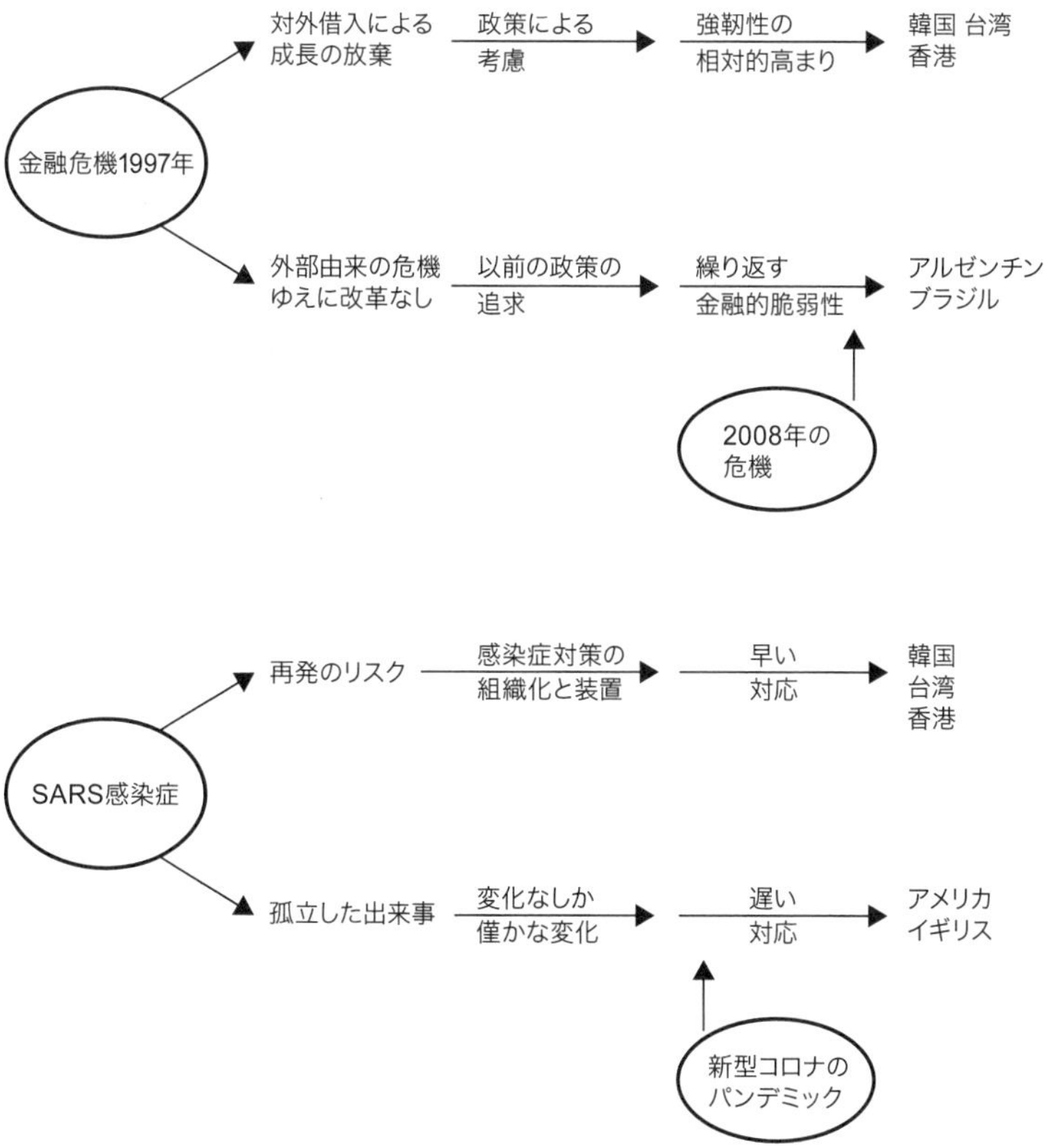

図 2–4　国民的軌道の分岐
——制度やゲームのルールを変えることで危機から教訓を引き出せるか——

あわせておらず、その結果、彼らは同胞のうえにかくも重くのしかかっていた脅威の大きさを、否定するとまではいわないが、長らく過小評価する傾向にあった。

同じく、南米諸国やアジア諸国は、一九九七年危機以来相継いだ金融危機をなぜ異なったやり方でくぐり抜けてきたか。一九九七年危機はアジア発祥のものであったが、アジアは、国内的成長レジームを不安定化させるような国際資本移動は二度と認めないという警告を学んだ。だがアルゼンチンやブラジルはといえば、一九八〇年代以来、幾多の危機を耐え忍んできたこの大陸にあっては、これはおまけの危機でしかなかった。そして、国民的成長様式の自律性と外からの金融自由化との間の公然たる衝突が反復されるのを防ぐべく、ほとんど何の改革もなされなかった。経験のちがいが差別化されていく要因の一つがここにある。

コロナウイルスがもたらした総体的危機を理解する前提は、それゆえ、純技術的なアプローチ——その組織原理がまったく異なる各種社会に一義的に適用されるアプローチ——を放棄することにある。諸分野の貢献を持ちより、それらを相互に接合しようとするのは、各種学問分野の役目なのである。

反応の速さ、社会的絆の性質、手段の補完性

以上のように、新型コロナのパンデミックといった出来事への対応として、どこでも最適になる唯一の政策といったような考え方は放棄されねばならない。民主主義社会で大切なことは、利害諸団体や選挙民の期待に耳を傾けつつ政治権力が定めた中心目標に応じて、模索を続けてゆくことだけである。パンデミックの当初局面を観察してみると、そこから最初のパノラマが示唆されるのであり、その土台には以下の三つの基準の結合が見られる（**図2—5参照**）。第一に、過去のパンデミックから引き出された教訓、および、その教訓が行政や保健医療システムの組織のうちに組み入れられる——あるいは組み入れられない——仕方。

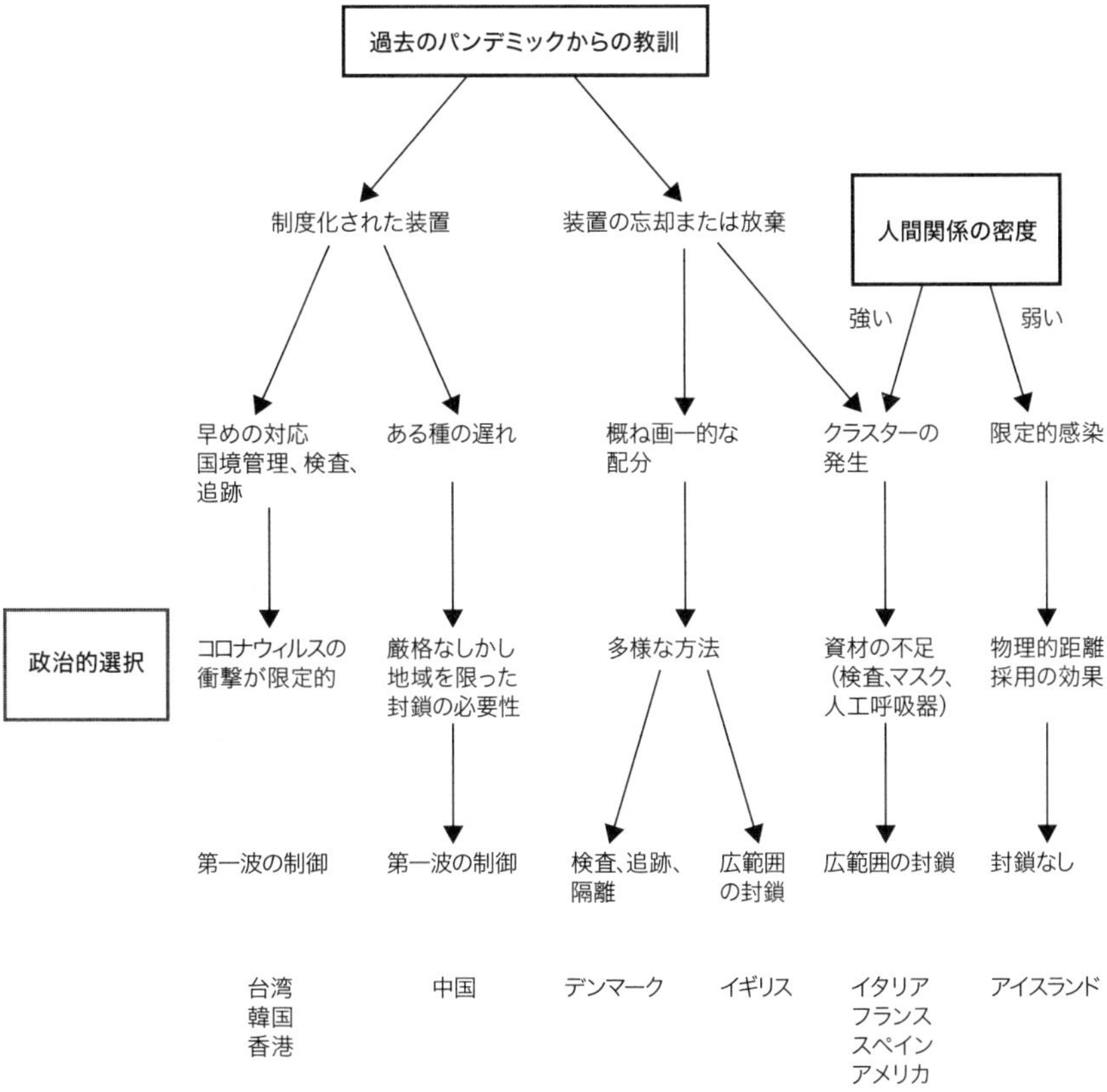

図 2–5　感染症の激しさの諸要因
——人間関係の密度、公衆衛生の組織化、不確実な未来に対する政治的選択を含む諸原因の絡まり——

第二に、物理的社会的関係の密度であり、これにかんしては、密集空間――ごく普通には都市空間――とその他の分散空間が好対照をなしている。こうしてヨーロッパやアメリカでは、ウイルスが爆発的に拡散される「クラスター」と、もっと安全な地帯との対立がはっきりして来た。その結果、国民空間は同質的ではないのであり、そのことは例えば、五月一一日の封鎖解除の際、「赤い」フランスと「緑の」フランスに色分けされた法令が出たことによっても証明されている。第三の参照基準は、反応速度の基準とか、現実適応型アプローチの採用傾向といった基準である。この点、ポルトガル政府とスペイン政府の意思決定は、みごとに対照的だ（図2―6参照）。ポルトガルは一〇〇例ほどが確認されたら直ちに完全な計画を採用したが、スペインは六〇〇〇例近くに達するまで待っていた。その結果、二〇二〇年四月には、二〇一九年にくらべてポルトガルは一〇％高い死亡率となったが、スペインは七二％高くなった。

それでもやはり、問題となっている要因がたくさんあるので、十分にウイルスを退治できるような普遍的治療法を探求することなど、無駄であろう。勘どころは、部分的な解決法を組み合わせていく点にある。二〇二〇年夏、実施されている各種政策の矛盾した――まったく一時的な――各種結果から実際に判明したのは、各社会の特徴、その政治的行政的組織、専門家と政策決定者との関係のあり方によって、どこまで相異なるモザイク的構図が構築されうるかということである。だから、成功・失敗の分布による説明は、民主主義的資本主義と権威主義的資本主義――中国――との単純きわまる対立にはおさまらない。分析を中間レベルに置く必要があるのであって、つまりは、社会的絆、政治過程、国家の行政組織が形成され相互作用するるつぼのレベルに、である。だからといってこれは、コロナウイルスが米中の地政学的闘争において（第7章参照）、さらには欧州連合の団結において（第8章参照）、何の役割も果たさないと主張するものではない。

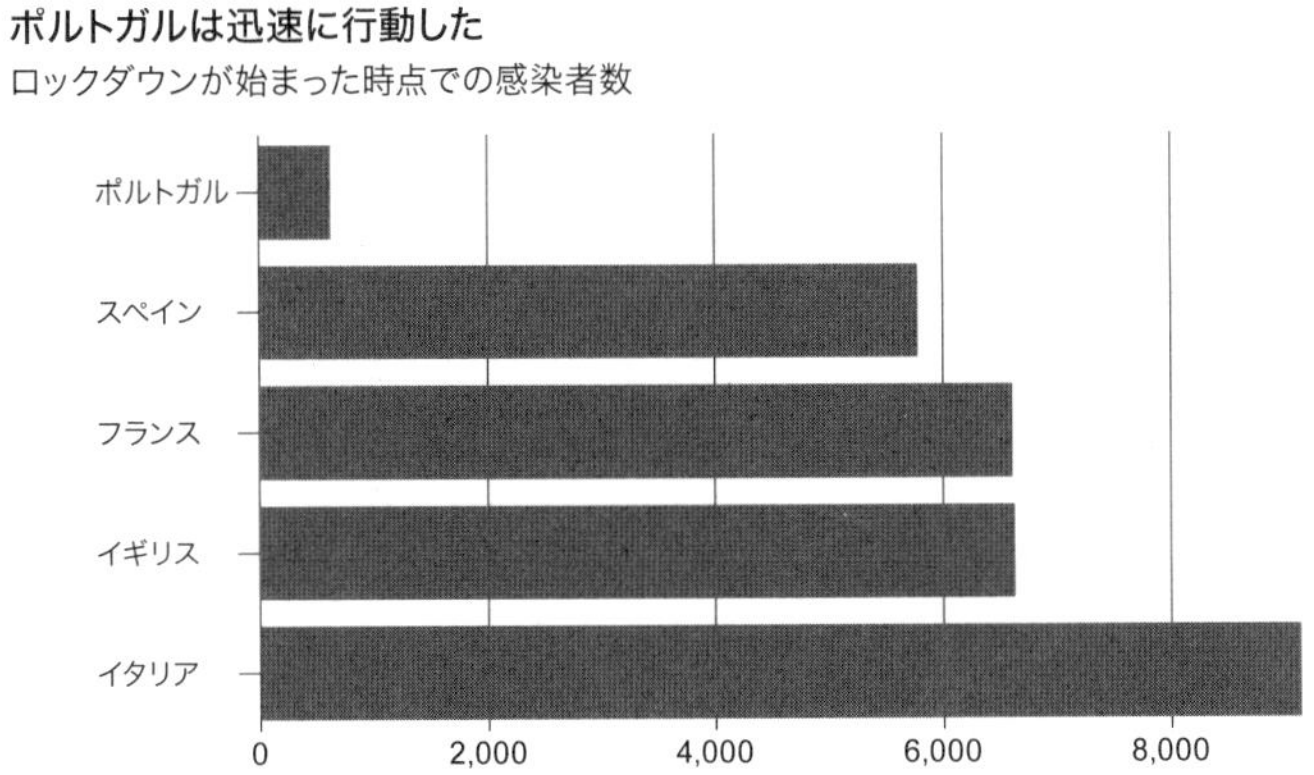

ロックダウンの開始時点は、オクスフォードの新型コロナ行政対応追跡班にしたがって、各国の厳戒度スコアが70を超えた時点と定義される。

出典）Oxford Blavatnik School of Government

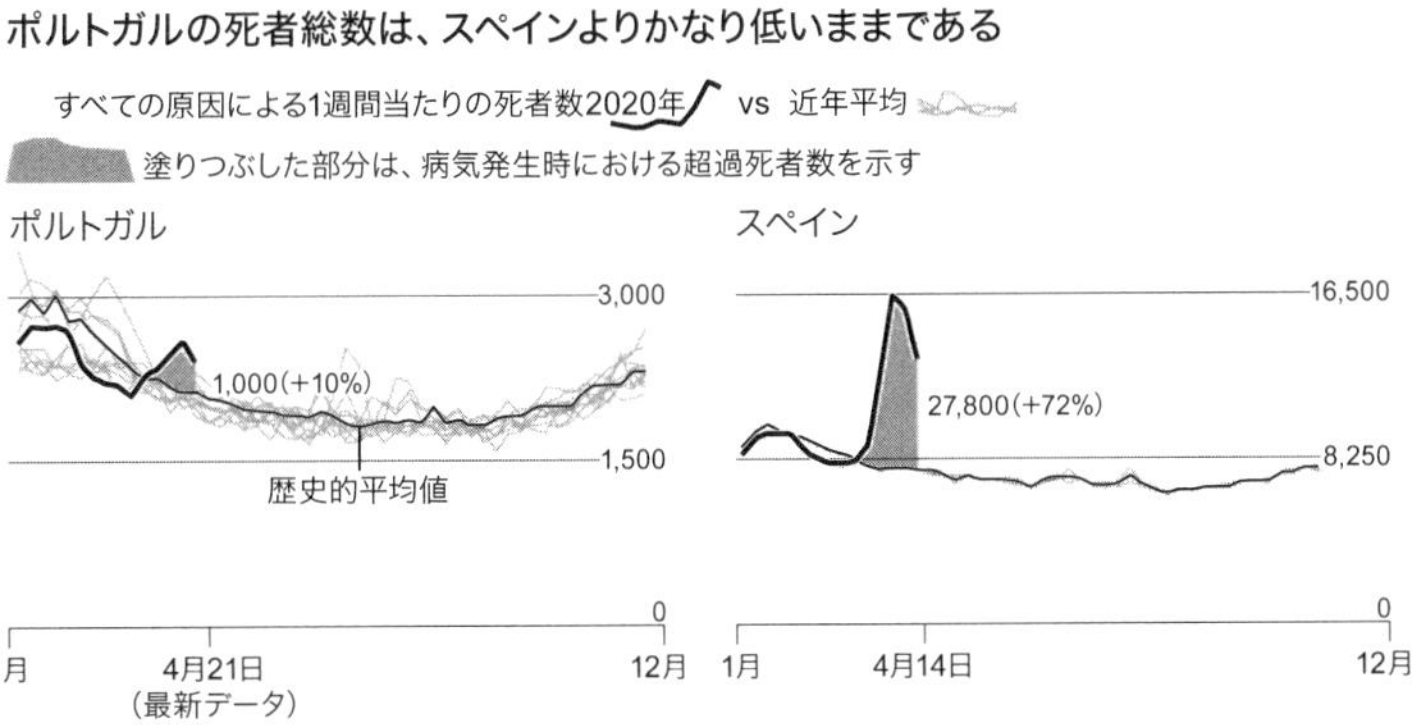

出典）FT analysis of mortality data. Data update May 1
FT grafic: John Burn - Murdoch/@jburnmurdoch

出典）*Financial Times* (2020), 3 mai, https://www.ft.com/content/67e1661b-f12b-4473-9bc2-aa2b5998ad73.

図 2–6　ポルトガル vs スペイン——コロナ対策における迅速な行動の重要性について

パンデミックは相異なる各種の調整様式を襲う

このように経済（活動水準、失業、国債……）の推移は、保健医療危機の管理いかんに決定的に依存するようになり、それが諸社会を差異化していく新しい源泉となっていく。だが差異化には第二の源泉がある。すなわち社会経済レジームは、金融支配型資本主義というアメリカ的構図に向かってあらかじめ決して収斂してこなかったのである。この点は数多くの研究が示しているとおりだ（Hall et Soskice 2001; Amable 2017; Boyer, Uemura, Yamada et Song 2018）。したがって、仮にコロナウイルスとの闘いの戦略が同じであったとしても、その影響はちがってくる。こうした見通しは、過去のパンデミックの影響にかんする計量経済学的分析のうちに確認される。つまり既述のように、その帰結は四〇年にわたって感じられるだけでなく、持続的な分岐を引き起こす可能性がある（Jordà, Singh et Taylor 2020）。資本収益は、ドイツでは少ししか下がらず、イギリスでは適度に下がったが、スペインでは長期的に下落し、イタリアとフランスは大幅な落ち込みのあと以前の水準に戻っていない（図2―3）。

これら二つの議論を前にして、新型コロナ危機は、二〇一〇年代半ば以来すでに危機にある国際レジームの分裂を深めていくという仮説を提示しうる。というのも、各国間の不平等が小さくなっていくという理由はほとんどないし、新時代における勝者と敗者の間の連帯や移転を支える国際機関の復活を組織するには、そのためのいかなるコンセンサスも熟していないからである。

コロナウイルスはとりわけ競争原理が支配する資本主義で不平等を深刻化させていく

所得の、そしてそれ以上に資産の不平等は、規制緩和、民営化、社会的移転の削減が極端に推進された社会のアキレス腱だということは、ますます認められるようになった（Piketty *et al.* 2018）。労働経済学者たちはといえば、教育水準がどのように賃金生活者の身分を分断する要因になっているかを説明してきた。加えて、長い伝統のあるフランス社会学が示すところによれば、教育制度は家柄や社会階層にかかわる不平等をなくすどころか、それを拡大してきた（Bourdieu et Passeron 1970）。最後に、都市工学研究が証明したことだが、不平等は地区のうえにも表われていて、最終的に、準ゲットーや公共サービスからの除外地帯ができてしまう過程が生じている（Conseil d'analyse économique 2019）。これは、フランスのように平等や連帯に熱心な社会においてさえ起こっていることなのだ。フランスでは、二〇〇五年以来の郊外の反乱や、二〇一八年および二〇一九年の「黄色いベスト《ジレ・ジョーヌ》」の反乱が、不平等を空間化したことの社会的政治的帰結を証だてている。

　コロナウイルスのパンデミックは不平等の第四の源泉を引合いに出すことになった。ケアを受ける点での不平等がそれであって、例えばアメリカでは、ケアを受ける条件は医療保険つき雇用のもとでの職業に限られている。平等原理におけるこのような亀裂は、アフリカ系アメリカ人やラテンアメリカ移民のコロナウイルス患者が桁違いに高率だという点にも表われている（Boyer 2020）。教育、雇用、住宅にかかわる不平等の源泉は相互に補完しあっているのだが、言ってみればパンデミックはその補完性をさらに確固たるものにしてしまった（**図2—7**参照）。

　二〇一〇年代以来、アメリカの人口学者たちが示したところによれば、同国では最貧層の平均余命は低下したが、その理由は彼らの生活スタイル、雇用類型、食餌法、ドラッグ依存にある。二〇二〇年のパンデミックは、アメリカでは、マイノリティや見捨てられた階層をなおいっそう貧困という鉄の檻に閉じこめることになった。ヨーロッパでの状況との違いがわかろうというものである。ヨーロッパはごく一般的にいって、社会的正義という基準をしっかりと尊重することのうえに、また、社会的権利の普遍性のうえに、立脚して

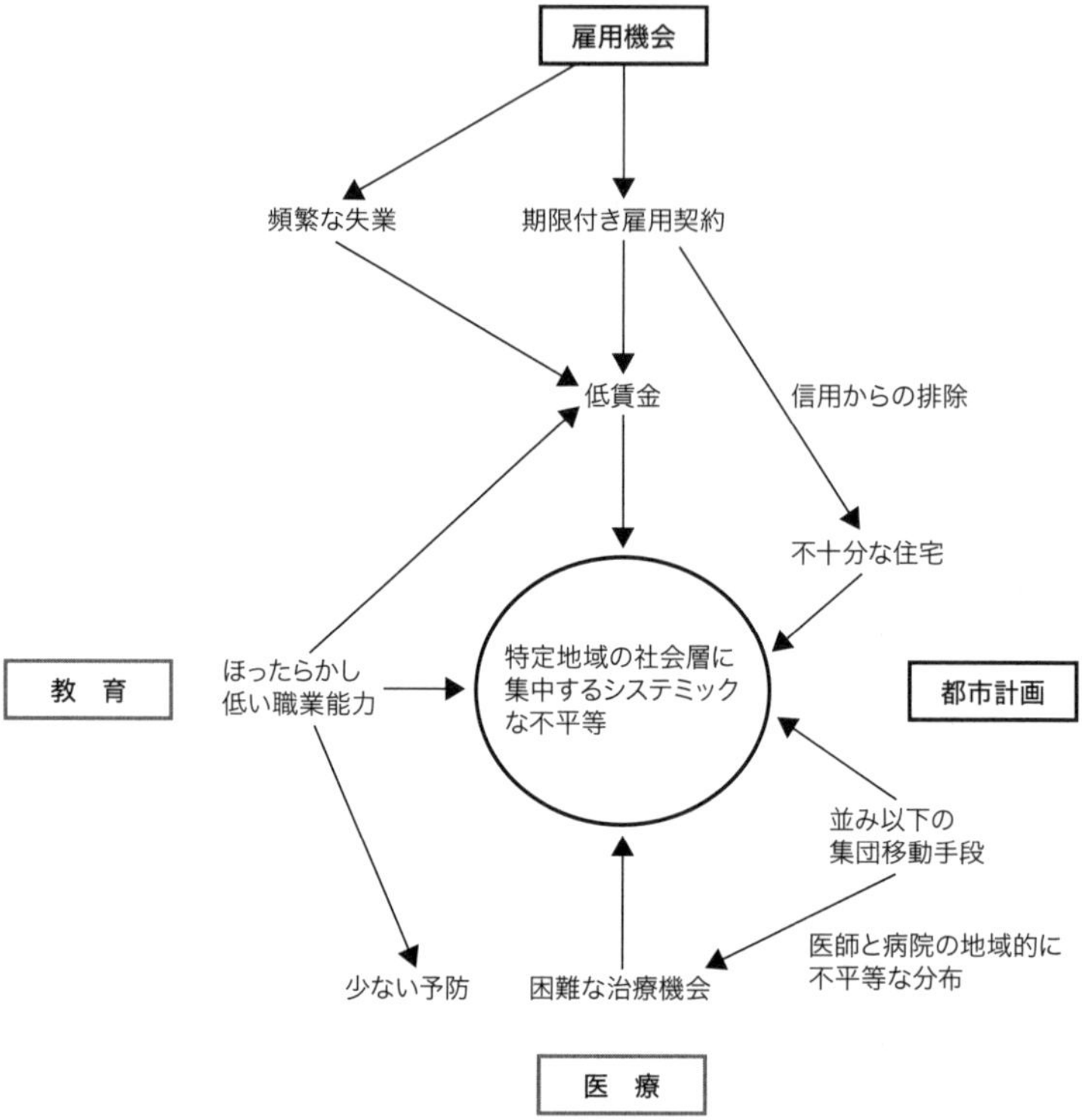

図 2–7　新型コロナによって社会各層の――しばしば地域別の――不平等を拡大する要因として受診機会が再登場する

いるのである。

ともあれ、新型コロナのパンデミックの結果は季節性インフルエンザの結果と似たようなものだといった希望——何人かのアナリストは一時そう語っていた——は捨てなければならない。というのも、仮に新型コロナが早急に収束したとしても、多くの国で行われた厳格な封鎖という決定は、二〇一九年にまだ支配していた構図に後戻りするという意味では、もはや後戻りできない経済状況を生み出したからである。大々的なパンデミックが問題だということが確認されれば——その確認は大いにありそうだが——歴史が示すとおり、このことの帰結はつねに長つづきし、以前の成長レジームに復帰することはない。そうであるだけになおさら、共通の闘いのなかで全世界が一つになるどころか——それでも科学の場合にはあったことだが——、パンデミックは、一見近しい諸社会を、またそれ以上に、二〇一〇年代に支配していた主要な社会経済レジームを、加速的に引き裂いていくだろう。アメリカ、中国、ヨーロッパの間の分岐が長期的に深刻化していくと予想しなければならない理由は、ここにある。

第三の直観は以下の諸章で確認されることになろう。つまり、「事後世界」第ゼロ年を想定し、パンデミック以前の繁栄を危ういものにした欠陥がまったくないような社会を考案することほど虚しいことはなかろう。これまでの風潮は重く残っており、将来の構図再編で存分にその役割を演じることだろう。パンデミックと経済の関係についての短い歴史記述から示唆されるのは、このことである。

第3章　根本的不確実性の時代

医学は不確実なことの科学であり、蓋然性の術である。
（William Osler (1849-1919), fondateur de la Johns Hopkins Medical School), *The Quotable Osler*, American College of Physicians, 2003.）

遅すぎるとはいえ、結局なにが分かるかまだ分からないということが分かっているとき、どうやって意思決定をしたらいいのか。これが新型コロナ・パンデミックの提起した核心問題であって、実のところ困難きわまる問題だ。専門家から見ればあらゆる感染症はつねに異なった特徴を呈するものであり、その結果、感染症からの出口も同じく不確実なものだとしても、経済のアクターたちの側にとっては一定の知識が必要となる。ところで研究者たちの共同体は、全世界で活発に研究しており自らの成果を共有しているのだが、社会を動かしていくよう組織すべき公権力に成果を提供できないでいる。こうした事実は、金融市場が企業の経営や消費者の意思決定のうちに深く食いこむようになり、その金融市場はあらゆる「黒い白鳥」――つまり金融業者には考えも及ばない出来事――もどきのことに直面してうろたえているだけに、それだけいっそう不安材料となる。ところで生物学者（Sansonetti 2009, 2020）、パンデミックの歴史家（Michel 2020）、さらにはパンデミックと経済力学の関係を分析する者たち（Jordà, Singh et Taylor 2020）が結論的にいうには、そのような出来事はしばしば起こっていることなのである。リスクの経済学から根本的不確実性が支配する状況へと眼を移すとき、まさにそこに、合理的期待理論を審判に付し、公的介入と民間イニシアティブの関係という見方を刷新するものが見えてくる。

いまなお謎のウイルス

非専門家としてならば、生物学者や感染症専門家のもとで蓄積された経験から、新型コロナウイルスや、少なくともその一般的性質を早々と特徴づけることができるだろう、という希望を抱いてもよいかもしれない。事実はといえば、それぞれの感染症はこれまで蓄積された知識に挑戦を突きつけているのであって、その結果、公衆衛生当局の課題は「見えないものを統治せよ」ということになる（Crémieux 2009）。実際、パンデミックとの闘いの戦略には、連なりあった三つの不確実性がのしかかっている（図3―1参照）。

生物学の側からいえば、たとえ緊密な国際的協働のおかげでウイルスのＤＮＡが早々と確定されたとしても、免疫メカニズムははっきりしないままであり、投薬実験からはまだ有効な薬は出来ておらず、ワクチンの第一次テストは始まったばかりだ。過去の例では、ワクチンのテストには少なくとも一二～一八か月はかかる。ワクチンこそは社会生活と経済活動が正常に復帰するカギであるというのに、である。医者の方はといえば、彼らは完全なる症例リストをもっているのだが、自覚症状のないケースが頻発しており潜伏期間も長いせいで、ウイルスの蔓延を遅らせるための各種対策を整えるには恐ろしいほどの諸問題に突き当たる。国際間のレベルでは、広範囲にわたる各種対策がテストされているのだが、何がいちばん有効な組合せなのかが分かるためには、おそらくパンデミックの終息を待つ必要があろう。

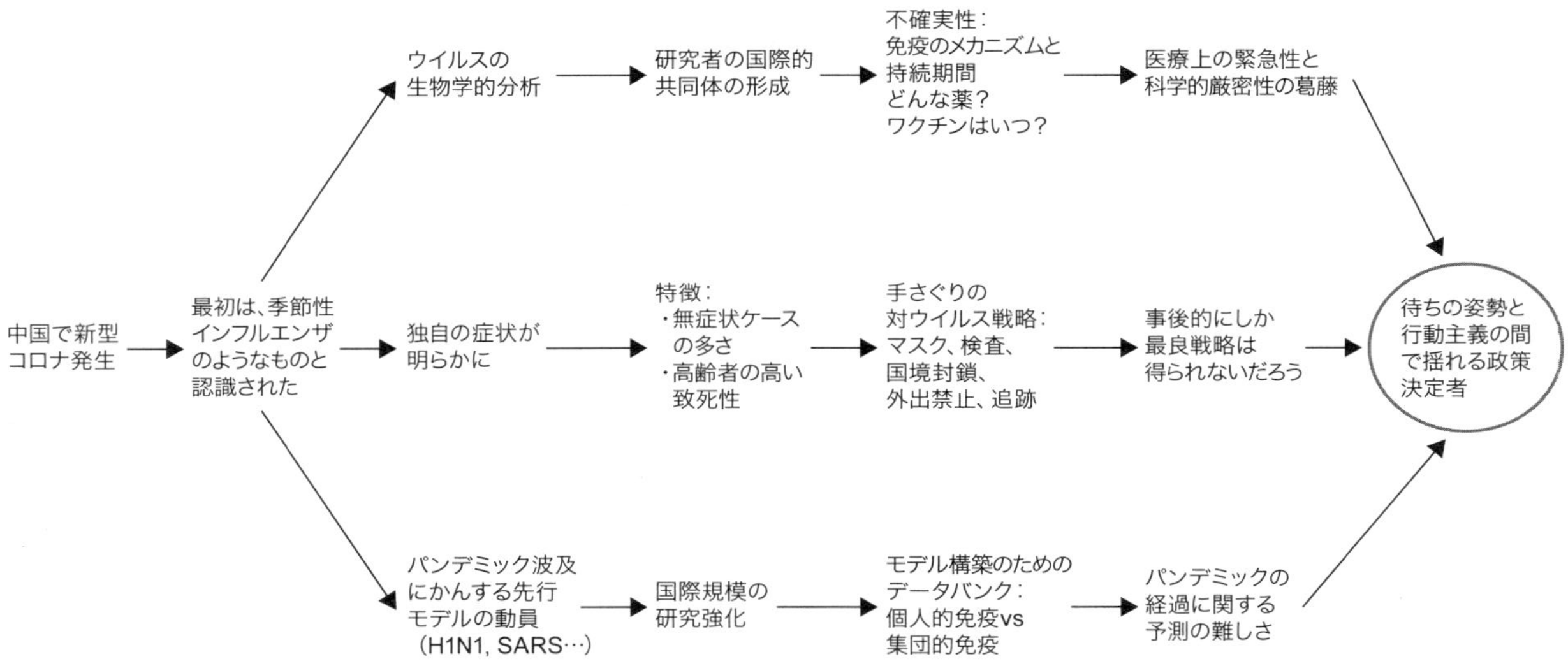

図 3–1　大いなる難題
――この新型ウイルスの特徴はまだ解明されていないので、根本的不確実性という状況下で意思決定をしなければならない――

疫学者たちは、SARSやH1N1用に作られたモデルを、新型コロナの細かい特徴に合わせて適応させていかねばならないが、そのための必要なデータが欠けている。さまざまな調査による諸変数のいっそう確実な数値化は、徐々にしかなされないのである。しかも数値化の結果は、諸変数の何を特定化するかに極端に反応しやすいことが明らかになっている。だから各種措置の有効性を決めるのは、なおさら困難なことになる。こうして意思決定者は一連の矛盾した見通しに直面することになる。

これら一連の不確実性は、合理的行動理論によって長く放置されてきた疑問を提起する。すなわち、未来が不確定と分かったとき、人はいかに決定を下すのかという問題である（Kay et King 2020）。これこそ、ジョン・メイナード・ケインズがその著『一般理論』で、金融市場における行為者の行動の特徴を探求したときの中心問題である。彼の分析は、パンデミックにより生じた根本的不確実性が株式市場の劇的崩壊の火ぶたを切り、強いボラティリティ——トレーダーたちは売買取引の決断ができない事態——をもたらしただけに、ますます重要である。

根本的不確実性に直面した金融市場の病理学

この問題を理論的に迂回してみることは重要だ。というのもこうすることによって、パンデミックによって引き起こされた数々の変化が説明可能となるからだ。

模倣主義の帰結

実際、コロナウイルスは現代金融理論の根本的仮説を検証に付している。市場は社会総体のうちに分散普及している各種情報を組織化し、こうして資本の効率的配分を可能にするわけだから、市場は将来についての諸見解を社会化するための最良の手段だ、という仮説だ。この仮説は、さまざまな出来事との関連でアクターたちが対応するリスクを評価しうるような、そのような同一の出来事の反復を説明するためには教えるところ大だ。しかし現代人にとって根本的に異なる点は、もはや一個の出来事に直面するケースなどないということだ。というのも現代人は、ある判断を下すための情報を、したがって明晰な意思決定を、さらには——完全情報的状況というミクロ経済学理論のいう意味での——合理的な意思決定を、もはや持ちあわせていないからである。

この場合、リスクという考えに代わって不確実性という考えが前景に出てくる。そしてケインズが証明したように、独自の行動が展開される。保健医療危機が短期的でコストもそれほどでないものなのか、それとも反対に長期的で劇的なものかを知ろうとして、各人は自分一人で判断を下そうとする。それゆえ金融業者という立場での各人の評価づけは、高評価と低評価という二つの価格をとることになる。経験から分かることだが、結果として出てくる価格は自分自身の期待とは一致しない。その乖離があまり大きくなければ、行為者は自分の判断をそのまま維持する。だが乖離が大きくなると、自分よりも市場参加者の方がよい情報をもっているのではないかと、行為者は思ったり考えたりするようになる。彼は今まで以上に市場価格を考慮に入れつつ、自らの評価づけを修正していくことになる。きわめて明晰なあるモデル（Orléan 1990）が示すところによれば、こうして模倣主義はこのような不確実性の論理的帰結となっていく。結局のところ、証券市場はもはやその基本価値に向かって収斂することはない。証券市場は強気筋の評価づけと弱気筋のそれとの間を揺れ動くものだからである（図3—2参照）。

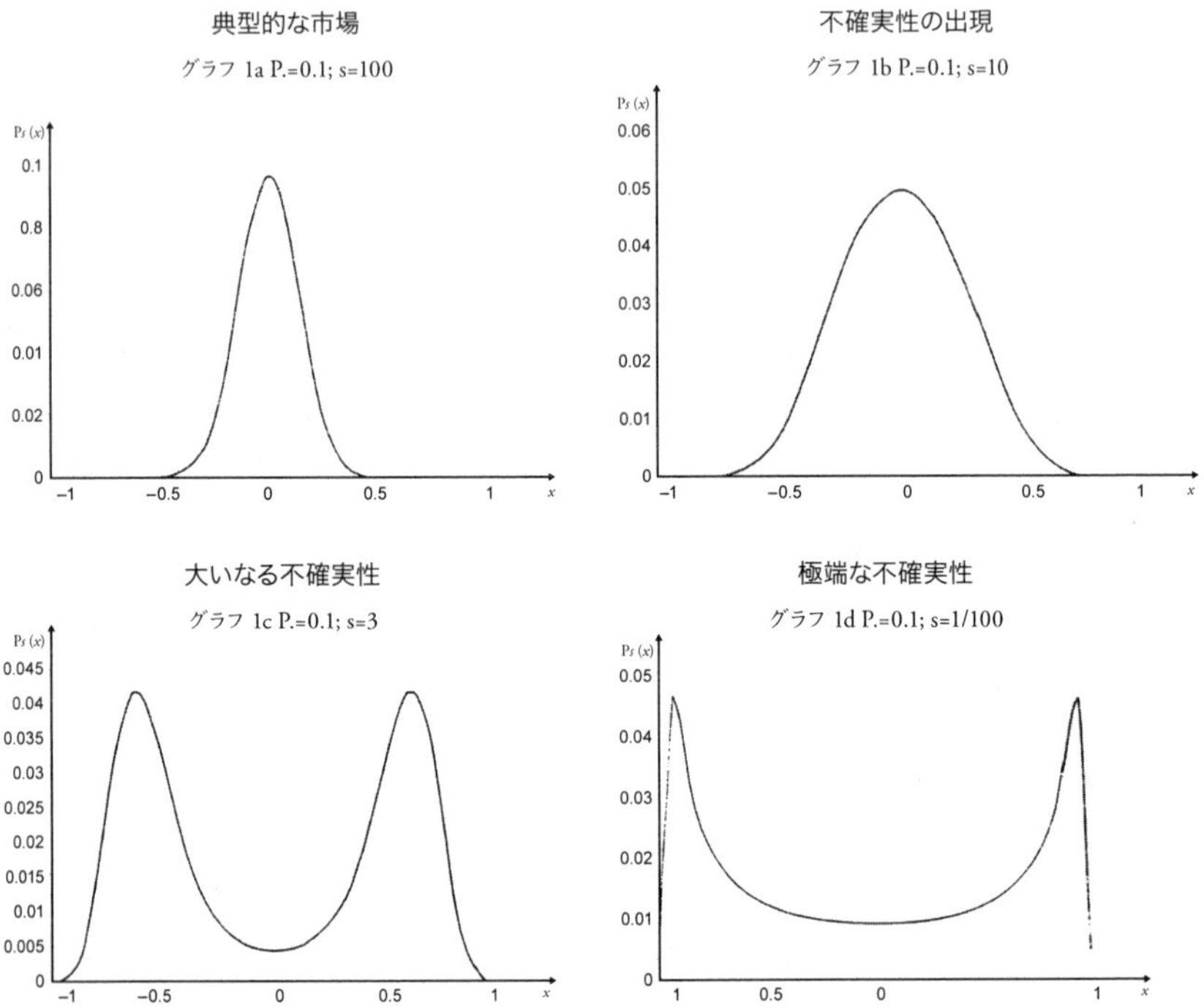

出典) André Orléan (1990).

図 3–2　不確実性が増せば増すほど、金融市場はその機能を果たせなくなる

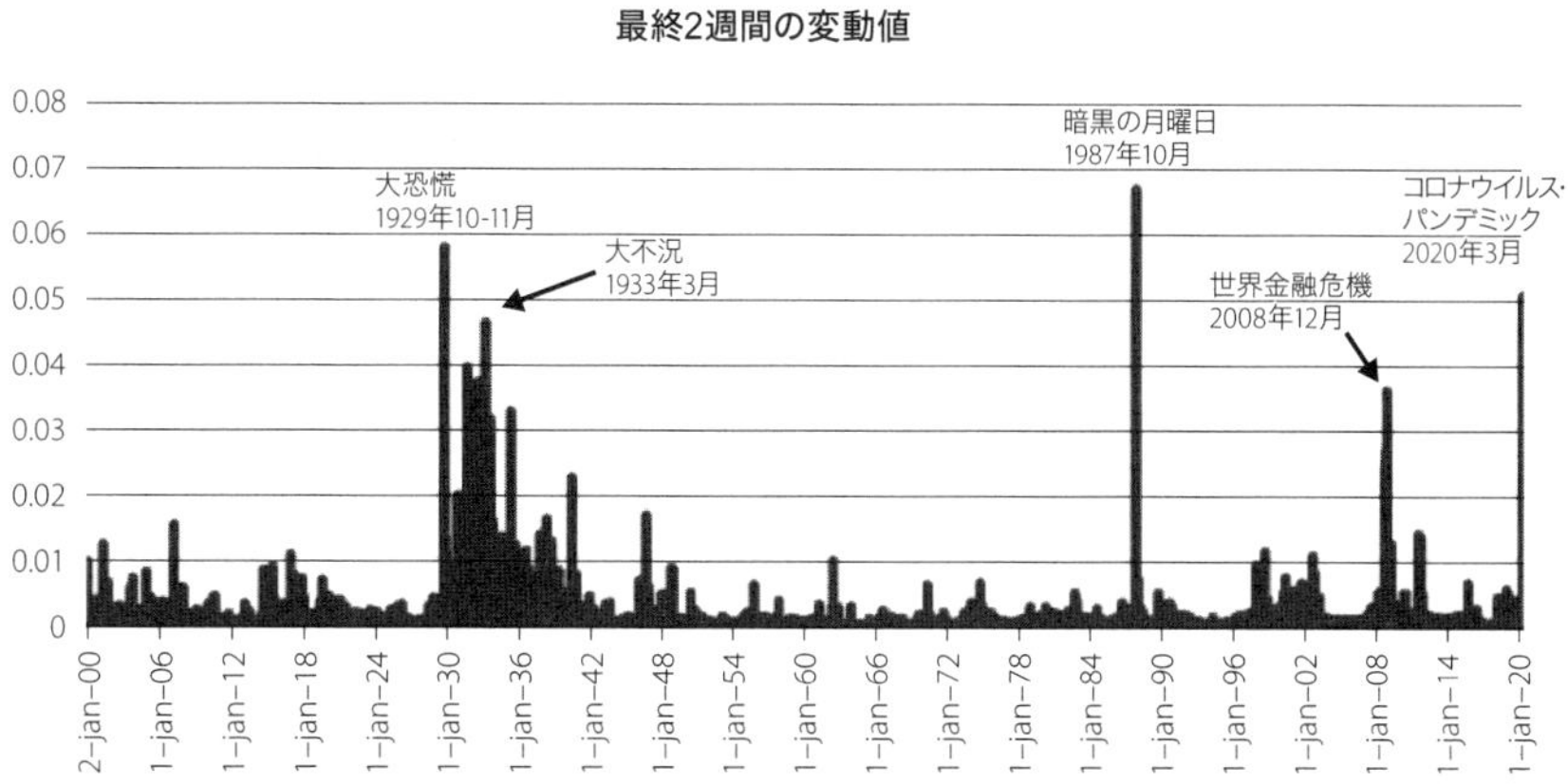

1900年1月から2020年3月までのアメリカ株式市場の変動

注）対象期間は、1900年1月1日から2020年3月23日。1925年12月から現在までは、S&P500に関するヤフー・ファイナンスの調整済み値シリーズを用いて計算した。それ以前の期間は、ダウジョーンズ指数の世界拡張金融データによる。最終2週間の変動値は、最終10日間取引日の二乗化収益の合計である。

出典） Scot R. Baker, Nicholas Bloom, Steven J. Davis, Kyle Kost, Marco Sammon, Tasaneeya Viratyosin (2020), « The unprecedented Stock Market reaction to Covid-19 », in CEPR 2020, p. 33-34.

図 3–3　コロナウイルスによる金融市場の大混乱

保健医療パニックと株価暴落の結びつき

二〇世紀全般にわたって、金融危機は、金融システム内部で作用している内生的連鎖によって、ごく一般的には蓄積レジームが限界に到達したことを隠蔽する投機的熱狂のゆえに、発生した（一九二九年恐慌、二〇〇八年大危機）。取引の自動化が一般化したことの帰結だったという時もあった（一九八七年一二月の「暗黒の月曜日」の場合のように）。新型コロナのパンデミックにはある新奇な点がある。このパンデミックが——将来に対する見方を社会化する場となったがゆえに——きわめて強力となった金融市場と共鳴していったという点である（**図3—3参照**）。中央銀行関係者は気候温暖化が金融安定性に及ぼす帰結について自問していた（Carney 2016）。まさにそこへ、パンデミックが先行的に、これと同じ問題を提起したわけだ。実際、パンデミックは、将来の金融収益に対す

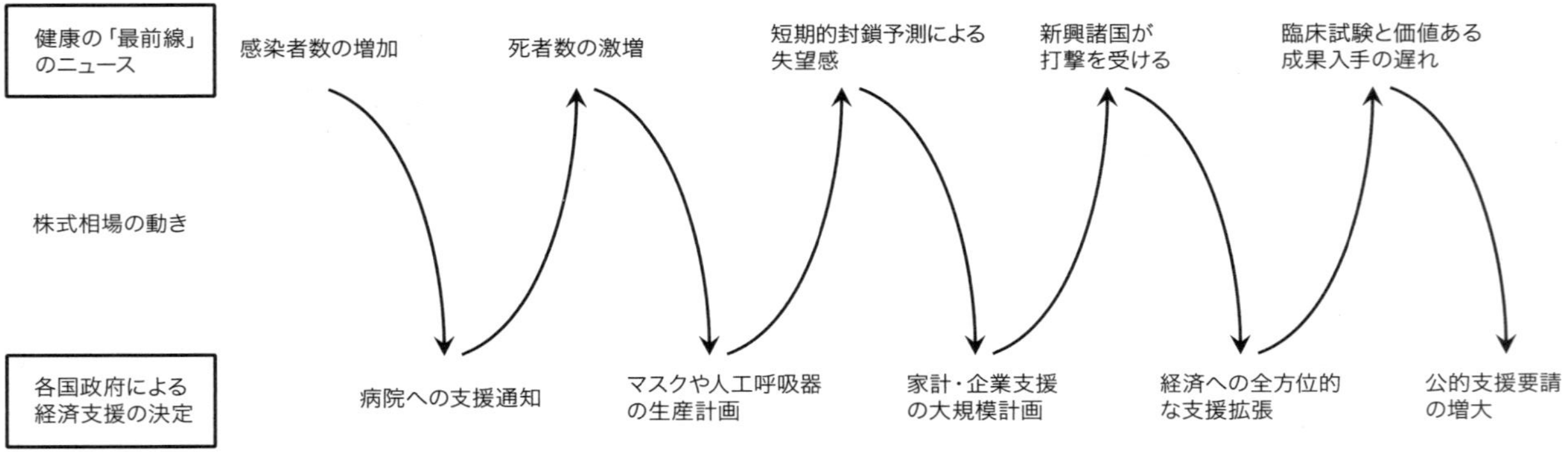

コメント：**2つの根本的不確実性**の間でのボールのやりとりの一部
・ウイルスの性質とそれに対抗しせき止める手段の不確実性
・他のあらゆる危機に考えられた政府の手立ての有効性にかんする不確実性

図 3–4　健康と経済にかんする良いニュース・悪いニュースがいかにして株式相場を動かすのか

る悲観的見方へと、またその後——のちに見るように——騰落の交替へと、急激に偏っていく動きを示すわけだ（図3—4参照）。

根本的不確実性に直面して模倣主義が社会の全領域に拡がる

金融業者は、封鎖措置や封鎖解除措置が意味する損失を先取りすることはできず、これについての決定は感染症の経過や政府のきわどい意思決定に依存する。金融業者は、株価指数につれて動く資本へと投資する羽目になる。だがこのことは、相場の逆転をなおいっそう激しいものにする（Sitbon 2020）。不完全情報の理論家たちが指摘したように、このメカニズムはおよそ市場がもつ情報的内実を排除していく。というのもやがて、もはや誰も経済情勢の有効な分析にもとづく取引をなしえなくなるからである。

疫学モデルによる予測が頼りにならないことを認めると、公衆衛生のアクターたちは教科書的とされているモデルを参照するようになった。二〇二〇年三月の時点で、それはインペリアル・カレッジのモデルであった（Imperial College 2020）。実際、根本的不確実性という状況下では、ただ一人で正しいことをするよりも、みんなで間違える方がましではないか、と。このモデルが今度は批判されるようになったとき、感染症との闘いの責任者たちはみな同じような手続きを採用し（多分野間科学会議）、同じ言葉を使い（「社会的距離」）、同じ戦略をとった（二〇二〇年三月の封鎖、次いで五月からは個人的自由への制限を慎重に除去すること）。

コロナウイルスの経済的帰結にかかわる全般的な不確実性を前にして、各国政府は新しい適切な手段を追求するのでなく、互いに模倣しあうようになった。このことは例えば、どんなにその期待された結果が遅くなろうとも、保証金や中央銀行・国庫によるリファイナンスがエスカレートしたことに示されている。まさにこれと同じ手段が二〇〇八年危機の克服を可能にしたのであったが、今回、その適用先は非金融企業であって、もはやウォール街ではなかった。いくつかの変種はもちろん存在する。新型コロナ対策のドイツ・モデルと時短就労助成金がヨーロッパの手本となったとすれば、アメリカと中国は相異なる二つの軌道を進んだ。いくつかの政策での模倣主義があるからといって、それは各種の社会経済レジームの収斂を意味しないのである。

アクターたちのために国家は舞台を整えること

以上のように、株式市場はおそらく証券の相対価値を定めることはできるが、その水準を決めることはできない。その水準は、感染症の性質や公権力が無理やり引き受けさせられた賭けにかかわる諸過程に広く依存している。だからこのメカニズムは、保健医療上の至上命令と経済上の至上命令の間の対立からの出口に利するように、そのように投資を再配置していく道への案内とはなりえない。

私的計算が機能しうるための必要事項

研究文献によれば、国家には多様な役割が割り当てられてきた。伝統的に国家は、景気循環を安定させる役割、社会的正義の考え方にしたがって再分配をする役割、全員の利益となる公共財――これは民間イニシアティブでは生産できない――を生み出す役割を果たす。さらに金融危機によって、最後の貸し手としての中央銀行の決定的役割が浮かび上がり、この可能性は、経済活動の凍結に直面した市場を安心させるために発動された。

新しい点は、民間の期待〔予測〕では企業の持続性や価値を評価できないという問題を、国家が克服しなければならなかったということである。それゆえ国家は、行為者たちが自らの期待を再調整しうるようなプランを告知しなければならなかった。当面の場合で言えば、国家は封鎖〔外出制限〕の、またその次に封鎖解除の、やり方と継続期間を決定しなければならなかった（コラム3―1参照）。システミックな、それゆえ根本的な不確実性から抜け出すためには、焦点となることを告げ知らせるしかない。国家のこうした突出性こそがカタラクシー〔価格シグナルによる社会形成〕を克服しうるのである。つまりそれは、「市場における多数の個別経済の相互調節によってもたらされる秩序である。……かくて、財産と不法行為と契約についての法的ルールの範囲内で人びとが行為することを通じて、市場によって生みだされる特種な自生的秩序こそがカタラクシーにほかならない」（Hayek 1973, p.131 邦訳一五一頁）。この点はめったに言及されていないが、ハイエク自身は、まれにある状況では自生的秩序は袋小路に突き当たり、再びカタラクシーが作用しうるためには、これを修正する集合的行為が必要なことを理解していた。

疫学的モデルが各国政府の羅針盤となる

政府の顧問たちは感染症専門家の方に眼を向けざるをえず、専門家たちの間では感染症の普及を定式化したモデルの作成者の方に眼を向けざるをえない。これはH１N１に際してよくあったやり方である。今度の場合、研究者たちもまた互いに観察しあい、インペリアル・カレッジ（Imperial College 2020）のモデルが大きな役割を果たした。というのもこのモデルは、二〇二〇年三月、ヨーロッパにおける各国ごとの多数の戦略をストップさせるための参照枠として役立ったからである。だが残念なことに、そこから出されるシミュレーション結果は、計算困難な各種パラメーターに決定的に依存している。これに伴う不確実性は直接に、生産および雇用の低下という予測に反映されてしまう。経済学者は、自分たちの学問分野が自然諸科学のう

〈コラム　3―1〉 集団行動による予測の社会化は、金融市場メカニズムが機能するために必要である

1　**安定したマクロ経済体制**の中では、株式市場の仲買人たちは、私的情報 Iprivé を社会化するので、それらは、一つのファンダメンタル価値という均衡に収斂していくだろう。

利潤は企業の経営qに依存する

社会のなかで分散した私的情報の社会化

封鎖期間τと封鎖手段の厳格さΘのインパクト

$$\text{証券のファンダメンタル価値} = \sum_{t=1}^{t-T} \frac{E\,(Rt,\ Iprivé,\ Ipublic)}{(1+r)t}$$

長期的な停滞が予想される経済においては、割引率はゼロに向かう

2　**コロナウイルス**とともに、上場企業の経営の質（q）にかんする判断は、期間（τ）が不確実な封鎖（1－θ）によりこうむる損失に比べれば、もはや二次的な役割しか果たさない。

$$R = Rn \times \theta \times \tau$$

R：経済的損失　Rn：正常利潤　θ：経済的封鎖による損失　τ：封鎖期間

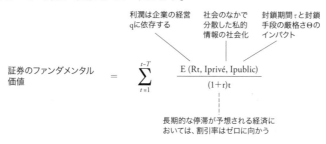

ちに埋めこまれているということを知ることとなる。

戦略的選択と目標

政府行動のロジックは、治療キャパシティ――これは新しい器材の購入によって拡大する――を飽和させないよう、感染症のピークを抑えることにある。まさにこのロジックを通して情報システムが構築される。ということは、感染症の当初、老人ホームや自宅での死亡は計算に入れられていなかったということである(**コラム2―1参照**)。ここには「限定された合理性」の理論による一つの結果がある。つまり、意思決定者がある戦略を停止し、これが行なわれると、その場その場の情報が生み出され、それによって得られた結果が当初の戦略に合致しているかどうかが評価されうることになる。「実質合理性」の考えによれば、完全情報のもとでは、問題はすべからく一つの最適解をもつ。ところが、企業、個人、組織の実践にあっては、「手続き的合理性」によって満足な解が得られ、それはめったに唯一の解というわけにはいかない(Simon 1982)。コロナウイルスはこの明白な事実を思い起こさせた。全員が初めて遭遇した脅威への解は全員によって発見されなければならない、と。

経路依存性の創出

将来に対して賭けをする必要は別の重要な結果を伴う。すなわち、相継ぐ意思決定が行きつくところ、経路依存性が創出されていくということである。なぜなら、後方への退却をするというのは、不可能ではないにしても、ますますコストのかかるものに見えるからである(**図3―5参照**)。十分なストックがないので(マスク、人工呼吸器、酸素、検査、医療従事者)、ありうることとして例えば、感染者や死者の数が増えてい

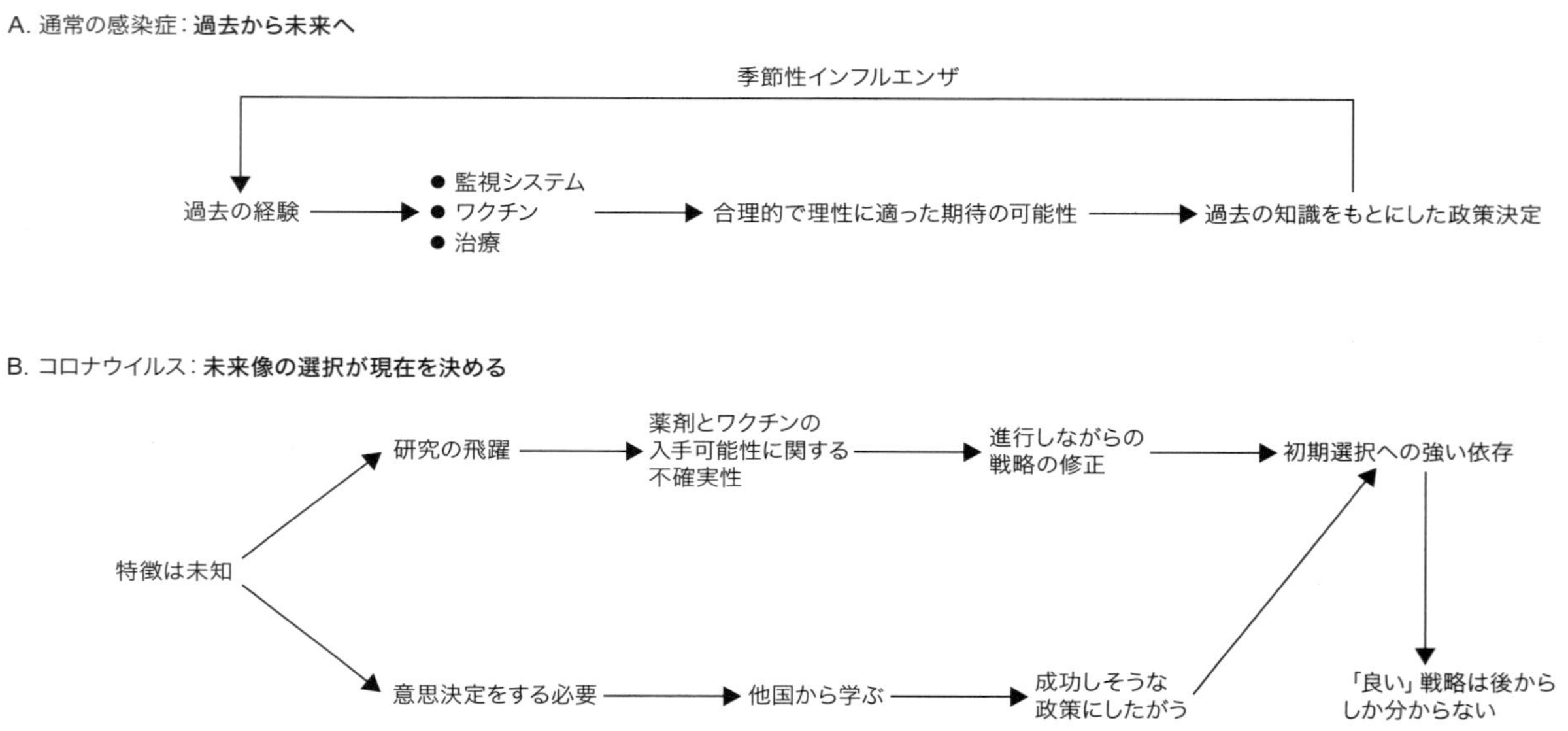

図 3–5　国家により支持された未来像が不可逆性のある軌道を拓く

るというのに、有望な戦略はおよそ期待できないことが判明してしまう。

季節性インフルエンザのように、決まって反復される出来事が起こる時の行動との違いが分かって来よう。インフルエンザの場合には、医学知識の一総体がすでに確立していて、間違った意思決定のリスクは大きく低下している。こうして疫学モデルの構築者のなかには、二つの時期を対置している者もいる（Vespignani 2020）。すなわち一方で、新型感染症に対する闘いをリードするため、緊急の時期にして――たとえ近似的にでも――成果を研究する時期と、他方で、ひとたびその時期が終わったら蓄積されたデータ総体でもって科学的接近を発展させる時期と、である。とはいっても、すでに強調されたように、こうした知識の進歩は次にやってくるウイルスによって再度検証される。次のウイルスは世論に――実際にであれ想像的にであれ――準備不足の印象を与えることになる。それゆえ、こうしたかたちで見通してみると、あらゆる科学は、社会科学も自然科学も、歴史のなかに置きなおされていくことになる。

医療の不確実性と経済の不確実性の相互作用によって悲観論と楽観論が交替するとき

二〇二〇年五月、感染者数の減少を確認しつつ、国ごとに早い遅いのちがいはあったが、多くの政府は封鎖解除の動きに乗りだした。社会生活にのしかかっていた制約が相継いで緩和されていった各々の日付は、それぞれ、企業、賃金生活者、両親、金融業者たちに目印を示すための標識となった。不確実性は部分的には低減したが、だからといって危機はおよそ克服されたなどとは言えなかった。

矛盾した動きによって活気づいた金融市場

二〇二〇年四月の底知れぬ株価下落はこうして収まり、企業価値は立ち直ったが、金融市場は二系列のニュースによって揺り動かされた（図3―4参照）。第一に、死亡者の統計がアクターたちの期待にリズムを与えつづけ、その結果、医療器具の不足、期待外れの新薬テスト結果、さらにはアジアでのパンデミックの再開にかかわるまことに悪いニュースによって、株式相場は下落した。二〇二〇年二月一九日から三月二三日――これはアメリカ市場が数週間で三分の一の価値を失った時期である――にかけてパニックが起こったが、正常な経済活動への復帰の日が遠のくにつれて、パニックに代わって不安が広がっていった。

第二に、諸国の財務省や中央銀行は、持てるあらゆる手段――所得補助、企業支援、信用保証――を使って当初の損失を最大限補償しようとし、遂には民間損失の国家による社会化が含まれるまでになった。アメリカではその額は数兆ドルにのぼった。こうしたニュースは金融業者に希望を与え、やがて、病院や保健衛生当局に由来する悲観論を打ち消すことになった。アメリカでは株式市場は、その損失の大部分を回収することができた。とはいっても、金融諸商品の価値においては全体としてきわめて大きな浮動性が持続しており、これらの価値は、ポスト・パンデミック期の経済レジームの諸特徴を組みこんだ長期的価値に向かって持続的に収斂してはいない。パンデミックに対する勝利という点で確かな成果がないなかで、完全崩壊という脅威はかすんできたので、当初の根本的不確実性はたしかに低減したのであるが、しかし不確実性は経済活動封鎖の長さをどう評価するかという問題へと移ってきた。

金融と経済活動の分岐

巨額の予算的支援や、中央銀行があらゆるタイプの金融資産――最大のリスクをかかえるものでさえも

――を買うという約束は、いちばん安定的と見なされている諸国の経済において、準ゼロ金利、さらにはマイナス金利へと行きつく。安定した社会経済レジームで見られたこととは反対に、この低金利は生産的投資に融資するための信用需要を惹起させない。需要見通しは悪く、収益性に問題があるからである。これまでの一〇年間とまったく同様、金融業者はリスクはあるが儲かる資産を買うために、思わぬ幸運をとりわけ利用してきた。そしてこれが株式市場の回復に役立っていた。

それゆえ、こうした動きは経済を阻止している諸問題の解決にはまったく役立たない。アメリカでは、失業率は三か月間で四%から一六%へと上昇し、サービス業関係の中小企業は大きな倒産リスクに直面し、以前の活動水準には決して回復しえない恐れのある諸部門（観光、航空輸送）が存在する。したがって、株式市場の回復――ヨーロッパではたしかに部分的なのだが――は経済回復の先行指標だと信ずることは、なかなかできない。これはむしろ、ウォールストリートと「メインストリート」――アメリカのメディアで民衆階級を指す言葉――の離婚の証拠であろう。しかもこの離婚は、金融化によって支配された資本主義の躍進とともに姿を現し、公権力――これは事実上いちばん力あるアクターを利している――による大量かつ的はずれな介入によって強化されている始末である。

金融がこのように機能不全の性質を示すということは、大いなるリスクに満ちているということだ。見捨てられた階層からの抗議、ポピュリズム運動の高揚、公然たる政治的危機などがそれである。医薬やワクチンの研究や、もっと一般的には効果的で強靭な医療システムを確立する点において、金融は自らいかなる役割を果たすというのか。

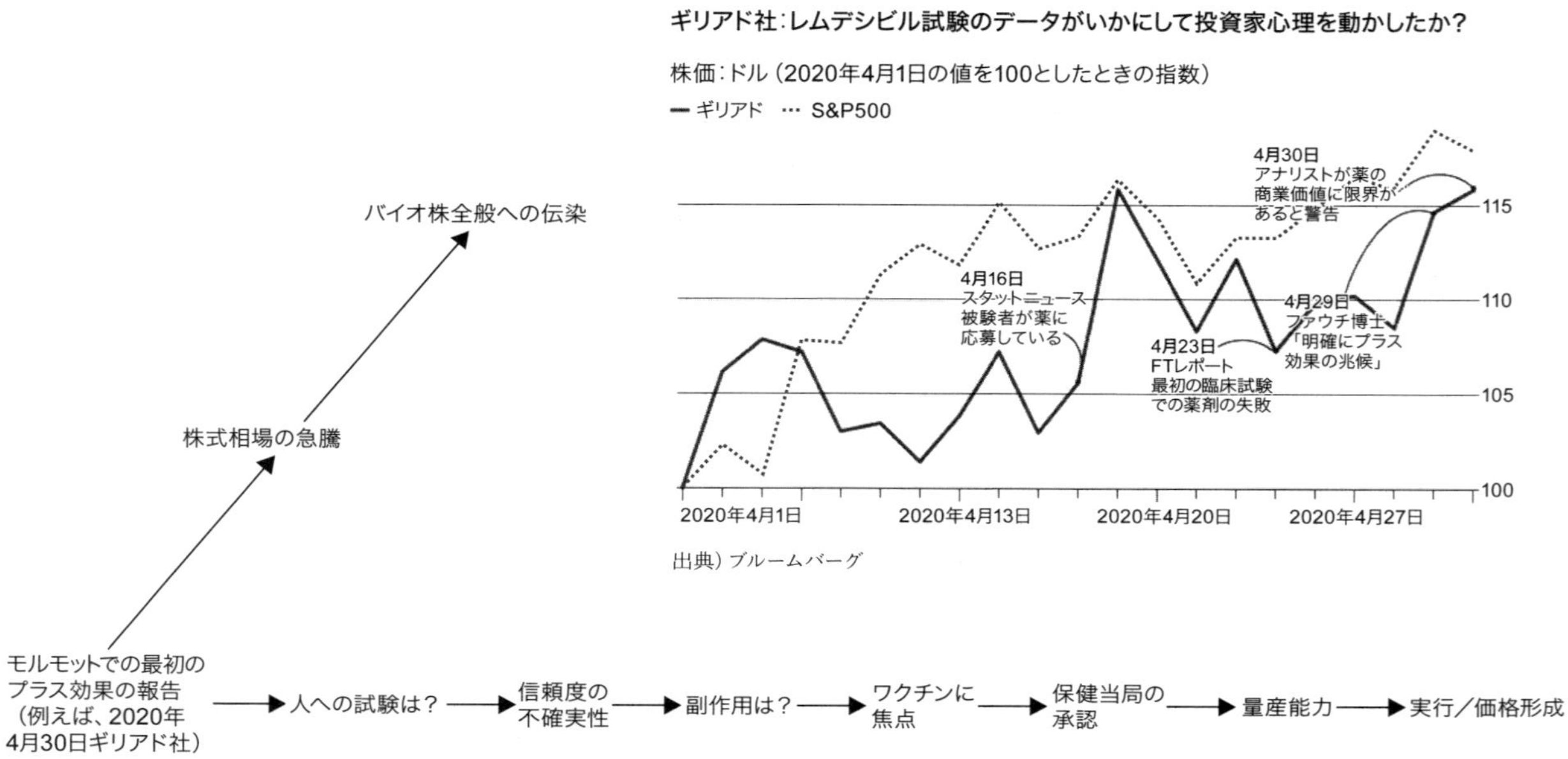

出典）ブルームバーグ

出典）« Les financiers entendent abolir le temps de maturation des projets : le cas de Gilead », *Financial Times*, 2 mai 2020, https://www.ft.com/content/e10f8182-4e2b-4587-9e98-834f0e8f70f2

図 3–6　新型コロナへの勝利——薬剤・ワクチンの実現期日にかんする不確実性と金融界の焦燥との葛藤

金融の時間は医療イノベーションの時間ではない

医療部門の企業は、エネルギー部門や金融部門の企業よりも株価崩壊を上手に乗りこえた（*The Economist* 2020）。この見方に立てば、市場は医薬やワクチンの研究を促進したのであるが、こうした研究がないので、経済的危機を含む危機からの脱出が遅くなっていた。市場金融によって長らく振り撒かれた幻想として、市場金融は経済に——さらに広くは社会に——リズムを与え、要するに株式相場のリズムを与えるのだと言われた。一再ならず金融業者の忍耐力のなさは、実験室内でなされているプロジェクトが成熟するまでの時間とぶつかり合った。スタートアップ企業に流動性を注ぎこめばワクチン発見の蓋然性は高まるが、かといってそのテスト、開発、普及に必要な諸段階を無視してよいということにはならない（図3—6参照）。コロナウイルスは金融業者に、一つの社会は多様な時間尺度からなっており、金融業者は自分たちの時間——極端きわまる時間——を社会に押しつけようと言い張ることはできないということを、教えることになろう。これはすでにケインズ『一般理論』のメッセージの一つだったのだ。

パンデミックという典型的な不確実性を前にして責任の原則はどうなるのか

以上の分析から浮かび出るのは、私的にであれ公的にであれ、多数の責任者がしばしば意思を決定し、パンデミックが終わったあと、それが間違っていたことが分かり、とりわけ、人命および／あるいは富の損失の点で犠牲が大きかったと分かることになろう、ということだ。

事後的に見れば、いくつかの政策はすぐれており、他の政策は破局的である

ここで、経済の「奇跡」と「モデル」にかんする長い歴史を引っぱり出してみる必要がある。遠い昔以来、観察者たちは一国が経済的に驚異的な進歩を遂げることにしばしば驚かされてきた。次々と起こり多分に矛盾しあった変容――これは最終的にある独自な構図へと累積していく――の年代記を回顧する代わりに、創設を考えた省察を十分に備えて出てきた予兆をすでにもっていた経済体に、特定の名を与えたいという誘惑に大いにかられる。例えば第二次世界大戦以降、フランス・モデル、イタリア・モデル、スウェーデン・モデル、日本モデル、シリコンバレー・モデルが相継いで現われ、最後に、発展に困難をかかえた多数の国にとって中国型の道の魅力が主張されもした。しかし、こうしたリストには慎重を期すのがよい。というのも今日ではわれわれは、これら「モデル」に託された希望がどうなったかを知っているからだ。

コロナウイルスの場合もこの種の現象が生まれるリスクは大きい。パンデミック出現の折りにアクターたちを麻痺状態に追いこんだ大いなる不確実性を忘れて、多くの観察者たちは、かつて幸運のおかげであったものを力量のせいだとする誘惑にかられることになろう。二〇二〇年五月、人的損失が比較的おさまりドイツ経済を支えようというプランが頭をもたげてきたが、他の多くの国がまだ根本的不確実性の局面にあっただけに、このことは右に述べたのと同じようなフォーカル・ポイントの役割を果たしていたように思われる。おまけに、右にあげた表彰者名簿は一時的なものでしかなかった。相継ぐパンデミックの波がひとたび乗りこえられると、人びとの早期かつ慎重な免疫化戦略が、人命の点でも経済的損失の点でもいちばんコストがかからないのかもしれないと思われる (Karlson, Stern et Klein 2020)。コロナウイルスはわれわれをして、目的論的幻想に対して免疫を与えてくれるはずだ。それほどに目的論的幻想は、法や政治的なものに対して測り知れない難問を生み出すことだろう。

法や法解釈が不安定化する可能性

私法であれ憲法であれ、法というものは、各種行動が安定した環境――つまり総体的な予見可能性――のもとでなされるという暗黙の仮定のうえに打ち立てられている。例えば職業倫理の法典や専門家たちが作りあげた規範は、このケースにあたる。これらの法典や規範は、法や行動のうちに組みこまれた各種実践――つまりハビトゥス――が層をなして積み上げられたことの結果である。こうした規範からそれてしまうと、アクターは責任を負わされることになる。

こうした参照枠は二類型のアクターによって持ち出されるということを、考えておくべきだろう。政治のレベルでは、現政権への反対者たちが以下のような重大な過ちを犯したと非難するかもしれない。すなわち、公衆衛生上の帰結、過大な経済的損失、さらには――とりわけ社会内部で妨げられた移動にかかわる――公共的自由の不要かつ危険な制限といった過ちである。個人のレベルでは、各種医療資源（マスク、人工呼吸器、看護職員による用心）がなくて家族の一員を亡くした人たちが、自らの権利を認めさせるために裁判官に向かって、保健医療システムのあれこれのアクターの責任を引き合いに出すようなこともありうる。

まさにここに法学者にとって大いなる作業場が登場する。根本的ないわばシステミックな不確実性から人びとを守る集合的責任と、ある選択――アクターたちみなが知っているルールに照らして間違いだと判明した選択――のゆえに生じた個人化されうる責任と、――この両者を区別するための判断基準は存在するのか、と。

政治的責任から裁判手続きへ？

それゆえ、コロナウイルスの起源の解釈やこれにかかわる損失という結果をめぐる紛争は、裁判に持ちこまれると予想する必要がある。こうした紛争に一定の方向を与えるために、フランスでは、保健医療的緊急事態にかんする法律には、当初から恒久的に、政府がある限定された期間、そして保健医療という理由のために、市民の移動の制限に訴える可能性が組み入れられている（Slama 2020）。だがしかし、こうした動きは基本的諸権利の持続的な制限として解釈されうるのであり、激しい社会的政治的運動を誘発する。この変化は無害ではありえないからである。

こうした責任追及は社会のあらゆるレベルで起こる恐れがある。すなわち、職場の安全衛生にかんしては雇用主／従業員の関係において、パンデミックとの闘いに必要な諸手段の不足にかんしては調整当局・各省・治療機関それぞれの責任について、最後に、政治関係者と官公庁職員の関係において、起こってくる恐れがある。それゆえコロナウイルスの傷跡は、当初はパンデミック征服の意思によって覆い隠されていたが、法律上、大いなる係争点をなしている。

二〇二〇年晩春、パンデミックの成りゆきは依然として社会のほぼすべてを決めていた。つまりそれによって、経済の準停止状態が正当化され、株式市場では最も華々しくもドラマティックな危機の一つが促進された。そこから至るところで、国家が人びとの生命と健康の守護者として現れた。これは学問上、二重の改訂作業《アッジョルナメント》の始まりなのだろうか。一つは根本的不確実性への対応としての国家であり、これはその昔、フランス流計画化の目標であったのではなかったか。二つ目は、ミシェル・フーコーにおなじみの生政治《ビオポリティーク》であり、これは新しい時代の象徴《エンブレム》になりうるものではなかったか。以下の諸章はこれら二つの道を探索することになる。

第4章 緊急事態から健康・経済・自由の「トリレンマ」へ

人類の政治的難問は、経済的効率、社会的正義、政治的自由の三つをいかに組み合わせるかにある。

(John Maynard Keynes (1883-1946), *Théorie générale de l'emploi, de l'intérêt et de la monnaie*, 1936)

封鎖〔外出禁止〕のような大規模で、時には体内に突きささるような介入は、どんな経済政策マニュアルにも組みこまれていなかった進行経路を生み出す。その途中、別の不確実性が明るみに出され、これが期待の裏をかき、健康・経済・政治の相互依存を混乱させることになった。その期間は短いにもかかわらず、政府は何度も介入政策を再調整しなければならなかった。この介入は、二〇〇八年の金融部門支援とくらべてさえ、前例なきほどの大きさとなった。つまりほとんどすべての経済部門が、部分的かつ不均等にその損失を社会化してもらうことになった。前代未聞だが相対的には小さい「ショック」だと思われていたものは、早急な正常復帰に対して矛盾し障害となる網の目があることを暴露することになった。このあたりについてX線をかけ透過写真を提供しておけば、すべからく未来予測の試みへのまえおきとなろう。

各国政府の驚愕と動揺

ある感染症が突然に現われたという中国当局の通知に対して、当初の反応は、これを季節性インフルエンザ程度のこととみるというものだった。それ以降、この感染症の特徴を検知する仕事は、コロナウイルスの伝播とくらべてつねに一歩遅れてしまったように思われる。

たんなる一時的なショックか

これは国際諸機関にとっては悪いニュースであったが、それほど不安を抱かせるニュースではなかった。というのも二〇二〇年二月、IMF〔国際通貨基金〕は世界経済の落ちこみはたんに年率〇・一%だと予測していたからである。だがしかし、パンデミックがイタリアを襲い、ついで欧州各国を襲いはじめるや否や、各国政府は国内空間や国際レベルで、人びとの移動に対してますます厳しい制限を設けることによって、感染例の爆発を止めるという意思決定をした。エッセンシャルでないほとんどすべての経済活動が停止されたが、このことは、時短就労への助成がないので、アメリカでは雇用や財生産の容赦ない縮小を意味することになり、それはしばしば欧州連合でも同じであった。

これに見合うだけの寛大な融資がなされたが、それを説明するのは、二〇二〇年第2四半期には急速な回復を促進するよう、不況を一挙に止めようという覚悟である。マクロ経済学者にとっての目標は、生産の能力や賃労働者の力能を無傷なままに保つこと、つまり、以前の軌道にしっかりかつ早急に復帰するという仮説にある（OFCE 2020）。これはいささか楽観主義的ではあるが、当時の知識に照らしてみればまっとうな

表 4–1　3 つの目標の混同

目　標 ＼ 政策構成要素	流動性危機の回避	支払能力危機の克服	生産能力・成長力の保持
企業への信用保証	＋＋		
個人の所得支援		＋	
時短就労への助成			＋＋
税金支払いの繰り延べ	＋＋		
公共支出による需要の下支え		＋	
感染症対策の信頼性のある計画公表		＋	＋
戦略的物資の徴用		＋	
企業への資本参加あるいは戦略的企業／部門の一時的国有化		＋	＋
労働権・社会権への回帰		＋	−

期待である。そういった期待をもつということは、一九四五年以来のアメリカ経済における最長の拡張期（連続一一年）——それは奔放な金融政策によってすでに達成されていた——をさらに延長することを意味し、また、成長にかんする欧州連合の困難を過小評価することを意味する。

流動性、支払能力、生産能力保持の混同

当然ながら、諸国の中央銀行も財務省も二〇〇八年の金融危機の経験から、過剰に抑制的な政策は信用制度の凍結や流動性の不足を加速させてしまい、経済の回復に貢献できたはずの企業を連鎖倒産に追いこんでしまうといった事態は、何が何でも避けなければならないということを記憶にとどめていた。そこから、中央銀行が品質劣悪であろうとも幅広い金融資産を買い上げ、国家予算によって例えば中小企業に信用保証を与えるといったことが説明される（表4—1参照）。

とはいっても、一定の限界値を超えると、資金のたんに一時的な難局と、危機の深刻化にともなって収益が信用や利子を払い戻すには不十分となるという事実と、——この

二つの間を区別するのがむずかしくなる。ところで、支払能力の危機はたんなる貨幣的手段によって対処することはできない。そのための手段は、税金や社会保障費負担の一時的ないし恒久的な削減、負債の組み替え、企業における資本増強、そして最終的には、一国にとって戦略的と考えられた企業（例えば航空輸送）の国有化などである。こうして予算を当てにする必要が出てくるが、予算には反応速度もないし貨幣創造の弾力性もない。

こうした区別は、コロナウイルスへのヨーロッパ的対応にとって障害をなす点を理解するために重要である（第7章参照）。欧州中央銀行は、インフレ・ターゲットを目指すだけでなく今やユーロ圏の解体を予防するために、自らの任務を惜しげなく解釈しえた。しかしながらドイツの憲法裁判所がこれを見張っており、激論の末、欧州予算をごくわずかでも増やさないことになり、この袋小路に対する解決策を予測することができなくなってしまった。正式にではなくても事実上、財政連帯が、パンデミックによって深刻化した赤字のマネタイゼーション〔中央銀行の通貨増発による国債引受け〕に取って代わることになろう。

矛盾した命令

そもそもからして、政策責任者たちの言動は、両立困難な二つの命令の間での対立――さらには矛盾――によって刻印されていた。一方で、「ステイホーム」の合言葉が語られ、これによってウイルスに感染する恐怖が湧きあがり、コロナウイルスの重大な脅威を指摘していた医療関係者の言葉に納得した市民たちから好意的な反響があった。他方で、エッセンシャルな諸部門（医療、農産物加工、物流）に向けられた「休まず働け《ゴーツーワーク》」との要求があり、これは、関係する労働者は自らの献身の犠牲となる恐怖を克服できるものと想定するものであった。でもこれは、有効な防衛手段がなければ困難なことだ。いちばん恵まれない労働

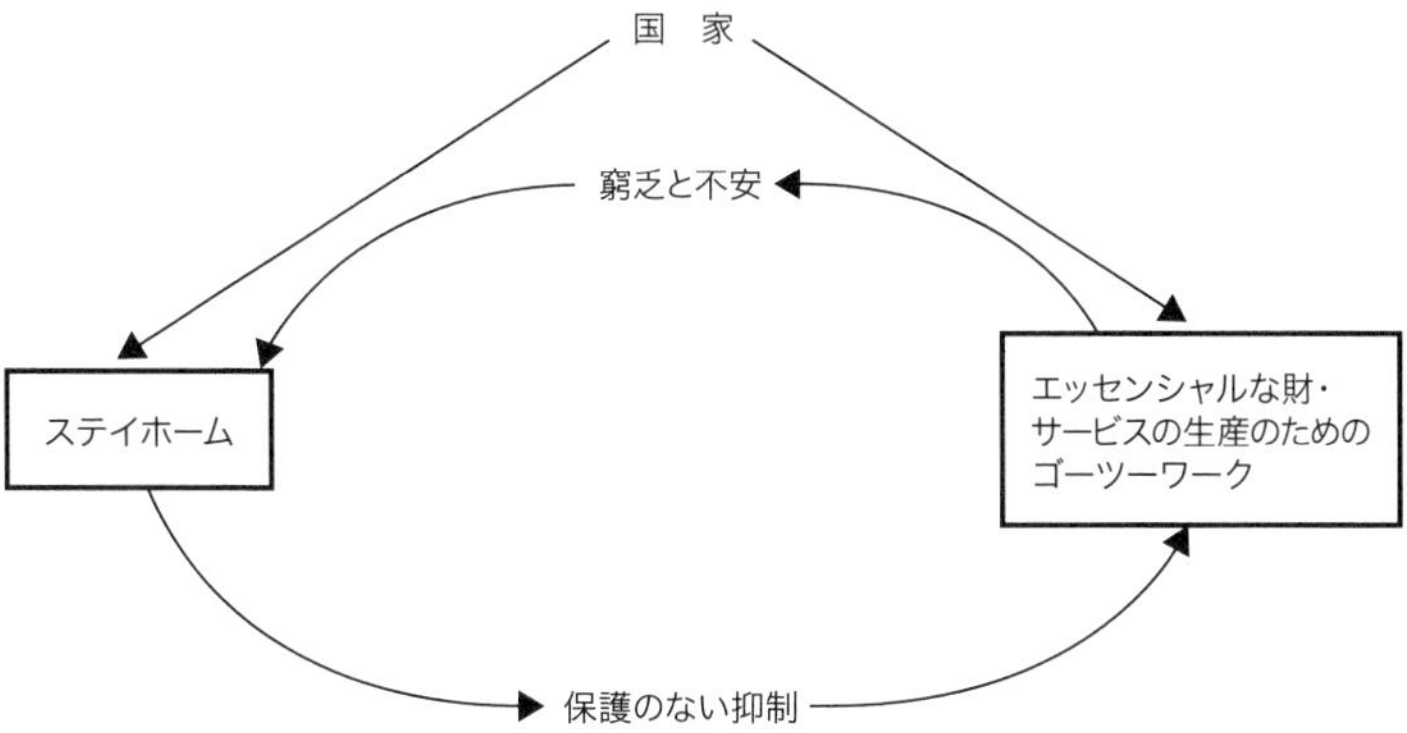

図4–1　市民に対する矛盾した命令

者のみが就労のリスクをとり、そのうち何人かは現実に感染してしまった（図4―1参照）。

コロナウイルスは各社会ごとに典型的な不平等を暴露し、不平等を健康や平均余命にまで拡大しつつこれを強化してしまった（第2章参照）。特質を誇張することになるかもしれないが、いちばん恵まれた市民たちはかくまわれてテレワークをし、他の市民たちは保健医療上の緊急事態が続いている間、みなが生き延びるために必要な財やサービスを生産しなければならなかった。こうした分業における立場の華々しい逆転は、さまざまな政策によって認知されなければならない。公的な感謝に値するヒーローは、革新者《イノベーター》に代わってみなの世話をする人たちへと移った。はたして、それは一時的なことなのか、それとも継続的なことなのか（第5章参照）。

外出制限解除のとき相異なる諸社会が探ったのは、この同じ矛盾の別の側面であった。当局はテレワークできなかった人たちには全員、労働に戻るようにさせたわけだから、脅威は去った、だから物理的距離をとり用心せよとの至上命令は結局は副次的なものだった、ということだ。それゆえ、コロナウイルスの被害をいちばん受けなかった人たちが、感染症のぶり返しの仲介者となる可能性が出てきた。フランスでは、学校を徐々に再開するという決定は、親たちによる労働の再開の必要性と整合的なかたちでなされたが、この決定は学校をしてまた別のジレンマに陥れた。すなわち、生徒間の距離を保つのがきわめて困難なことを考慮すると、専門家によって保証された教育が受けられるという明らかな利点はあるが、それ以上に、学校への復帰のリスクは大きいのではないか、と。というわけで、失業の増加——これは時短就労への助成金によってしばらく隠されていた——という文脈のなかで、公的援助の削減や廃止によって労働せよとの圧力があるにもかかわらず、労働への復帰にブレーキがかかる。

全般的な経済支援

この点にかんしては、すべてのＯＥＣＤ〔経済協力開発機構〕諸国の政府が強烈かつ早急に自覚したことによって、経済の崩壊リスクに対応したことが示されている。その対応は何よりもまず、国家が手にしうるあらゆる手段の動員に示されている。すなわち信用保証、中小企業への課税の繰り延べ、社会保障負担金の支払猶予、家庭への無条件かつ無審査での所得移転、時短就労への助成金、各種保険が国民的努力に参加するようにとの圧力などである（**表4―2**）。

中央銀行はといえば、それはすでに独立的なものになっていたので、緊急事態や政府要請に対応することしかできなかった。中央銀行はほとんど無制限に、民間資産や公債証券のリファイナンス〔債務弁済のための新規借入れ〕への道を開いた。こうして二〇一二年にユーロを救った合言葉——「いかなる犠牲をはらっても」——が繰り返された。イングランド銀行は、もはやたんに公債証券のセカンダリー・マーケットではなく、この証券の直接買取りさえをも決定した。アメリカ連邦準備制度理事会〔ＦＲＢ〕や欧州中央銀行〔ＥＣＢ〕のバランスシートもまた、資産の急増を記録した。これに反して、イタリア、フランス、スペインによる「ユー

表 4–2　財政的・金融的にほとんどの手段の動員

国家の信用保証に基づく貸付	苦しい賃労働者所得の支援	納税の猶予	社会保険料の猶予	借金返済の延期
ドイツ	ドイツ	ドイツ	ドイツ	イタリア
フランス	フランス	フランス	フランス	イギリス
イタリア	イタリア	スペイン	スペイン	スペイン
イギリス	スペイン	イギリス	イギリス	
スペイン	アメリカ			

出典）*Financial Times*, Ft.comé-af5520-6793-11ea-800d-da70cf6e4d

ロ債」創出の提案は、北部欧州諸政府の賛同を得るには至らなかった。にもかかわらず、共通の危険への対応はこうしたイノベーションを正当化したはずであろうし、ユーロによって創設された政治経済レジームの持続性を構築する点で重要な一段階をなしたであろう。欧州連合はどの点で米中と競合しうる組織となるには程遠いかが、ここでわかるであろう。このように、この地政学上の構図再編は、コロナウイルスの間接的にして予期せざる結果の一つなのである（第7章参照）。

最後に、中央銀行と公共予算の結合による介入は、量的にまことに膨大であった。例えばアメリカでは、二〇二〇年三月の第一次支援計画が・兆ドルであったとすれば、議会選挙後の五月一五日、三兆ドルの経済刺激計画が大統領の署名にゆだねられた。フランスでは、生産停止の補償度は格別に高かったが、それは危険の過小評価——二〇〇八年の場合がそうだった——よりも過大評価の方がましだという直観に対応するものだった。あとから振り返ってみると、こうした戦略はその長期的結果に照らして評価されることになろう（第9章参照）。

国際的依存と保護主義的誘惑の間で

コロナウイルスは早々と、マスクや患者治療用薬剤中の有効成分の点で、ほとんどの経済が国際的に相互依存しているさまを思い知らせた。これは、コスト削減や収益性保証を目的として、企業がとった海外移転という一連の意思決定の結果である。国の保健衛生当局は右の諸製品が大きく欠乏していることを知り、例えば医療スタッフが患者を治療するのに不可欠な材料や製品を手に入れるため、高値をつけるられるままになった。これらの生産が集中していたのは中国であり、また、これよりは少ないがインドであった。同時に、多くの国がたまたまこれら諸財をまだ生産している場合には、これらの輸出を禁止した。

こうして、世界市場での競争的闘争によって各国ごとの保護主義的措置が倍加された。外出制限解除からの出口は、新薬および／あるいはワクチンの確保と結びついており、危機突入の際にすでに見た外見上のパラドクスが再現する。アメリカは全世界の有望なスタートアップ企業を買い取り、それらがもつ薬剤を先買いし、自国民のために蓄えようとした。ドイツ政府はこの戦略に反対している。ドイツにあっては、いくつかの製薬大企業は、将来製造しうるかもしれない自分たちのワクチンを——自国が不利益になろうとも——自分たちに融資した国のために取りおくという契約を結んだ。これには、一種の経済的愛国主義をまだなお信じていた諸政府は大いに驚いた。

コロナウイルスはこうして、まことに長らく否定されてきた一面にむき出しの光を当てた。ポジティブサム・ゲームとしての国際化はゼロサム・ゲームへと転化するかもしれない、と。さらにまた、コロナウイルスの普遍的蔓延下における人的国際移動に対する責任から、国境管理の一般化が正当化され、次いで、感染爆発を抑えるための国境閉鎖が正当化された。この政策は、移民阻止を核心的政策としていた諸政府には、まことに好意的に迎え入れられた。遠方の市場で生まれた極微のウイルスは、世界の分裂にとって甚大なる帰結をもたらしたというわけである（第7章参照）。

公衆衛生と経済的損失の間のジレンマ――決定的な一段階

公権力による積極的行動主義は、仮にそれが、どんなに深刻なものであろうとも古典的な金融・経済危機と対決していたのであったならば、きっと成果をあげたことだろう。ところがパンデミックの時間は、早急なる勝利という政治プロジェクト――これによって公権力は自らの正統性を強化しうる――の時間に従いはしない。

補完的と信じられていた諸目標が敵対的となる

二〇二〇年五月は、このままウイルス根絶を最優先していくか、それとも、生産再開の必要性――生産がなければ生産システムは風化し生活水準は低下していく――をとるか、この二つの間を右往左往していた月である。EU〔欧州連合〕の公的赤字は拡大し、アメリカの失業は爆発的に増大した。こうしたジレンマを説明するのは、公衆衛生戦線で早々に勝利するという賭けはとっくになくなっていたという事実である。その結果、生み出された富が国ごとに三〇%から四〇%低下しつづけるならば、コロナウイルスによる死亡率の限界に与えられた優先性を再調整することが重要となる。

こうして管理は技術的なものから政治的なものになる。つまり、予告された結果はそこにはないのに、市民たちは信頼を置きつづけるだろうか。ウイルス学的ならびに血清学的な検査手段、次いで追跡手段や隔離手段は、第二のエピソードによって社会生活が、それゆえ経済生活がまた麻痺しないために十分なのだろうか。いかなる新しい措置によって、個人間、部門間、地区間における不平等の拡大――社会的政治的な安定にとって危機をはらんだ混合物――を抑えうるのだろうか。公衆衛生と繁栄回帰の間で夢想されていた総合は雲散霧消してしまった。

救われた人命は何に値するか

「健康は金で買えない」という格言があるが、だからといってこのことは、医療ケアには費用がかかり、その結果、公的な経済計算は多数の公共的意思決定を評価するに際して、長らくこの点を考慮に入れてきたという事実を排除するものではない。こうしてインフラや道路交通安全の経済学は、あれこれのハイウェイ計画を決定するための基準価値とか、道路交通事故を少なくする手段とかを必要としてきた。対感染症闘争という主題にもっと近いところでいえば、医療経済学は罹患率や死亡率の低下を考慮することなしには、新薬や新治療法の利点を評価することはできなかろう。一九六〇年代および一九七〇年代、つまり相対的に平等主義的な成長の時代には、人命のコストは生涯所得フローの現在価値によって評価されていた（**コラム4―1参照**）。それゆえ重要なのは、部門レベルの公的意思決定を明らかにすることであって、全般的な経済政策的意思決定（税制、予算、金融）は人命のコストを表立って考慮に入れる必要は決してなかった。

だがコロナウイルスとともに、もはやそんなことはなくなった。というのも、まさに二〇二〇年三月における各国政府の中心目標は、それがたとえ短期的には中間目標――例えば大なり小なり厳しい隔離によって病院での集中的なケアサービスが飽和しないようにすること――によって表されることがあったとしても、コロナウイルスがもたらした高死亡率を抑えることにあったからである。人工呼吸器の不足に鑑みるとき、七五歳以上の高齢患者の蘇生は認められないであろうと何人かの責任者は表明したが、これがたとえ平等と倫理の名における抗議を予防するためであったとしても、命に値踏みをするというのはもちろん大問題であ

〈コラム　4―1〉公衆衛生策の選択を解明するための公共経済計算への誘い

1　**人命の価値**、公的政策決定の暗黙的変数

従前のもの：

・交通事故対策は、どんなに課題があろうともこうした評価を参照することによってのみ正当化される

・新しい治療や薬剤を普及するという決定

・昏睡状態の病人の装置停止か否かの決断

新しいもの：

・感染症対策の組織化：めったにないが、起これば破壊的

$$\text{疫学への投資} = \begin{matrix}\text{確率}\\(\text{パンデミック})\end{matrix} \times \sum_{n=1}^{\infty} \frac{Wi}{(1+r)i}$$

Wi：救われる命の価値

2　**ケア需要のピーク**を満たすためには、たとえそれが最適ではないとしても、十分な余裕能力を受け入れること

$$\text{医療従事者} = f\,(\text{予測される平均需要}) \times \overset{\text{安全係数}}{g\,(\text{需要不充足の限界率})}$$

3　潜在的に高くつく余裕能力を制限するため、保健組織の**多能性**を促進すること

一種の最適化（活動費用、想定外事への反応力）

4　これまでの経験に照らして、パンデミック対策のさまざまな方法の**費用対効果の計測**を試みること

・隔離　・マスク　・ソーシャル・ディスタンス

・さまざまな検査方法とその配備　・ウイルスの追跡

る。ここにおいて、技術的とみられる意思決定が社会の問題へと転換し、政治的議論の材料となる。この領域においても、コロナウイルスは相異なる諸社会の分解者として機能する。

コロナウイルスとのいかなる闘争政策にも人命についての暗黙の価値観が照応している

このことのため、完全情報下のミクロ経済学的分析の用具を一時的に採用してみよう（コラム4―2参照）。一方で、厚生大臣はパンデミックによる健康被害を最小化することを目標とし、公衆の全注目を一人占めにし、政権内ヒエラルキーでの地位を上げる。これはどのパンデミックのときでも見られることだ。他方で、財務大臣は企業や賃労働者に寛大な支援計画を講じるのだが、経済活動の低下や外出制限の長さに比例して、財政赤字が深まっていくのを見ることになる。両者を裁定するのは首相の役目であり、首相顧問らは、移動制限期間は救われた人命の価値が経済的な所得喪失と等しくなるような時点に照応しなければならないと教唆する。

こうした過剰に単純化された分析用具によって説明できるのは、コロナウイルスは制圧できないけれども保健医療措置によって成果――感染例の減少、入院の減少、死亡の減少――があがるにつれて、またとりわけ、パンデミックの継続期間が予想よりも長期化することが明らかになるにつれて、なぜ各国政府が、コロナウイルスが再流行しないよう必要な予防措置を十分にとったうえで、それと両立しうるような経済活動を再開させることを優先するようになったかということである。にもかかわらず、ここでもまた、決定は技術的なものでしかなかったが、それは政治的なものでもあった。つまり、中小企業経営者、フリーランサー、不安定きわまる賃労働者、底辺地区の住民たちは、いよいよもって、自分たちを破綻に追いやり脆弱きわまる家庭内での対立を深めてしまった決定を、許しがたいものだと思うようになった。

というわけで、封鎖から脱した日付は、当局が何人かの人命の保護に割り当てた暗黙の価値を明示している。そこから、世界で見られる多様な構図の原点にある諸要因を説明する可能性が開けてくる。

国民的軌道が対照的である理由

この分析に照らしてみると、各国政府は以下の諸点に応じた長さでの外出制限の期間を採用するはずである。すなわち、社会が人命尊重に割り当てた価値が高くなるに応じて、経済的損失がそれほど重要でない程度に応じて、死亡率のリスクが高くなるに応じて、である。もう一つの可能性は、各国政府が他の人たちよりもリスクにさらされた人びとを特別視しようとすることである。コロナウイルスがとりわけ高齢層を襲うという点を考慮に入れることもでき、人生サイクルの全体に対する人命の価値を、外出制限ゆえに得た人生の年数の価値によって置き換えることもできる。この判断基準はごくわずかな外出制限期間を含むが、全患者が平等に治療を受けられるということの名においては、正当でないと見えるかもしれない。これは治療手段が欠如している状況下でのみ正当化されるのであって、この不足自体は感染症予防に対する過小投資によって生じたことである。世界レベルでのコロナウイルスの波及は、このように、未熟な措置に対応してばかりでなく（第3章参照）、感染を受けた社会の特徴にも応じて、対照的な構図を浮き彫りにするのである。

ブラジルやメキシコのような、中南米における多くの開発途上国ないし新興国においては、インフォーマルな労働が多いがゆえに封鎖の経済的損失は大きい。しかし、人口は比較的に若く、生命の価値における大きな社会的不平等が社会を覆っており、死者は最貧層――しばしば最大多数をなす――のうえに重くのしかかっている。結果として、封鎖は短期的であまり厳しくはなかった。

医療面で相対的に平等主義的な富国（フランス、イタリア、ドイツ）は、国家による所得の社会化と社会

(2)

$$f'(\tau) \quad = -\frac{\theta}{\varphi} \quad \times \frac{Q}{W}$$

封鎖延長の限界効果　　経済費用／危険度の関係　　1人当たりの所得／人命の価値の関係

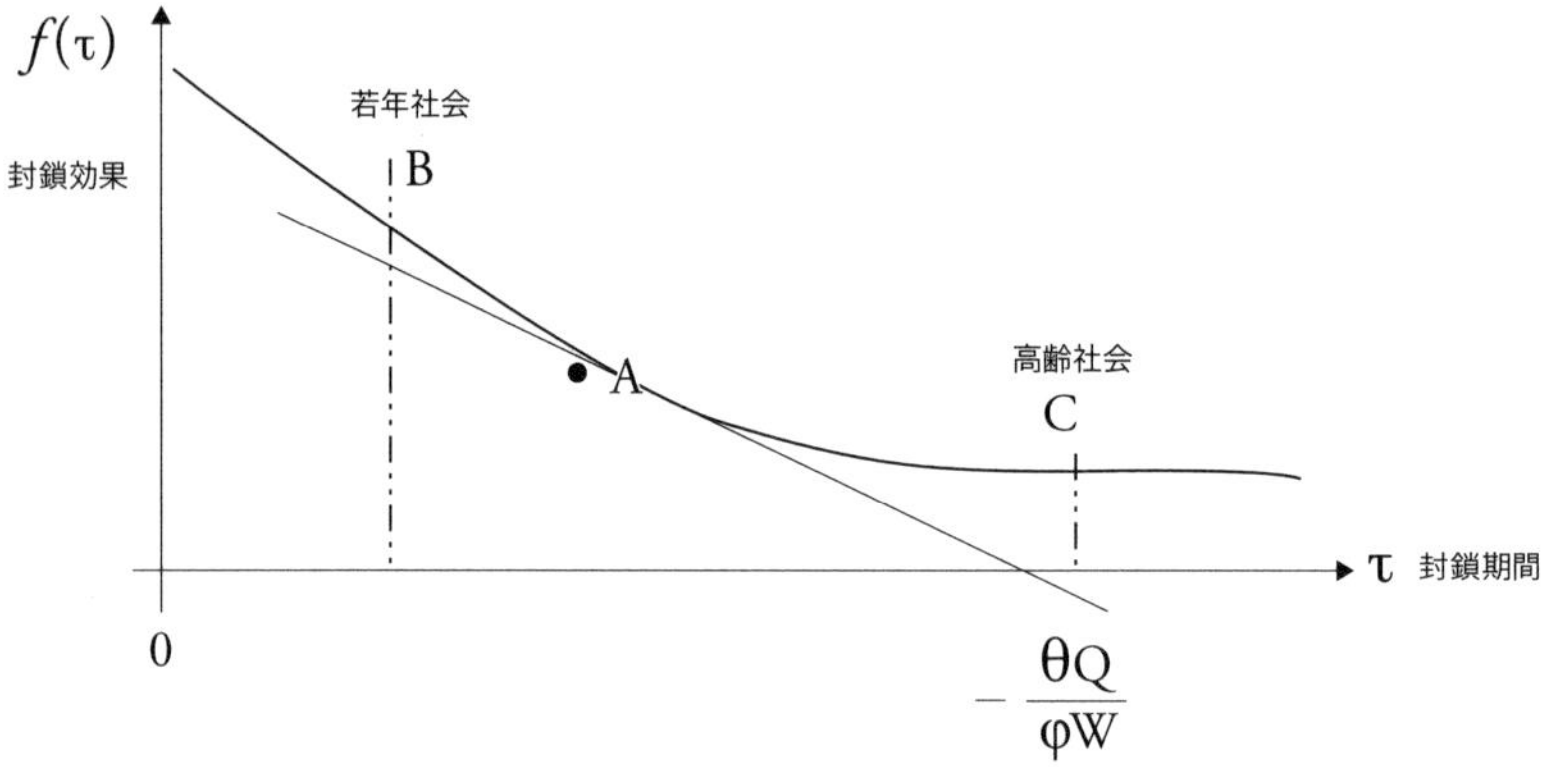

〈コラム　4—2〉簡単なモデル化で、救われた命に秘められた価値が明らかになる

初歩的な定式化

公的な政策決定を下す者は、人的損失を最大限に抑えることと経済的欠乏を与えないこととの間で裁定を下さねばならないとしよう。封鎖一か月のデータの照合により、1人当たりの生産量Qに対する経済的損失率 θ の計算が可能としよう。政府は、封鎖期間 τ を、その期間に減る死亡率への効果 $f(\tau)$ を想定して決めなければならない。そのとき、$f'(\tau) < 0, f(0) = 1$とする。この便宜的仮定の下で（実際には、封鎖期間とコロナウイルスの影響の削減を決める法則は事後的にのみ知りうる）、政府は生産量の損失と人命の損失を最小化しつつ、封鎖期間を決めなければならない。このとき、wの値はその国の豊かさばかりでなく、それぞれの社会によって人命 w に伝統的に与えられる価値からも生まれるものと想定される。

(1)

$$\mathrm{Min}\quad \tau \times \theta \times Q + W \times f(\tau) \times \varphi$$

τ	θ	Q	W	$f(\tau)$	φ
期間	生産損失率（%）	生産能力?	救われる人命の価値	封鎖期間の関数	決定者にとって受け入れ可能な人口喪失分

期間は次の条件を満たさなければならない

保障のおかげで、一時的な民間の経済的損失を受け入れた。ウイルスとの闘いにおいて別の諸手段がない場合には、世論や企業は長期の封鎖を受け入れることができたであろう。

不平等な富国、とりわけアメリカを特徴づけるものは、企業によって創造された富の優位、民衆階級やマイノリティの高死亡率、最貧層を排除した医療制度である。こうした特質が意味するのは、いちばんの特権者たちが経済活動の再開を大いに急がせていることである。この点で強調すべきは、ワシントン――支配的な経済利益の擁護者――と何人かの州知事――自州の市民たちの健康の擁護者――との間で公然たる対立があることだ。

以上、走り書きの特徴づけであったが、これによって以下の諸章を導くテーマの一つが現れてきた。つまり、しばしば複合的な諸様態に応じてコロナウイルスは、資本主義の型と医療システムの編成との関係についてスペクトル分析を提供しているという問題だ（第5章参照）。それに先立って、パンデミックがもつ重大な政治的帰結を探求しておくのが肝心である。

緊急事態が市民権《シティズンシップ》を変容させるとき――個人的諸権利への脅威

二〇〇一年、ニューヨークのツインタワーに対するテロ攻撃の直後、アメリカ大統領は「対テロリズム戦争」を宣言したが、その後に「対コロナウイルス戦争」の時代が到来したのだろうか。それぞれのケースにおいて、そのメタファーは強烈であるが、しかしこれは間違いを招きやすい。一方で、通常戦争によってある国を侵略しながらもテロリスト網を壊滅させるには至っていない。他方で、ウイルスが国境を越えるプロセスが始まったが、無症状のケースは見つからないまま通過するので、越境はそれだけいっそう容易になった。それゆえ、闘いは世界的になったのであり、ＷＨＯによって調整される必要があるはずだ。おまけに、いくつかの分析によると、現代戦は人的犠牲よりも、それ以上に資本を破壊するのであるが、歴史上、パンデミックはこれとは逆の結果をもたらす（Jordà, Singh et Taylor 2020）。これらすべてのエピソードは、相互に異なっているにもかかわらず、基本的自由を――一時的にと言われながらも――削減するのを正統化するという共通の特質をもっていることには変わりない。しかし、これに照応する諸変化は法体系のうちに恒久的に組みこまれてしまったのである。

保健医療的措置は移動の自由や企業・労働の自由に違反する

実際、パンデミックは多くの国で、各社会内でも国際レベルでも移動の自由を制限する緊急法の可決を伴っている。人間が破滅するかもしれないという恐れに促されて、ほとんどの世論は、これは個人的諸権利を制限する術策などではないと説得された。フランスでは、保健医療的理由での緊急事態の可能性は法のうちに統合されたが、これはコロナウイルスの多くの遺贈物の一つである。とはいっても二〇二〇年五月、外出制限を新しく延長することが検討されたとき、人口のごく一部たる超高齢者が基本的権利――自由移動の権利――を奪われるかもしれなかっただけに、さまざまな社会グループがこれに反逆した。

アメリカでは、何人かの州知事は中小企業の強制的閉鎖を決定したが、これに反対して、企業活動の自由、憲法で保証された権利、アメリカ社会の基本の一つという名のもとに、激しい抗議が巻き起こった。同じく、シェンゲン協定圏内〔国境検査なしでの移動を認めた欧州諸国圏〕における欧州諸国境の閉鎖のインパクトも過小評価することはできない。つまり、エラスムス計画〔ＥＵにおける学生の流動化促進を目指す計画〕のもとにある若い世代にとって、たとえ一時的だと分かっていても、これは憂慮すべき後方への退却である。これは欧州建設上の偉大な成果の一つだったのではないか。正確にいえば、中央ヨーロッパのいくつかの政府にとって、つまり国家主権の統合主義的な考え方を熱心に擁護する政府にとって、これはおよそ連邦主義的プロジェクトを放棄するための前提でしかない（第7章参照）。

それゆえパンデミックは、二〇一〇年代にあったいくつかの傾向の加速をもたらす。つまり、市民に対する国家権力の強化さらには独裁主義、集団的安全の名のもとでのいくつかの自由の制限、外国人嫌いの高まり、愛国主義の単純きわまるナショナリズムへの転化、各国の経済的利益を守るための反復的手段としての保護主義がそれである（第9章参照）。

検査・追跡・隔離のためのいくつかの装置は個人的諸権利を侵害する

マイクロプロセッサーの発明以来、情報通信技術は不断に進歩し、やがてデジタル経済の巨大アクターたち――GAFAMとその同類たち――が支配するネットワーク経済が生まれた。リアルタイムで集められた大量のデータ処理の専門家たち（例えばGoogle）、社会的ネットワークのオーガナイザー（例えばFacebook）、eコマースの巨人（例えばAmazon）、無数のアプリとのインターフェイスを容易にするソフトの提供者（例えばMicrosoft）、機器やアプリの発明者（例えばApple）、などがそれだ。

これと対照的に、国家の統計機構や管理制度は、これに匹敵する革命の利益におよそあずかってこなかった。公衆衛生にかんするケースがそれであって、例えばフランスでは、サンチネル・ネットワークがその例証となる。これは一九八四年に設立され、その目的は、保健衛生の監視をして初期の治療にあたること、とりわけ感染症の流行を検知し追跡することにあった。追跡調査やその手段がなかったので、サンチネル・ネットワークはコロナウイルスの突然の出現に慌てふためき、しばらくの間、緊急事態に適応しそこなった。G

表 4–3　新型コロナ対策が監視的社会経済に遭遇するとき

適用＼目標	目　標	データ収集類型	市民的自由への脅威	事　例
隔離措置の尊重	措置が適用されていることを確認するために諸個人の場所を突き止める	仲間からの電話で集められたデータ	重大	香港（ワッツアップ）、台湾、中国健康チェック（アリペイ、ウィチャット）、シンガポール（政府技術庁、「一緒に追跡」）
接触履歴の確認	個人間の出会いを認識	・当局が通信プラットフォーマーからデータを収集	相当程度	シンガポール、韓国（「スマートシティ」の当座の適用）
		・情報を個人間で交換する	小さい	いくつかの国
人口移動のモデル化	特定時間に特定地域を通過した人の数を数える	携帯電話から探知されたデータの集計	小さい	アメリカ（グーグル、フェイスブック）

出典）« Creating the coronopticon », *The Economist*, 28 mars 2020 から抜粋

ＡＦＡＭの場合はそんなことはなかった。ＧＡＦＡＭは個人の移動、都市間移動、顧客の買い物や関心事にかんする情報をリアルタイムで提供した。ウイルスもまたウイルスなりに、そして社会的ネットワークを貫通して流通するのであるから、グーグルもフェイスブックも個人のあらゆる接触の跡を見張りうるアプリを提供できる立場にあった。もしある個人がウイルスに感染したならば、その人と接触のあった全員に警告が行き、その際、個人が特定されることは避けられた。

だが、シンガポールのような若干の国では、こうした情報を組織し集中化するのは国家なのである。中国についていえば、当地でのアマゾンやフェイスブックに類する会社や電子支払システムは、自らの全情報を公共当局と共有する義務がある。これはパンデミックへの対応にかんする差別化要因の一つである。最先進のアジア諸国は「検査・追跡・隔離」戦略のおかげで迅速かつ効果的であったが、フランス、イタリア、スペインでは検査の数が十分でなく、ウイルス拡散の追跡が困難であったがゆえに、緩慢で不適切であった（**表4―3参照**）。こうして再度、諸個人がプラットフォーム資本主義――その超国籍企業型の変種であれ中国・シンガポール型

の国家主義的変種であれ――の自由処分に恒久的にゆだねた情報に対する、諸個人の権利の問題が提起される。事実、二〇一〇年代の終わり、リアルタイムで収集されたメガデータの流れや人工知能の進歩が爆発的に生じ、これが巨大多国籍企業、国家、市民の間の力関係を、国家や市民に不利な方向へと逆転させた。
すでに述べたように、パンデミックはこうして、国際レベルの分業の構図ならびに過去とは断絶した権力の集中を、忽然と暴露することになった。本質的な対立は資本主義と中国を代表とするそのオルタナティブとの間にあるのではなく、情報の超国籍的な私的集中と国民国家的集中との間にあるのである。

三つの至上命令を和解させることの不可能性――失敗が繰り返される理由

それゆえ、市民の権利を擁護すること、とりわけ移動の自由や市民にかんする情報の統制という点での権利を擁護することは、新型ウイルスとの闘いのうちに補足的な制約を招くことになる。ここから各国政府が遭遇した大いなる困難が説明される。すなわち国家は、和解不可能な以下の三つの目標をすべて手に入れようとした。高死亡率を低下させつつ人びとの健康を守ること、経済的損失を最小化すること、個人的諸権利の総体を尊重すること、の三つである。先に分析したジレンマは(第3章参照)、なおいっそう錯綜した「トリレンマ」に転化する(図4―2参照)。このきわめて明晰な特徴づけは、HEC〔高等商業学校〕のオリヴィエ・シボニー教授(Sibony 2020)から借りたものだが、それは広く知られ議論されるに値する。理想には手が届かないのだから、各国政府は放棄しなければならないものを選び、他の二つのうち一つを達成するということだ。
(1) 一定の自由を放棄するという条件のもと、パンデミックへの勝利と慎重な経済再開の折り合いをつけること。その目的は、「検査・追跡・隔離」戦略によって封鎖への復帰リスクを小さくすることにあ

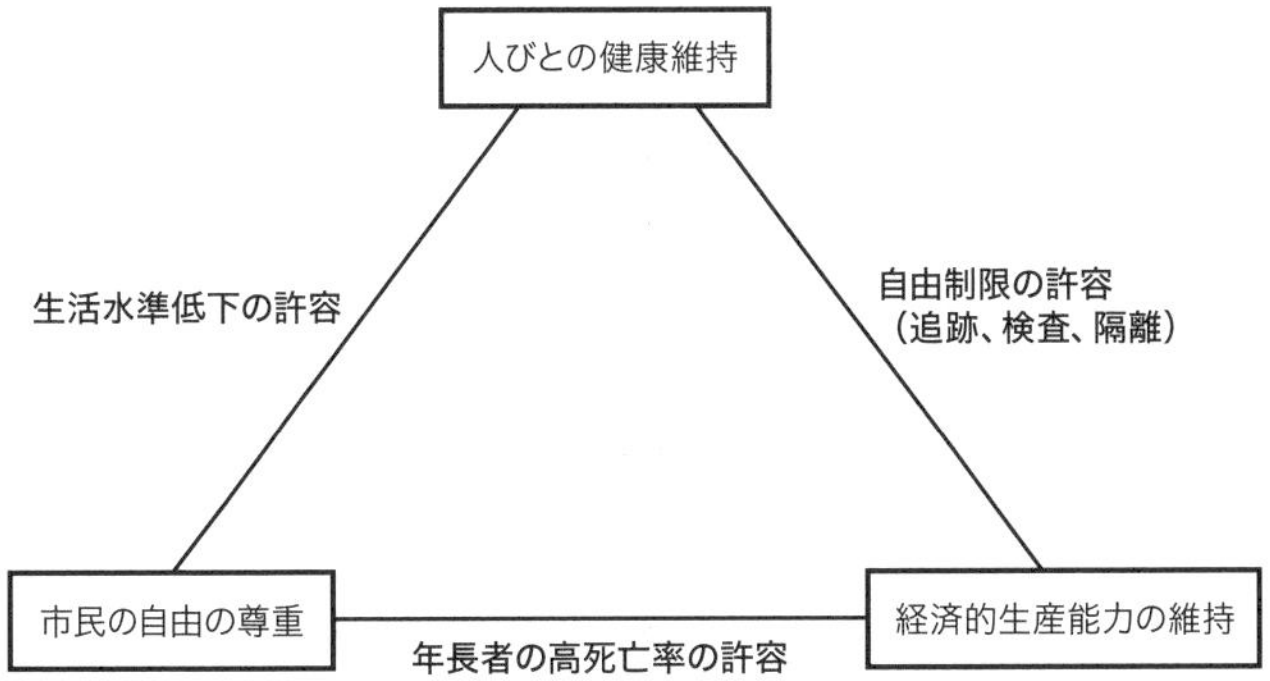

出典）Olivier Sibony, « Le trilemme du déconfinement, ou comment résoudre un problème insoluble », Linkedin, 12 avril 2020. から作成

図 4–2　コロナウイルス対策のトリレンマ

る。これはシンガポールや中国のやり方である。

（2）個人的移動や企業精神の面での個人的自由を尊重し、その個人的自由のうえに樹立された政治同盟をよりよく支えるため、人口のうち恵まれない部分の公衆衛生を犠牲にすること。その目的は成長への迅速な復帰を引き出す点にある。この戦略では二人の大統領が意見を同じくしている。二人はしばしばポピュリストと形容されているが、その社会経済レジームは大いに異なっている国――アメリカとブラジル――を率いる地位にある。

（3）最後に、パンデミックの制御があまりに遅れないかぎり、健康面でのコロナウイルスの被害を最小限にすることを優先して、伝統財の生産を犠牲にすること。これは拡大された連帯を創設する条約のうえに樹立された豊かな民主主義諸国が選択したものであって、そのなかには、たとえその政策の結果が相当に異なることがあったとしても、欧州連合の大部分の国が含まれる。

以上のように、ここにはこれまでの研究から得られた中心的教訓が見られる。すなわち「グローバリゼーション」もパンデミックも、社会経済モデルの収斂を意味しないし、同一事象に反応するに際しての政策スタイルの収斂を意味しないのである。

危機からの出口の第一段階――累積的不況のリスクを阻止すること

このとき、もう一つの危険が立ちあらわれる。つまりこうだ。コロナウイルスによる死の不安を決定的になくしうるような療法やワクチンは、なかなか実現できないということが容赦なく分かってきた。このことが新しいパニックへと走らせ、このパニックはある部門から他の部門に螺旋状に伝わっていき、そこでは中央銀行も財務省もこれをうまく制止できない、という危険である。

介入がないと医療面と経済面での二つの根本的不確実性が強まっていく

ウイルスの知らせを聞いて、パニックが金融市場だけでなく、あらゆるレベルのほとんどのアクターたちの心を奪った。悲惨な状態の新患が殺到して病院業務はその限界を越えた。トレーダーは、たとえ株式相場の下落を速めるという恐れはあったとしても、自分たちのポジションを流動化せざるをえず、その相場下落は今度は、企業だけでなく銀行の堅固さに疑いを抱かせることになった。以上の結果、公権力は時短就労や危険な金融資産の保証にかんして、補助金による約束の量を増やさざるをえなかった。部門から部門へと下方調整が伝播していった。例えば航空輸送の低落は石油需要に跳ね返って、多数の生産者を倒産の脅威に陥れ、そのことが再び株式市場に弱気な動きを引き起こした。次第次第にあらゆる部門が影響を受け、活況を呈した部門はごくわずかであった（医療研究、オンライン販売、宅配業……）。

すでに強調しておいたように、こうした連鎖崩壊のプロセスは二つの根本的不確実性――合理的計算への反逆者——が結合したことに由来している。すなわち一方、感染症学者はこの新型ウイルスによって躓き、ウイルスの属性について一歩ずつしか発見できていない。他方、各国政府は経済活動支援政策のなかで模索を続けていたところ、それがまずは金融業者の同意を呼び起こしたのだが、やがて次には疑念を呼び起こすことになった。というのも間もなく、患者や死者の数が増加したからである。こんなところが、大部分のアクターたちの期待を両極化する変数なのである。危機からの出口は感染の沈静化と、これに次ぐ減少を想定している。この点は二〇〇八年の大金融危機とくらべて新しい点である。二〇〇八年危機は、新しい規制レジームの創設のおかげで克服されたが、これは金融業者と政府の相互作用の結果であった。二〇二〇年、到来した経済危機の解決は、これまたそしてとりわけ、経済外的要因に依存しており、当面の場合、医学的知識の進歩に依存している。

公的行動のための四つのテコ

こうした連鎖を図式として描くことができる。その目的は、危機へと導いた各種プロセスが共振していくのを阻止しうるような、そのようないくつかの正のフィードバックに有利に作用する一連の措置を接合する点にある(図4―3参照)。ウイルスによる多数の感染が深刻化したことこそ、世論やのんきな経済的アクターたち(「他と同じインフルエンザにすぎないさ」)をして、潜在的に破局的な推移がありうるという予測へと逆転させたものである。金融市場はこういった大逆転を行った典型である。これ以降、経済的危機からの出口は、有効でみなにそうだと分かっているパンデミックとの闘いの戦略を発見し、実行に移すことが前提となった。

ますます大きくなる公的扶助はやがて耐えがたいほどの公的負債に行きつくリスクがあるわけで、これを

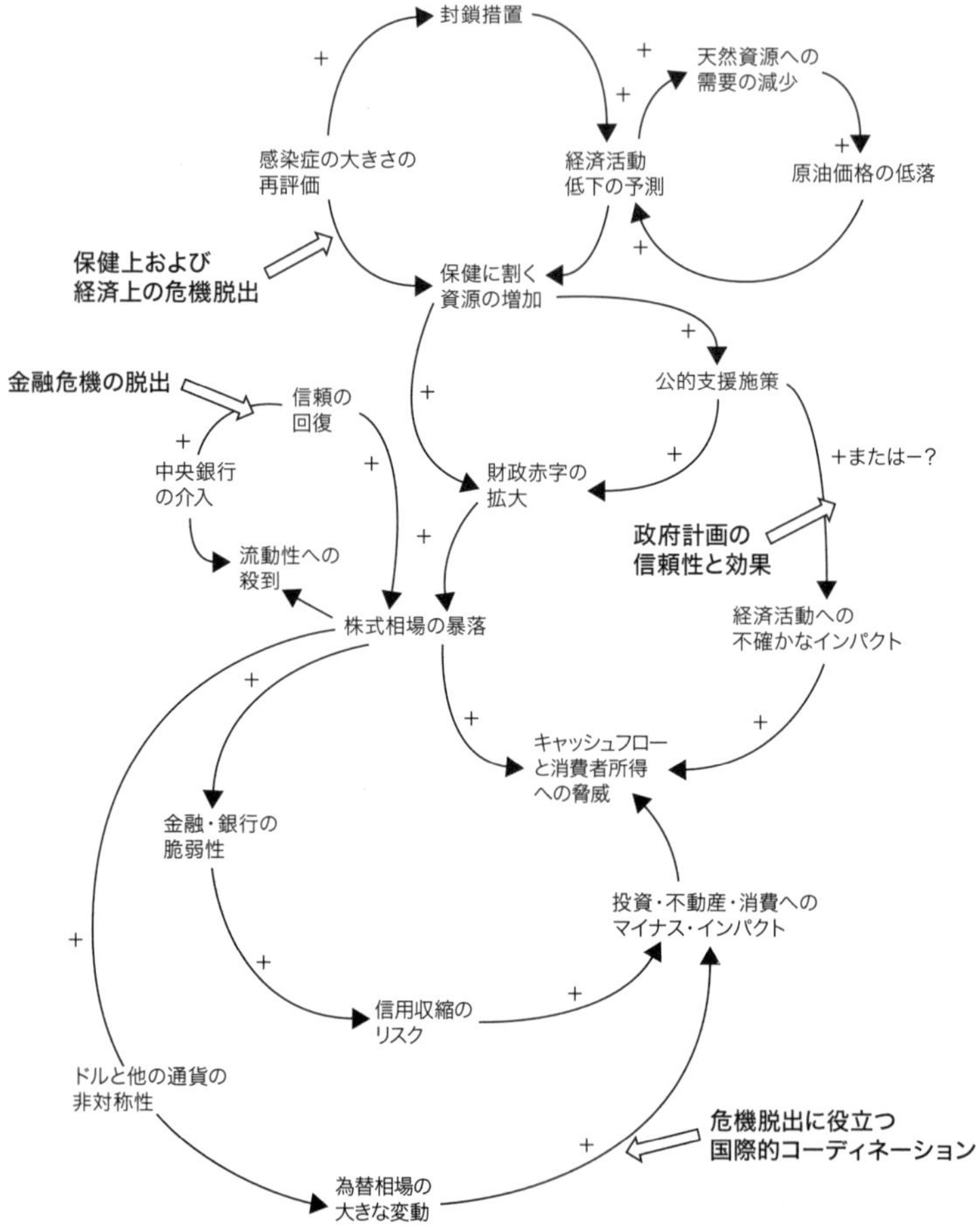

図 4–3　不況を止める 4 つの介入策

確認するがゆえの不安を食い止める必要もある。第二次世界大戦以降では前例なき経済活動の収縮が起こるという予想を修正するには、信頼できる――そして可能なら有効な――公共計画が練り上げられねばならない。これは経済が一定の強靭性に復帰するための第二の条件である。

自分たち固有の戦略ゆえに激化しがちな金融業者の恐怖を和らげることは、中央銀行にとって容易な課題ではない。実際、彼らが株価陶酔期に積み増した信用を返済するために、市場は開かれ買い手は消えないという仮説のもと、彼らは価格崩壊した自分たちの資産を投げ売りするようになった。こういった奈落への道は、一九三三年、アメリカの経済学者アーヴィング・フィッシャーによって理論化されたものだが、それは金融業者に、そこに向かって相場が最終的に収束していくような基本価値など存在しないということを意識させた。だから金融業者は、最終審級での流動性の提供者たる中央銀行の方を向くようになった。こうやって二〇〇八年のサブプライム危機は乗りこえられた。にもかかわらずコロナウイルス危機は追加的な難問を突き付けた。外出制限が拡大し遵守されればされるほど、営業をつづける企業数はますます減ってくるという難問だ。そして、ひとたびパンデミックが制圧されたとき出現するであろう文脈のなかで、そういった企業のほとんどにとって生き残りうる保証はまずない。それゆえ、いちばん正統的な中央銀行関係者はインフレの激化を危惧している。こういった議論が欧州中央銀行での審議でよくなされている。貨幣・金融レジームを設立しなおすことは、現在の危機からの第三の脱出条件である。

パンデミックは地表全体に広がったが、各社会ごとに異なったリズムで広がった。金融業者たちは、価値崩壊をこうむった自らのポートフォリオの多様化を求めて、この保健医療危機を乗りきるのに最良の位置にあると評価する諸国に、自分たちの資産を移動させた。為替相場が激しく変動していることがそうした戦略を証しており、それが結果的に、国民的軌道の差異化を強めている。もし資本がアメリカに逃れ、アルゼンチンやブラジルで新しい債務危機が加速するとすれば、ラテンアメリカ経済についてどう考えたらいいのか。大部分のアフリカ諸国でのパンデミックとの闘いの可能性をどう考えるか。というわけで、保健医療上の安全という世界的公共財の形成を促すべき一エピソードは、数ある国民的空間への分裂へと帰着してしまう。

危機脱出の二つの条件

「困難は新しい考えを理解する点にあるのでなく、古い考えから逃れることにある」。ケインズはこう書いた。実際、現状の制御においてアクターや各国政府を阻んでいるトリレンマを乗りこえるためには、現代社会の表象にかんして二重の断絶が想定されねばならない。第一に、時間軸の階層性《ヒエラルキー》の逆転が重要である。つまりは、中長期が短期を導くような方向であり、このことは金融の時間を、次いで経済の時間をコントロールすることに帰着する。第二に、経済（これが最終審級だとマルクスならいったかもしれない）が社会を決定するという仮説を放棄しなければならない。エイズ・ワクチン一個を発見する研究のため、ほぼ四〇年間、数十億ドルの投資をしても十分ではなかった。あらゆる人間的および社会的活動は同じ歩調では進まないのである。

コロナウイルスとの闘いの時間は政治的なものや金融に不可欠であるべきだ

ケインズ『一般理論』以来、経済活動を、株式評価に固有な楽観論と悲観論の発作と同期化しようとするのは幻想にすぎない、と経済学者は学んできたはずだ。パンデミックが勃発し、多様な封鎖措置がなされたが、それは結局、金融ジャーナリズムが最終的に「大閉鎖《グランド・フェルメチュール》」と呼ぶものへと至った。「大閉鎖」とは美

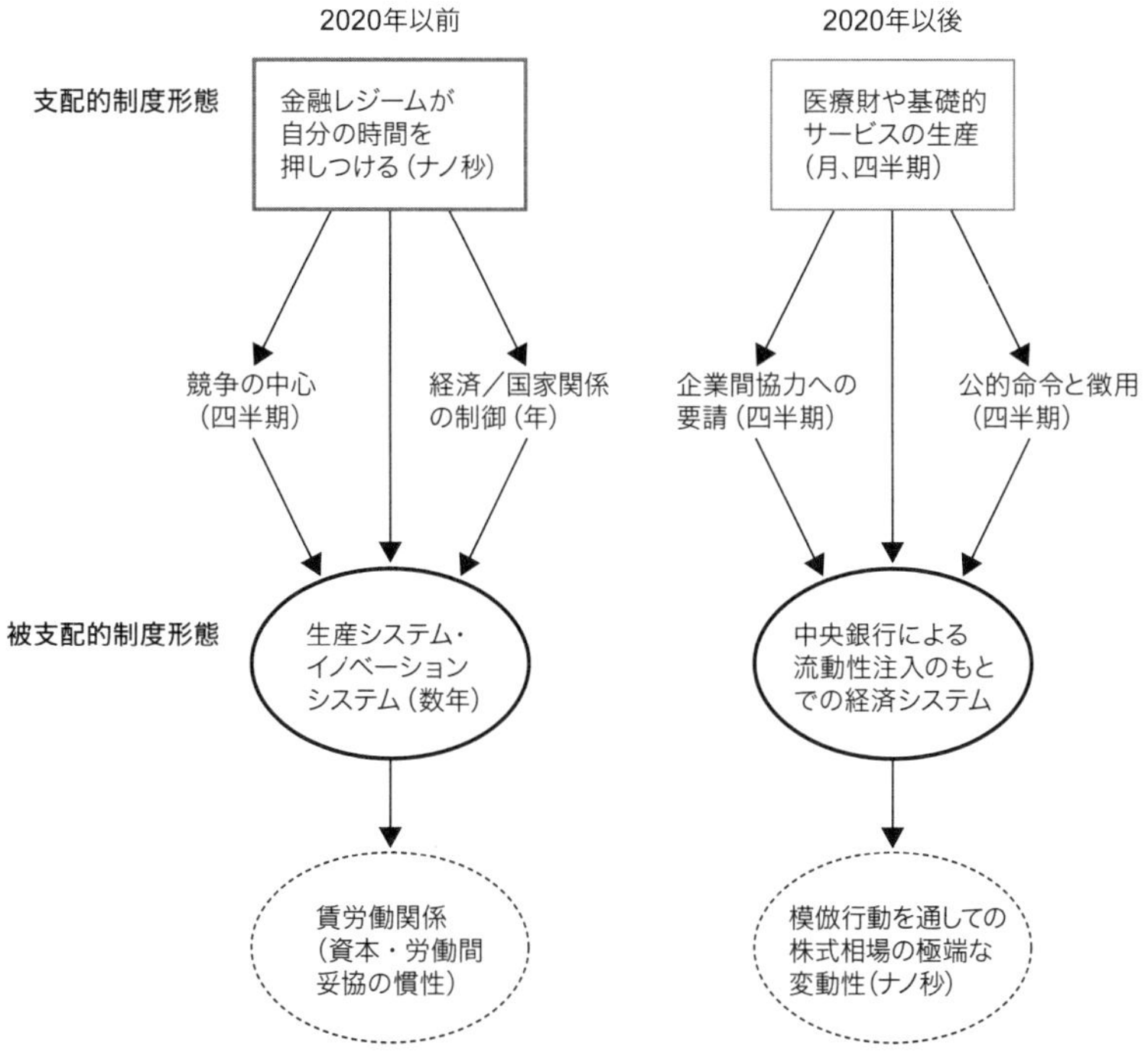

図 4–4　金融の時間からパンデミックの時間への激動

しい意味論的考案であり、その目的は、今回の危機を二〇〇八年以後の「大景気後退《グランド・リセシオン》」と区別することにあった。なお、「大景気後退」は一九二九〜三二年の「大不況《グランド・デプレシオン》」よりははるかに軽微であった。ウイルスは、社会生活のほとんどすべての領域に自らの力と時間軸を押しつけ、昨日までパフォーマンスを測っていた各種指標を広汎に陳腐化してしまった。各種指標とは、賃労働者が労働から排除されるならば生産と失業であり、その深みに空転してしまった株式相場であり、そして、これらを危うくしつづけている多数の不確実性である（**図4―4**参照）。

コロナウイルスとの闘いにおける前進と経済的回復とを同期化すること

結局、コロナウイルスが促しているのは、ある独自な戦略を展開することであって、これはフランスが経験した戦後復興と近代化の時期を想起させずにはおかないことであった。つまり、必要とされる人的・資金的な全手段が公衆衛生やそれが意味する生活様式の役に立つようにすることである。感染例の検知、マスクをかけて治療看病にあたる人たちのための各種装備、病気回復に必要な薬剤、――これらを制約している不足を各段階で克服することが重要である。ひとたび感染のピークが下がり、これらの努力が成功して感染症が克服されたなら、右の諸手段は生物学、医学、疫学の研究へと広げられていかねばならない。その際、コロナウイルス拡散の社会的決定要因を対象とした研究も忘れられるべきでない。こうして、ウイルスとともに生き働けるような装置というリズムをもった経済が前進し、その前進によって特徴づけられる良好なスパイラルが始まりうる（**図4―5**参照）。以下の中心問題は未決にしておこう。このウイルスを根絶できるのか、それとも、他の多くのウイルス攻撃がそうであるように、それは持続的に存在しつづけるのか。

語るだけでも身震いすることだが、もし株式市場において、新しい不確実性によって予想が混乱させられ

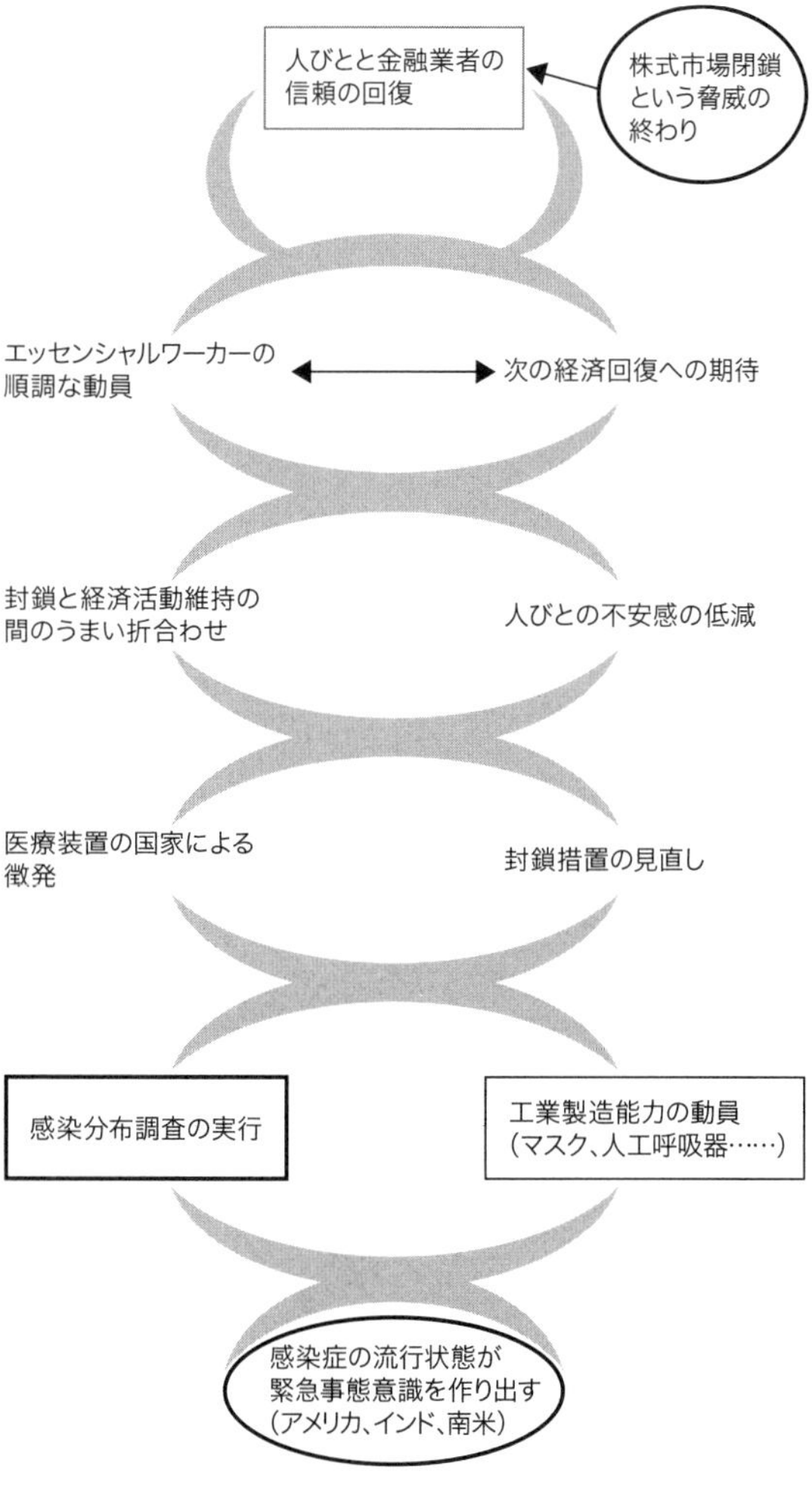

図 4–5　うまく調整された介入によって、パンデミックを制御し経済的危機からの出口をつくる

るたびごとにカオス的な動きが作用しつづけるならば、なぜ取引は週に一回のみ、そして限られた継続時間において開かれないのか。この場合、各トレーダーは自分自身の見解を鍛えておくべきであり、こうして根本的不確実性――株価の恣意的な暴走の源泉――から生まれる破壊的な模倣主義を小さくしておくべきである（第3章参照）。これはかつてモーリス・アレ（一九一一～二〇一〇年）が提案したことの現代化でしかないが、しかし彼の提言は金融の規制緩和の時代に早々と忘れられてしまった。アクターたちや公権力によって提供される新しい情報に照らして、そんな風に、証券についてもっと根拠があり確固とした評価がなされるよう希望をもつことが出来るのだろうか。つまるところ銀行信用は、投資資金調達のいちばん効果的な形態であって、株式市場はもはやそうではなくなったのではないか（第9章参照）。

政府の計画はつねに効率的であったわけではないが、その政府計画の正統性をいっそう問題あるものにしているものとして、封鎖措置とこれに次ぐ「検査・追跡・隔離」の意思は、すでに見たように、市民の基本的権利と対立するに至ったようだ。これは将来の政治的対立の源泉となる。第3章ですでに強調しておいたように、パンデミックは社会の両極化を強めたからである。だがこれはまた、ある中心的問題の起点でもある。すなわち、現代社会における医療の位置とは何か、それは金がかかり経営の下手な部門なのか、それとも未来の人間社会および発展様式の核心をなすのか。

第5章　医療・教育・文化を中心とした発展様式は出現しつつあるのか

資本主義は地球と同様に人類を虐待している。だからこそ、エコロジー的立場と同じくらい真剣に人類学的立場を考えなければならない。

(Lucien Sève (1926-2020), *Penser un monde nouveau, à vos souhaits*, 2013.)

経済がほぼ停止するとともに各人は、コロナウイルスは看過しえないある機会を提供しているのだと考えはじめた。というのは、現代社会を襲っているあらゆる欠陥——なかでも「グローバリゼーション」の行き過ぎ、エコロジーの忘却、賃労働者の不安定化、不平等の拡大、課税の逆進性、政府の正統性の喪失、公共サービスの遅滞、民主主義の後退——をなくすことが課題にのぼってきたからである。このことは、大危機がもつ機能とは過去の社会経済レジームの限界を修正する点にあると想定することである。そうだとすれば、二〇二〇年という年は、社会諸関係の緊密性への条件として、また——もはや商品生産の成長でなくよき生《ビアン・エートル》の追求に立脚した——経済的繁栄への前提として、健康〔医療〕がもつ第一義的役割を認識できるかどうかを占う年となろう。だが残念ながら、現状はそれほど単純ではない。機能主義のロジックによってはおよそ大危機からの出口は舵取りできないからである。

コロナウイルスに先立つ変容によって医療部門は脆弱化した

二〇〇〇年代以来、多くの政府は――工業の成長やその他サービスの成長さえをもしのぐ――医療費の増大を抑えるために、多くの改革を行った。それゆえパンデミックは、病院システムを緊迫状態へと追いやることになった。というのも、医療以外の経済諸部門で行われている経営方式が医療部門に適用されたことによって、職員の採用が抑制され、しばしば労働集団がバラバラになってしまったからである。

経済的活力と競争力を維持するためにコストを抑えること

ヨーロッパ諸国では、医療保障は普遍的な社会保障レジームに統合され、その一部をなしている。この社会保障の資金は、ビスマルク型システムのように企業および賃労働者が支払う拠出金によって保証されているか、あるいはベヴァリッジ卿の着想をえた諸国のように税制によって保証されている。どちらのケースにあっても、医療支出は良好なマクロ経済的パフォーマンスにとっての障害だと理解されている。コンピューター、タブレット、電話といった装備の頻繁な更新は当然なこととして考えられているというのに、医療支出についてはそうではない。なぜなら、医療支出はリスクの分散化の結果であり、これは、コストは社会の残り部分で回収されるわけだから濫費ではないにしても、経済的非効率の源泉だと考えられているからである。だからこそ、解決策として健康保険の民営化がしばしば構想されているのであり、その際、アメリカに見るように最貧層が増えても仕方ない、というわけである。豊かな大国では二〇二〇年以前、医療の運営は保健衛生政策でなく、全般的な経済政策の目標いかんで決定されていた。他の諸国、つまり開発途上国や新興国では、医療の進歩は経済成長を遂げたあとのこととして考えられており、したがって医療への過少投資は明らかであり、医療を受けられるかどうかの不平等がパンデミックの際にこれら諸国を脆弱なものにした。ブラジルの状況がそれを証している。

医療財のグローバル化

医学研究、医薬、医療器具といった領域では、強大な多国籍企業が、製造チェーンを中国および――程度は小さいが――インドへと国外移転することによって、自らの収益性を最適化してきた。こうして価格は低下したが、これは医療部門調整当局の承認をえた戦略であった。公的支出がその分、削減されたからである。世界市場が開放的であり、諸国の需要が強く同期化しないかぎりでは、分業――しかも国際分業――の奇跡が生じていた。つまり全体的ヴィジョンなど全くなくても、さらに公共計画などなくても、毎日、病院、医療関係者、薬局は、自分たちの活動に必要なものをその供給者から得ることができていた。たしかに二〇一〇年代末、いくつかの基礎的薬剤では自国産はめったになく、遠方で製造されていたのである、

コストでしかなかったものが生活に必須の資産となる

二〇二〇年三月以来、状況は劇的に逆転した。中国からヨーロッパへ、ついでアメリカへ、最後に南米へとコロナウイルスが次第に拡散していったが、これによって、マスク、人工呼吸器、そしていくつかのジェネリック医薬品さえもが世界的に欠乏していることが明らかになった。ここに至って各国の関係当局は、これらの国内生産はほとんど消滅しており、死者数を抑えるために必要な設備を緊急に発注するため全面的競

争をしているということを認めた。

医学の出現における新しい病気の役割

豊かな国では、エイズがあったにもかかわらず、医科学の近代化と治療体制の高度化によって、例えばエボラ出血熱のように無情にもいくつかのアフリカ諸国を襲っていた感染症からは守られている、と政策決定者は考えるようになっていた。これは、医学知識というものは以前の新しい病気——これは不断に人びとの健康を脅かす——に対してなされた各種対応の総体から導きだされるものだ、ということを忘れるにひとしい。物理学の成果は新しい技術的要請に応えることができるが、それとちがって生物学は大変な躍進を遂げたというのに、今日までウイルスの一般理論に到達しておらず、せっかくの躍進によってもコロナウイルスに十分応用できるような薬剤やワクチンを生産できていない。医学は病気やこれを克服する努力の歴史なのであって、それゆえ、医学のなかの一つひとつが医学構築における一段階をなす。ここに、パンデミック勃発後の現実の中核に位置する根本的不確実性が存在する（第3章参照）。

医療システムと社会保障は一致して進化する

同じような特徴が社会保障制度の編成にかんしても見られる。社会保障制度は以前には存在しなかったリスクに直面して構築されてきた。多くの歴史家の仕事から、病気の認識は概念的かつ社会的に形成されていく過程を通して、それゆえ進化的な過程を通して生まれるものだということが浮き彫りになった。

知識が蓄積されて有効な治療方法が開発されるとき、それを実践し普及させるにあたっては、諸個人の支払能力や——もっと広げて——諸個人が生きている社会のあり方の問題が介在してくる。これが前提すると

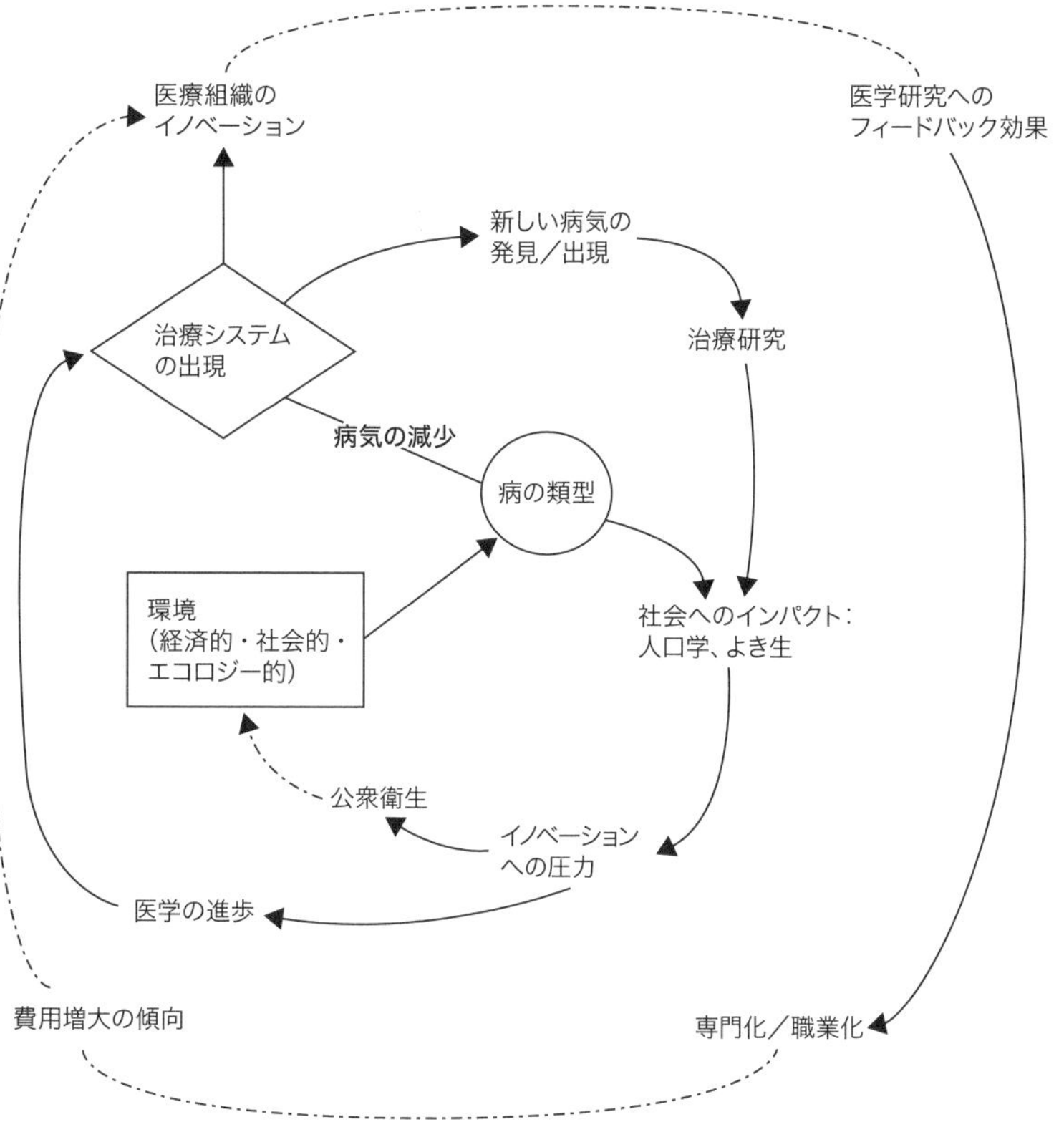

図 5–1　医療とは社会的・歴史的に作られたもの——「医療」の動態的・進化論的概念図

ころは、第一に、富の余剰が医療ケアに割り当てられうるように十分に生産的な経済であり、第二に、そのケアが受けられるような組織や資金調達の形態である。実際、新治療法のコストは伝統的な実践のコストを大幅に上回るのであり、そこから病気リスクの分散化が必要となってくる。家庭内でも、一定の社会的グループ内でも、さらにまた民間保険への申込みを通じてでも、最後に、地方自治体レベルでの統合的ケアシステムを構築することによっても、リスクの分散化がなされる。こうした組織と資金調達のシステムは、ひるがえって、医療研究の方向性に遡及的に作用を与える。それは医療に割り当てられた資源の総量を通してであれ、医療システムを構成する各々の機関に固有な目的を追求する結果としてであれ、医療研究の方向性に作用する（図5―1参照）。

コロナウイルスという機会は画期をなすであろう

病院の特殊性を否定したのは危険なことであった。病院は、多国籍企業の分散戦略における利潤拠点のようなものではない。たとえ、専門家同士の協力の質が――遠方の商科大学で考案されたビジネスモデルの適用ではなく――ケアの積み重ねや医療実績という質にもとづいたものだったからだとしても、そう言える。投資に限界があることによって、医療に典型的な大小の各種偶然――自然災害、戦争、パンデミック――に対応できなくなっている。キーワードは「強靭性《レジリアンス》」、つまり不測の事態への適応能力となった。緊急時における公立病院、私立病院、地域医療の協働作業が開始されたことは、民営化こそが医療システムの将来だという幻想が乗りこえられたことの証である。

ねばり強く追求された医療費抑制のプロジェクトは、結果的に、フランスにおける他の職業の人たちの賃金とくらべて、またヨーロッパの同業者たちの賃金とくらべて、看護師たちの賃金を低下させ、遂には、仕

表 5–1　現代社会における医療部門の役割の再評価

	自由化時代	ポスト・コロナウイルス
1. パラダイム	・競争の不足により生じる経営下手で不生産的な部門 ・それへの公的支出は、生産的部門の利潤を減らし、それゆえ、成長とよき生を減らす	・公衆衛生の維持におけるエッセンシャルな部門 ・経済活動の1条件：健康状態が良く、財やサービスの生産、イノベーション、文化に動員できる人びとを活動させる
2. 公共政策の目標	・病院への現代的経営術の導入 ・医療費の増加に管理面から制限を加える	・病院を商業的論理から解放する ・少なくとも過渡的には、予算枠で固定されていた支出上限を上げる
3. 結果	・日帰り入院による病床数の削減 ・予防措置への過少投資と医療チーム労働の「テイラー的合理化」 ・システムの機能不全：私的医療と公的医療の調整不在 ・難しい人材募集（低い報酬、労働強化、ストレス、辞職）	・蘇生用病床数の迅速な増加 ・人工呼吸器の注文と医療スタッフ自身による医療チームの再編 ・地域医療・公立病院・民間クリニック間の調整の利益の認識 ・「国民的ヒーロー」への例外的ボーナスの支給
4. 倫理問題	・たてまえ上は、医療システムへの全員アクセス ・実際は、所得や社会的地位による「暗黙の」選別	・医療資源の不十分さに直面して、集中治療へのアクセス条件として年齢による基準を明示。これは、社会において活発な議論を呼んでいる

事をやめたり、権利要求や抗議運動さらには公務員のストに火をつけるまでになった。政治権力は、これら現代のヒーローたちへの賛辞によって、こうした窮地を否が応でも認識することになった。大量失業に脅える多数の賃労働者や倒産に脅える企業家の要求に攻め立てられて、公共予算は医療部門のこうした再評価を持続的に維持しうるのだろうか。現代経済において医療が代表するものとは何かについて真剣に再検討することなしには、この問題は考えられない（表5―1参照）。

もし近代史がある独自な発展様式の静かなる出現の歴史であったなら？

標記のような理論的迂回をしてみることは重要なことだ。というのも、政策決定者の精神や経済学という学問の教育においては、二一世紀の発展様式となりうるものを阻害する諸概念がいまなお支配しているからだ。

経済学の目的を反省することの有益性

かつてアナリストたちは、生活の質を改善し長生きするためには、医療部門にもっと多くの諸手段を充当しうるような社会の富裕化が必要だと考えていた。今日、理論家や実践家もまた、発展プロセスに対する教育や医療の影響を強調している。第一に、これらは人びとの力能を改善するのであり、そのなかには、女性によってなされる家族内での医療看護の力能も含まれる（Esping-Andersen 2008）。第二に、幼児死亡率の減少や大きな感染症への勝利によって人口学的レジームが変化し、そのことによって、例えば人口の若返りを通して人口学的ボーナスが得られるようになった。同時に、一般教育や職業教育への投資によって、生命サイクルの持続期間――在職期間を含む――が延長され、そのおかげで恩恵が増すことになった。そのことが今度は、教育政策の効率を高めることになった（図5―2参照）。「われわれが何を観察することが出来るかを決めるのは理論だ」。アルベルト・アインシュタインはこう予告した。先行する理論の光に照らしてみると、市場的・資本主義的・認知的経済の機能不全として分析されていたものは、人間による人間の生産に立脚したレジームの展開として現れてくる。

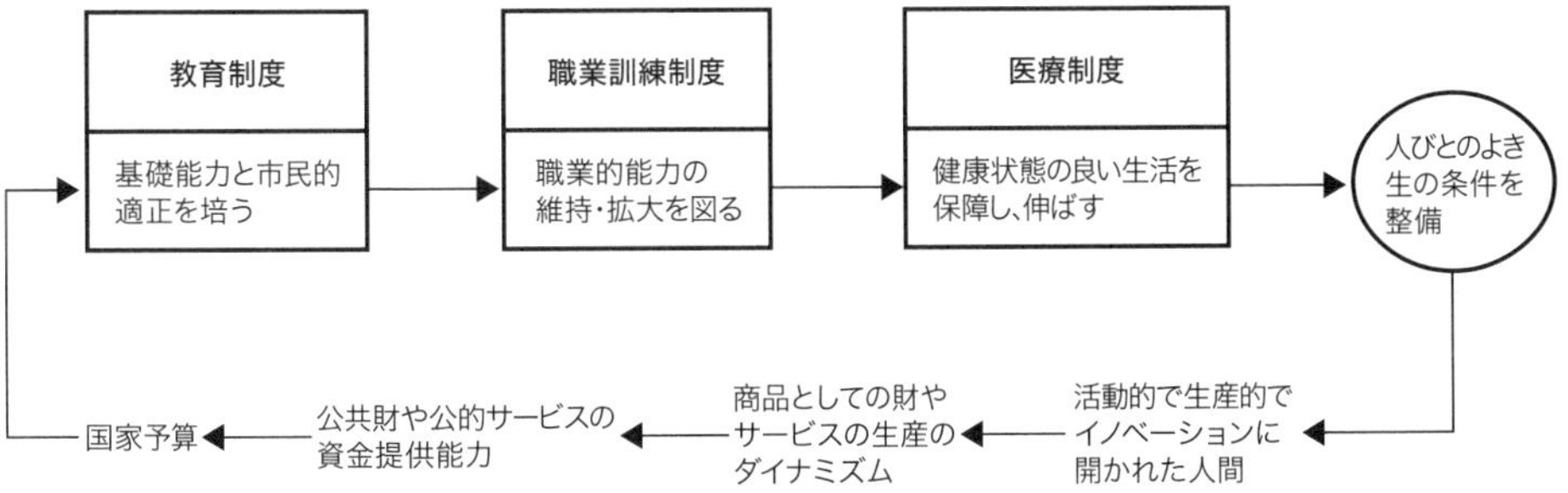

図 5–2　パンデミックは人間形成型発展様式の再認識を加速化させるか

医療部門の抗いがたい成長

景気変動といった短期から離れ、数十年の規模へと自己を投影してみるとき、そのときなされる分析からは、そういったものとしてはめったに認められていないある発展モデルの輪郭が現れてくる。現代なされている議論は多くの場合、エコロジー問題を克服するであろうようなレジームの出現にとっての好機と障害を対象としている。他のアナリストたちは、相変わらず情報経済や知識経済の影響を重視している。だがしかし、おそらく教育や医療、また文化を中心とした発展の可能性を考える必要があろう。こうした仮説は早い時期に、社会保障システムの影響にかかわって展開され（Théret 1997）、フォーディズム・レジームの後継者を省察した機会に再度とりあげられた（Boyer 2002）。

そういった仮説に有利な指標は何なのか。まずはアメリカの長期的歴史

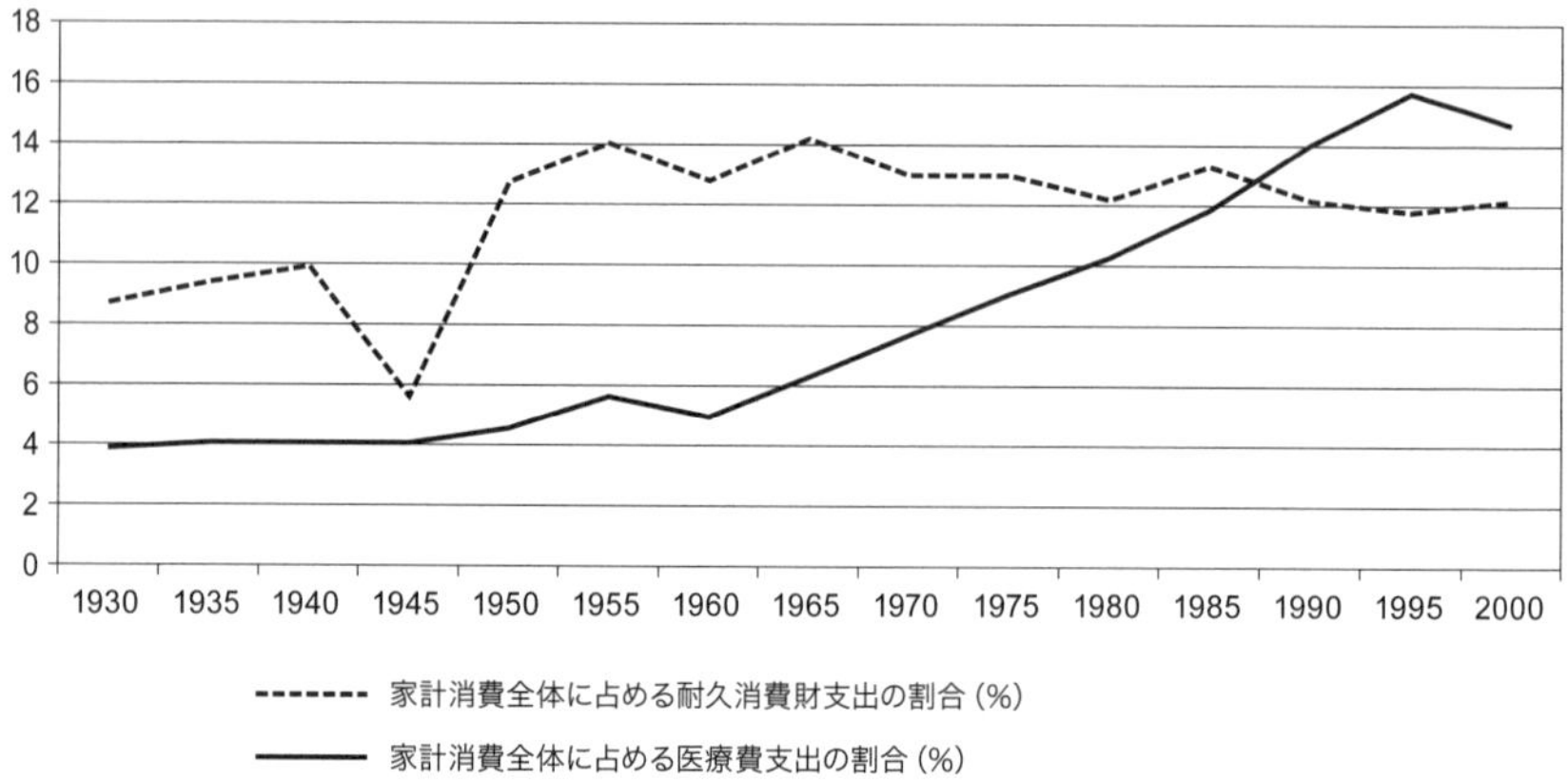

図 5–3 アメリカ——人間形成型モデルが明確になる

を再訪してみることが重要だ。というのもアメリカは、依然としてテクノロジーの最前線を開拓している国でありつづけており、そのテクノロジーはたんに財や——金融を含む——サービスにおいてだけでなく、医療のイノベーションにもわたっているからだ。アメリカでは、家計の総消費における耐久財の割合が大量消費が確立して以降ほぼ一定なのに対して、医療支出は、しばらく一定の状態で推移した局面があったのち、長期的に増大しつづけているというのは、注目すべきことでないか。医療部門はとっくに耐久財部門を押しのけてしまったのである（**図5—3参照**）。

医療・教育・文化は工業的大量生産に取って代わった

農業も採掘業も、もはやアメリカ経済の総雇用のうちでごくわずかな部分しか占めないと言ったからといって、驚くほどのことではない。一九七〇年代および一九八〇年代、雇用量だけでなく生産性上昇の創出と分配の力学の点でも、いちばん重要な部門を代表していたのは、依然として製造業であった。その後の二〇年間には、医療・教育・レジャーからなる一総体が——二〇〇八年に始まった危機によっても止まりそうになかっ

表 5–2　工業の支配から人間による人間の生産の支配へ

（アメリカの部門別雇用分布：%）

部　門	1970	1980	1990	2000	2010
(1) 農業	3,46	3,36	3,22	3,75	3,42
(2) 鉱業	0,68	1,08	0,77	0,6	0,75
(3) 自然関連 (1) ＋ (2)	**4,14**	**4,44**	**3,99**	**4,35**	**4,17**
(4) 建設	3,65	4,45	5,26	6,75	5,52
(5) 耐久財	10,76	11,68	10,74	10,88	7,06
(6) 非耐久財	7,09	7,05	6,96	6,39	4,46
製造業 (7) ＝ (5) ＋ (6)	17,85	18,73	17,70	17,27	11,52
(8) 教育・医療	4,58	7,07	10,98	15,11	19,53
(9) 娯楽	4,79	6,72	9,29	11,86	13,05
人間形成部門 (10) ＝ (8) ＋ (9)	9,37	13,79	20,27	26,97	32,58
(11) 金融	3,53	5,03	6,61	7,69	7,65
(12) 対事業所サービス	5,27	7,54	10,85	16,67	16,73
金融部門 (13) ＝ (11) ＋ (12)	8,80	12,57	17,46	24,36	24,38
その他のサービス、流通、輸送	56,19	45,7	35,32	20,26	21,38
合　計	100	100	100	100	100

図形の意味　（楕円）雇用にかんする第 1 位部門

（四角）雇用にかんする第 2 位部門

出典）Bureau of Labour Statistics, Employment, Hours, Earnings により計算
http://data.bis.gov/cgi-bin/survey.most?

た動きを示すにつれて――アメリカ的規模で第一の雇用主として登場したことが記録されている。逆に二〇〇八年危機は、金融および企業向けサービスにおける雇用の拡大を停止させた（表5―2参照）。

こうした帰結は蓄積体制――これはレギュラシオン理論的研究が提起したものだが――の年代記とのかかわりで興味深い。金融化によって支配された資本主義（Aglietta et Rebérioux 2004; Boyer 2011）は秘かに、本書序説で「人間形成型《アントロポジェネティーク》」と名づけた資本主義に歩をゆずっている。これに照応する進化を、例えばたんなる「認知資本主義」（Moulier-Boutang 2007）という旗印のもとに分類するのは、おそらく行き過ぎであろう。経済力学や社会諸関係の構図再編という点からみた両者の帰結は大いに異なるからである。いずれにしろ、バラク・オバマ大統領の二大改革が、金融規制の試み――ウォール街の圧力団体の力によって妨害されたが――と、全人口にもっとよい保障を与えることを狙った医療保険の再編であったというのは、注目すべきことである。これと対照的にドナルド・トランプ大統領は、伝統的部門たる工業部門および鉱山部門を強化しようとした。行論のなかで、社会経済レジームや発展様式の出現において、あるいは逆にその存続において、政治同盟がもつ役割について考えることになろう（第9章参照）。

商品と集合財の間にある医療

こうして新型コロナのパンデミックは、医療――商品か集合財か――にかんする議論への再訪を促している。この議論は、その登場以来の政治経済学を、アメリカと日本という二つの国の歴史的経験に照らして活気づけることになろう。

競争原理は高くつき排他的となりうる

市場の効率性という信仰のうえに立脚し、およそコーディネーション〔調整〕というかたちのものを排除したアメリカ的構図には、追随者が生まれるチャンスはほとんどない。この構図は高くつき不平等である。というのも、各種のイデオロギー的・政治的障害物によって、国家の旗印のもとで合理的に組織されたシステムが満面開花するのが妨げられているからである。新型コロナに対するアメリカの医療システムの反応が、こうした弱点を例証している。ワシントンと各州の間のコーディネーションの欠如や治療機会の社会的両極化は、いちばん恵まれない人びとにとって重苦しい結末となった。

集合的組織と社会的絆が重要である

もう一つの国である日本は、長らく人間形成型モデルを実現する可能性を探ってきた（**表5―3**参照）。日本人の平均余命はアメリカ人のそれを平均的にみて大きく上回っており、医療費支出は――高齢人口比率ははるかに高いというのに――アメリカのそれよりも約四〇％下回っている。教育への公共支出割合は低いが、高等教育の機会はアメリカよりも日本の方が大きい。犯罪や殺人の頻度で判断すれば、日本社会はアメリカ社会よりもずっと治安がよい。最後に、不平等はずっと小さい。**表5―3**中の唯一の懸念は、重要なことだが、日本の出生率の低さが高齢化と人口減少を意味しているという点である。一方で、こうした推移は男女間の経済的地位の不平等に大いに由来しており、それゆえこの点は、人間形成型モデルの日本的バージョンがもつ弱点の一つである。だが他方で、このことは社会総体および日本経済の構図再編の出発点をなす(Akihiko 2006)。ポスト・コロナウイルスの時代にあって高度成長は問題外となったからには、至るところで、なぜ、こうした展望のもとに生活の質の探究を中心にした繁栄の経済を組織しようとしないのか。

表 5–3　知られざる日本
——日本は人間形成型発展モデルの道を探っている——

	アメリカ	日本
1. 平均余命		
男性	75.4	79.3
女性	80.5	86.1
2. 高等教育率		
男性	48.7	58.8
女性	60.6	56.4
3. 医療費支出		
1人当たり（購買力平価、2010年）	3967	2443
1000人当たりの医師	2.3	2.9
4. 不平等		
所得ジニ係数（2009年）	0.471	0.357
5. 出生率（2005-2010年）	2.07	1.32
6. 都市人口（% 2011年）	84.7	91.3
7. 65歳以上人口（2010年）	13.1	22.7
8. 教育予算		
GDP 比（% 2009年）	5.4	3.4
防衛費（GDP 比）	4.7	1.0
9. 殺人、犯罪（10万人当たり）	5.0	0.9

出典）経済広報センター出版物（2013 年）より作成

コロナウイルスのヒーローたちは新しい社会経済レジームの集合的アクターとして認められるか

以上の分析から導かれる中心問題に取りかかる時がきた。パンデミックは、社会の再編原理としての人間形成型のロジックを樹立する蓋然性を強めたか、と。

失業の脅威があるなか困難な予算選択に向かって

フランスでは、GDP中の公共支出および社会的移転の割合はOECD諸国中でいちばん高いものの一つである。加えて新型コロナの勃発以前、経済政策の狙いは生産を活性化することに置かれていたが、その際、自国領内での公共サービスのいっそう平等主義的な配分に利するように、敗者の要求を満たそうとしていた。これは黄色いベスト《ジレ・ジョーヌ》運動の第一の要求であった。拡大され効果的な医療サービスの効用はほぼ全員一致で承認された。そして、国家予算や社会保障システムの赤字幅が拡大したが、これを助長したのが、ECB〔欧州中央銀行〕が流動性制約を完全に緩和したことによって準ゼロ金利での資金調達が可能になったという事実である。政府が年金改革の名のもと教師のキャリアを再評価しようと計画していただけに、それだけいっそううまくいった。学校はかつてないほど、急速に変容をとげる経済世界のなかに入っていくための市民的関係性《シティズンシップ》の母胎だからである。文化という、人間形成的ロジックの第三の構成要素は、おそらく、ウイルスの蔓延に対する闘いによって最も被害を受けた部門である。それゆえこの三つの部門（医療、教育、文化）は、当然ながら政府の優先事項を規定する。

外出制限が終わるとき、経済活動の緩慢かつ問題の多い回復に直面して、助けを求める訴えが激増した。

長期間にわたって市場を失った企業（自動車、航空機製造、航空輸送）、活動が再開できないフリーランス、時短就労への補助金の終了後もはや雇用がなくなった賃労働者、貧困に陥ったいちばんめぐまれない家族などの訴えである。公債が爆発的に増加するという仮説——これは二〇二〇年三月に計画されたものよりもずっと強力であった——は、緊縮予算原則を信奉する「政策決定者」の眼からすれば、財政防衛行動に適している発展様式の到来を先に延ばすという目標に都合のよい言い訳を与えるものであった。さらに、予算的にも金融的にも正統派が力強く復帰するのを促すという目標もそうであった。しかもこの正統性は、政府の優先事項が偶然変化したことによって潜在的に敗者となる者によって擁護されていた。この点、経済学者たちの教訓に満ちた仕事を想起することができる。彼らが明らかにしたのは、二〇〇〇年代以降のフランスで、真に「オルタナティブ」となる公共政策を促進しうるヘゲモニー・ブロックを構築することの困難性であった（Amable et Palombarini 2018）。

どんな政治同盟があるか

疑いもなく、国家、地方自治体、公的機関のほとんどの行為者は、当面の場合たとえ彼らが当事者であると同時に裁き手であったとしても、以上のようなプログラムを支持するだろう。理の当然として、あらゆる社会的グループ——その生活水準は公共財や公共サービスの提供に決定的に依存している——は、こうした優先順位にも関心をもつ。完全に民主主義的な社会では、各人は自らの意見をもっており、その政党制度は利害やイデオロギー的方向性の多様性を取りこんでいるのだが、多数派はそこから自由になって、よき生《ビアン・エートル》の経済に向かって方向転換することになろう。

だが反対に、経済的権力が集中し、それが国家の政策に強力に影響を与える能力を得ると、世界レベルで動いている少数のアクターたちに不釣合いなほどの役割が回ってくる（Cagé 2019）。例えば社会の典型的に資本主義的、個人主義的、エリート主義的な一変種を想像することができ、そこでは最富裕層が、彼らの下僕や召使となった貧民層の大海を前にして、拡張された人間能力を通して一種の半永久性を獲得しようとしていると想像することができる。こうした虚構経済のシナリオは、妥当性がないわけでなく、二〇〇〇年代以降に見られる権力の配分状況の延長線上にあることなのである（第6章参照）。

ともかく新型コロナのパンデミックは、諸個人や文明でさえも死を免れないことを容赦なく思い起こさせた。対照的に、その同じ劇的エピソードが明らかにしたのは、教育・医療・文化を核心とする社会的経済的なある発展様式が静かに立ち現れつつあるということである。この発展様式が引き起こした公的反応は、治療看護や教育に当たる人びとの闘いを正当化した。以前ならこの闘いは、予算制約という盾にぶつかり、乗りこえがたいものとみなされていたのであり、パニックや緊急事態に直面して砕け散っていたものである。

この新しい発展様式の展望はすでに存在しているのであるが、これが認識される点では遅れがある。なぜならそれは、人びとの表象のなかに存在しないからであり、とりわけ、公的政治的な意思決定者に動機を与えているイデオロギーのなかに存在しないからである。とはいっても、コロナウイルスとの闘いにおける最初の成功は、医療財の生産を市場に任せるよりも、各種アクター間でコーディネーションを行う方が効果的だということを示唆している。以上の論証によって、人間形成型モデルが二一世紀のモデルとなるということが十分に保証されるだろうか。これほど不確実なものはない。というのは、現代社会は考慮にいれるべき二大傾向によって作動しているからである。第一に国家資本主義の傾向であり、ここでは医療は権力の自己正統化の用具として横取りされる可能性がある。第二にプラットフォーム資本主義ないし監視資本主義の傾向であり、そこでは医療は注目すべき利潤源泉として存在する。

第6章　超国籍的プラットフォーム資本主義と国家資本主義
――その加速と弁証法――

過去はもう現在のうえに歴史を投影していないとしても、現在はあらゆる将来に満ちていることだろう。
(André Gide (1869-1951), *Les Nourritures terrestres*, 1917)

過去のいろいろな大危機の由来は、まずは栄光の三〇年〔第二次大戦後の経済成長期〕の賃労働関係によって、次いでその後の数十年にわたる金融化によって、それぞれ特徴づけられる社会経済レジームの内部ではもはや抑制できなくなった緊張や矛盾が内生的に発展したことにあった。外来のウイルスとともに、各国政府が経済の動き――そこでは公衆衛生への関心は副次的なものであった――を止めるよう強いられたのは、これとは違っていた。

アクターたちはみな自らの行動や関係を調節しなおさねばならなかった

今回の新しさは、あらゆる領域で各種経済指標が急激に変化したことのうちに示される。すなわち、アメリカでの失業手当請求の急上昇、欧州連合での時短就労助成金の急上昇、値付けの一時停止を必要としたほどの株式相場の急落、ボラティリティ〔株価変動〕指標の突発的動き、成長予想の逆転。これらのうちには、備蓄能力が飽和してしまったので、二〇二〇年五月におけるマイナス価格での石油引渡し契約も含まれる。

経済の規則性の断絶

生産にかんしていえば、マスク、薬用有効成分、人工呼吸器の不足が国民的レベルで明らかになったことによって、グローバル・バリューチェーンが極端に長くなっていることや、これにかかわる備蓄が中国やインドなど一定の国に集中していることが認識されるようになった。経営者は、ジャストインタイムは環境が安定し予見可能な場合にしか低コストを保証しないことを再発見することになった（表6―1参照）。

消費は、生産の封鎖によって課された制約に適応しなければならなかった。つまり生産活動は、食品、衣料、基礎的公共サービス、生産拠点に通う人たちのための交通など、エッセンシャルと考えられた財に限定された。そのことは質素な生活スタイルの発見を意味し、そこでは社会生活を豊かにする多数のサービスは消えていた。例えばレジャー、催物、レストラン、観光、そして店員と顧客が対面することによってなされるサービスにかかわる数々の部門がそれである。

生産的投資は暴力的に停止された。企業は以下のような根本的不確実性の総体に対応しなければならなかったからである。パンデミックはどのくらいの期間つづくのか。政府援助によって倒産を避けうるか。何が危機脱出に向けた要求となるのか。自社へのサプライヤーは消え去るのだろうか。

公的需要もまた、エッセンシャルではない活動の停止によって阻害された。これと対照的に、企業や家計への移転支出は急増した。システミックな不確実性に直面して、国家は最後の拠りどころとなったからである。国家にのしかかっていた財政制約は突然になくなってしまったかのように見えた。中央銀行が「いかなる犠牲をはらっても」政府を支える用意があると宣言したからである。

表 6–1　コロナウイルスは経済活動のあらゆる構成要素に影響する

1. 生産	・バリューチェーンの長さの短縮
	・反独占政策
	・在庫の有効性の再考
2. 消費	・質素な暮らしの広がり
	・満足感に資するサービス消費の再構築
	・私的財・公共財の間の新たな線引き
3. 投資	・生産的投資の回帰
	・収益性だけでなく強靭性も
4. 財政支出	・教育・保健医療・研究需要への対応
5. 労働	・テレワークの増大
	・賃労働者の権利の強化
6. 社会政策	・危機の衝撃緩和剤としての時短就労助成金
	・公的サービスの民営化への疑問
	・社会的国家への回帰
7. 金融	・銀行仲介指向への揺り戻し
	・資金調達や企業経営における株式市場の役割への制限
8. 国際化	・全方位的国際化の後退
	・生産拠点の再配置
	・資本の国際間移動の減少

国際貿易はここ一〇年来もはや世界的成長の原動力ではなくなっていたが、その国際貿易もまた、根本的不確実性の犠牲となり、それ以上にアメリカで始まった――けれども他国にまで広がっているとはいえない――保護主義の犠牲となった。マクロ経済の動態を方向づけ導いていた制度的環境の広がりが推しはかれよう。はっきり言って、危機はこの一〇年来受け継いできた制度設計を持続的に侵食していったのであろうか。

あらゆる制度諸形態が侵食されてきた

労働組織や、もっと広く賃労働関係は、生産停止の間、かなり大きな変容をこうむった（表6―2参照）。最も顕著なことの一つは、おそらくテレワーク利用の躍進である。テレワークは、以前なら若干の革新的企業や高額賃金層に限られていたのだが、物財加工でない仕事とか、サービス提供者‐顧客間の対面を必要としない仕事とか、そういったものの全体に急速に普及した。テレワークが常態となり、会社出勤が稀となりうる、と発表した企業もある。こうして、コロナウイルスのエピソードは、情報通信技術を操作したり、賃労働者と企業をつなぐ契約類型を工夫したりする能力のいかんに応じて、賃労働者内部の分割を強めていく。

競争レジームは強烈に侵食された。一方で、デジタル関連企業は繁栄した。これら企業は、量的には減少したが時代の必要に応じて再編成された消費について、その拡大しつつある部分を支えたからである。他方で、eコマースに乗り遅れた経済活動や、それ以上にあらゆる伝統的サービスが倒産を免れるとしたら、それはひとえに企業や賃労働者への公的支援プログラムのおかげなのである。おまけに、航空輸送、航空機製造、自動車、観光、レストランといった部門全体は、以前の活動水準に二度と戻れないことを恐れている。まったく、大危機の際に見られる淘汰と学習の過程がもつ創造的な長所よりも、破壊の方が上回ってしまったのかもしれない。生産や富の集積は、懐妊中の社会経済レジームの正統性に対して大いに脅威となっているの

表 6–2　新型コロナ以降観察された変化は永続的なのか、それは社会経済レジームの変化を予測させるものなのか

	即時のインパクト	中期的効果	どんな体制が現れるのか
1. 生活様式			
・航空輸送			不確実：
	ほとんど停止	価格上昇による減速	生活様式の周辺での修正か、それとも
・レジャー	全面的停止	不確実	質素でデジタルな発展様式への入口か
・テレワーク	飛躍	拡大し、洗練される	
・耐久財	低下	再調整（自動車）	
2. 賃労働関係			
・地域への回帰	依存の認識／中国	費用の増大なしには困難	国際分業にかんする不確実性
・テレワーク	デジタル企業に有利	企業全体の追い付き	デジタル格差と教育格差
・賃金の序列	過去に評価の低かった能力の見直し	緊縮財政との両立性の問題	ブルーカラー・ホワイトカラー間格差の縮小
3. 競争			
	GAFAM の市場的占拠率の上昇	反独占法による制限の可能性	広域地域や資本主義類型により異なる進化の蓋然性
	多くの中小企業の消滅	難しい回復	
4. 国際化			
・貿易	いくつかの輸出制限	回復までの長い期間	国際関係転変の不確実性
・生産	海外直接投資の凍結	起こりうる再評価	アメリカの覇権の長期的低下
・移民	増える制限／国境閉鎖	不確実性	突然の崩壊や新しい国際システムの可能性
5. 国家の役割			
・産業政策	自国利益の認識	不均等な実施能力	社会民主的資本主義・国家資本主義・金融市場的資本主義への長く続くであろう分化
・財政支出	公衆衛生政策の再評価	私的・公的棲み分け関係の不確実性	
・税制	課税の延期	難しい課税ベース拡大	新税制の考案
6. 中央銀行	最後の貸し手にして保証者	非伝統的金融政策の限界に到達	他の目標（長期金利の安定化？）や介入手段（公債の直接購入）が出現する大きな蓋然性

である。

国際関係への挿入のあり方もまた、各社会ごと、大なり小なり根本的な再評価の対象となっている。高度な相互依存が確認されても、それはおよそ国際的コーディネーションをもたらすのでなく——これはコロナウイルスの研究者たちに当てはまる——、むしろ、勝手に逃げようとか、各国は自分のことをとかいった典型的な動きを加速させた。例えば、パンデミック対策に関係する財の対外輸出の阻止、これらの財を獲得するためにエスカレートする高値、有望なスタートアップ企業の買収や逆にその買収の阻止などである。諸個人の国際移動を通してウイルスが蔓延するという事実は、ヨーロッパにおいてさえ、国境をまずは選択的に、次いで全面的に閉鎖することを正当化した。この点でもまた、コロナウイルスは少なくとも一〇年来すでに存在していた傾向に拍車をかけた。つまり、世界的成長における輸出の原動力的役割の終焉、直接投資の再編、金融投資の国際的多様化の減少、知的所有権の保護をめぐる度重なる対立などである。

その際、大規模な介入主義的国家への復帰は、ヨーロッパ——伝統的に混合経済の地——だけでなく、アメリカ——経済効率の条件としての市場を擁護する者と見なされている——でもまた観察される。こうした国家回帰はすでに二〇〇八年の大金融危機を、次いで二〇一一年のユーロ危機を、困難を伴いながらも克服させえたものだった。二〇二〇年、国家介入は公権力のあらゆる用具一式——信用保証、補助金、減税ないし納税猶予、社会的移転、中央銀行によるリファイナンス限度の完全なる緩和——を動員するものであり、その額は、ドルでもユーロでも一千億近くになる。コロナウイルスは国家のこうした役割に火を注ぎ、国家はシステミックであるがゆえに根本的な不確実性に対して保険を引き受ける者として、損失の大々的な社会化を正当化するに至った。

ここにあるのは一時的な攪乱であって、それはやがて後から回顧すれば、ある者には黄金時代に、他の者には地獄に見えたものへと復帰することによって消えていくものなのか、それとも反対に、過去のあらゆる実践とは別物だと思わせる攪乱なのか。こうした諸変化は、その出現がこれまでまともに診立ててこられなかったような、そんなレジームの強化を刻印しているのだろうか。

プラットフォーム資本主義と監視社会——その強化

というわけで今日的状況の新しさが浮かび上がってくる。過去の大危機（一九二九年、一九七三年）は、自らの内的緊張によって構造的に不安定化した社会経済レジームの消滅を加速させた。二〇二〇年には反対に、本質的に非経済的なショックによって、超国籍的なプラットフォーム資本主義が成熟した。それはリアルタイムで寄せられた超大量の情報を収集し、これを広大に処理することのうえに成り立っている。それゆえコロナウイルスは、長期的変容の触媒にして加速器となることであろう。

二〇二〇年以前——初めは緩慢な、やがて急速な登場

こうしたレジームの到来は、一九九〇年代に新しい情報通信技術の驚異的進歩があってから予告されていたものだった。だが株式市場が熱狂していたので、二〇〇〇年にインターネット投機バブルが破裂し、このイノベーションはその全果実を実らせないままに終わった。この技術革命のアクターたちは、歴史家や画期的イノベーションの専門家の教訓を忘れていたのだ。技術的進歩の萌芽は長い過程——その過程のなかで派生的イノベーションや応用が増えていく——の最初の局面でしかない、という教訓を。さらにまた、企業組織、公共インフラ、職業教育制度、法、国家介入といったものによって、ほぼ整合的な、そして前例なき蓄

積体制が推進されうるような、そのようなあるレジームが形成されねばならないのである。

例えば二〇〇〇年、金融業者に希望を与えていた大企業の名はマイクロソフト、ジェネラル・エレクトリック、シスコ、インテルであり、これらは設備部門であり、つまり知識経済に向かうと思われていたもののための物的インフラの部門であった。二〇二〇年には、右のリストのうちマイクロソフトだけが生き残っていた。それというのも今では、株式相場の上昇を支えているのは、アップル、アマゾン、アルファベット(グーグルの親会社)、フェイスブックだからである(図6―1および図6―2参照)。これらの多国籍企業は全世界に存在しており、デジタル化された市場を組織し、とりわけ大部分の経済活動部門をカバーする大データベースを収集し処理することによって繁栄している。このデータベースを利用することによって、これら各社は、相変わらず材料の加工に固執している伝統的諸部門の収益性とは比べものにならないほどの収益を得ているのである。

これら諸企業は完全なるエコシステムの一部をなしており、このエコシステムによって、労働契約やサービス提供のフレキシビリティ、株式市場のアクターによる無形資本の時価総額の増大、伝統的活動を犠牲とした巨大な価値詐取能力が発揮されている。また、企業誘致のための国家間競争がもたらす軽減税制とか、国際的な金融自由化によって増加可能になった租税天国とかも忘れるべきでない。

GAFAMは二〇一〇年代にわたって、たゆまずマーケットシェアを征服し、株価の値上がり分を積み上げ、研究開発に大量に投資し、最終的に、国民国家に対する確かな力を獲得した。国民国家は領土の管理ということに還元されてしまい、例えば税制にかんして共通の国際的ルールを課すべく相互に連携することが出来なくなっている。最後に、新しい国際分業が組織されるのはまさにこれら諸企業の内部においてであって、この企業内分業に対して各国の公的当局や国連の諸機関はほとんどコントロールすることができていな

出典）Bank of America Global Investment Strategy, Bloomburg

図 6–1　新 ICT 突出の 2 段階——ハードウェアから組織・制度へ

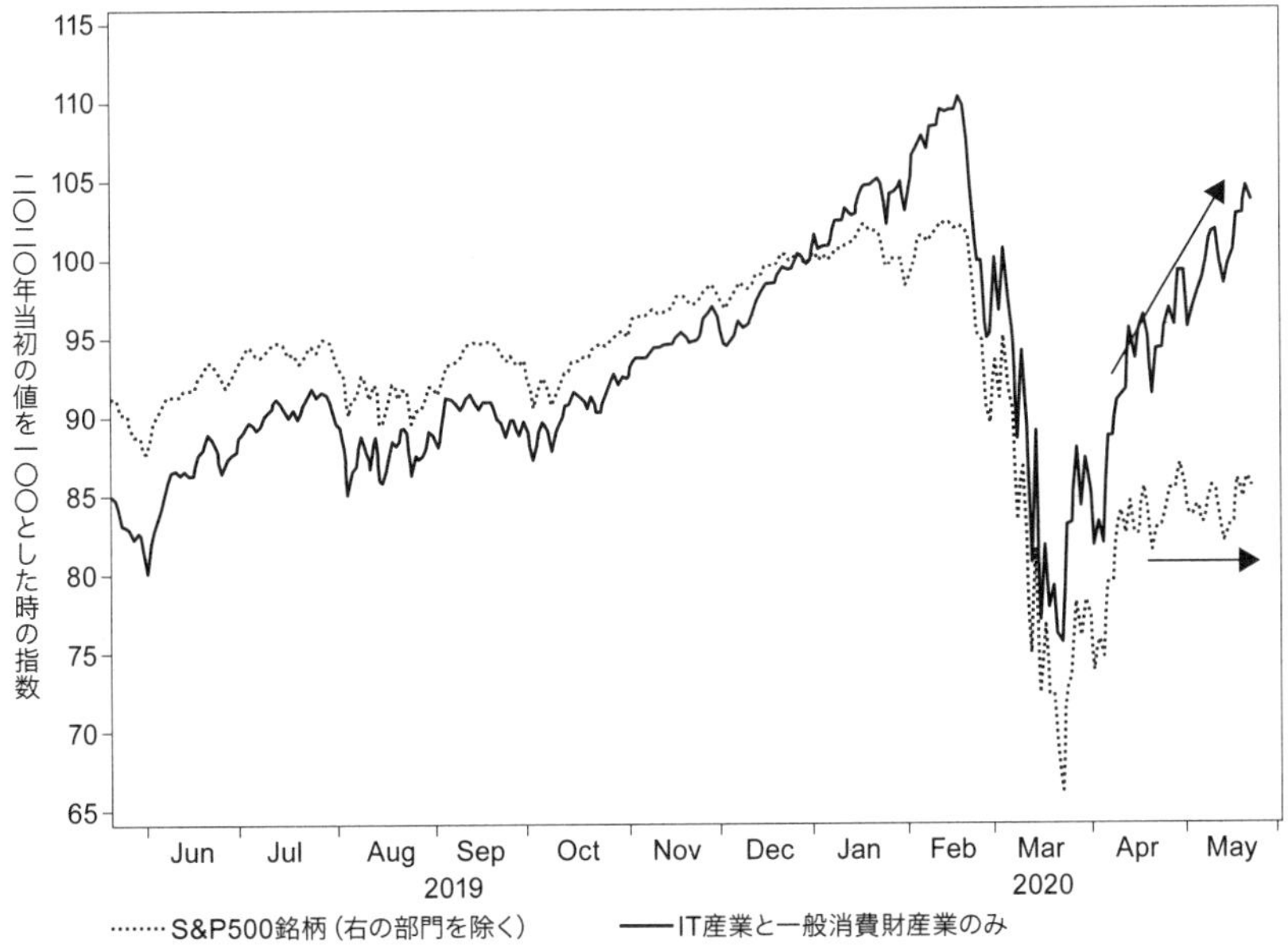

出典）Longview Economics, Macrobond

図 6–2　新 ICT だけがコロナウイルス出現後の株式相場の回復を支えた

い。

コロナウイルス危機のなかでデジタル資本主義はその全力能を表わした

パンデミックが勃発したとき、ほとんどのアクターにとって状況は根本的に新しいものであったが、デジタル経済にとってはそうでなく、デジタル経済は封鎖〔外出禁止〕という文脈と同調的なことが明らかになった。物理的に距離をとる時代にあって、例えばｅコマースに属する企業は、もちろん物流の継続性——例えばアマゾンにとってはカギとなる領域——が保証されるかぎりにおいて、顧客の需要に対応しつづけることができた。こうして、統合されデジタル化された経営手段——テレワークを含む——を存分に組み入れた企業と、需要がほぼ消滅し倒産のリスクがあるという文脈のなかで慌てて適応していかなければならない企業と、——この両者の間で分岐が始まった。

ＧＡＦＡＭによって組織されたネットワークは超国籍的な性格のものなので、ＧＡＦＡＭは、保健衛生パニックが各国政府に示唆した保護主義的措置を、部分的ながら阻むことができた。ある意味でＧＡＦＡＭは、世界貿易の鈍化を、さらには収縮を食い止めたわけである。ついでながらプラットフォーム資本主義は、この点で昨日まではためらっていた新規の顧客を獲得しながら、自らの影響力を拡大していったのである。

ＧＡＦＡＭの圧倒的な財務的健全性は、他の諸企業が信用への強い依存を示すのと対照的である。他の諸企業は資金繰りが枯渇しており、支援計画によって与えられた信用保証を必要としており、その支払能力は外出禁止がつづくにつれて問題含みとなってきた。ＧＡＦＡＭは生き残り自己強化していく絶好のチャンスを得たのであるが、このことは、社会的距離《ソーシャル・ディスタンシング》をとることが続くならば収益が消えるようなあらゆる企業（航空輸送、観光、レストラン、イベント、文化）には当てはまらない。

加えて、諸個人の移動、取引、関心事、交際、方向性（政治的なそれを含む）にかんするリアルタイムのデータフローを握っているので、デジタル資本主義は、相対的に遅れがちな国家の統計装置とくらべて、前例なきほどに情報的優位に立っている。官公庁がその政策を決定するに当たっては、こうした民間のデータベースに頼らなければならないというハンディキャップがあるわけだ。それはとりわけ、コロナウイルスの犠牲者の追跡にかんする場合に当てはまる。グーグルやアップルといった通信技術会社は、保健衛生当局がなすよりももっと早く追跡アプリを開発した。そこから、あるジレンマが生じる。公衆衛生上の至上命令という名のもとに市民は、いままで恐れていた監視社会を受容せねばならないのか、と。私的侵襲的な分権化システムであるか、それとも公的で匿名化されたと評判の公的システムであるか、そのどちらの監視社会であっても、もし一時的なものとして提起された監視が恒久的装置に転化するとすれば、これは市民の自由にとって重大な脅威となる（第4章参照）。同じく、距離をとった教育にかんしていえば、教育システムはGAFAMの標準製品を採用しなければならないのか、それとも、教育システムは自らの目標に適した固有の器具を考案する能力を依然としてもっているのか。

社会についての知識がこのように集中し、金融的手段が豊富にあるということは、いちばん野心的な研究プログラムのいくつかは若干の多国籍大企業の所業だということを説明する（未来の移動手段、宇宙征服の追求、人間五感の拡張）。実際、投資額はほとんどの政府の財政能力を超えている。これによって白書や民主主義的熟議よりもはるかに効果的に未来が建設されることになる。

こうした分析に従うならば、人間形成型発展様式は——本来的に不平等な——監視社会という形をまとうのかもしれない。本章の冒頭に引用したアンドレ・ジイドの警句が、ここで意味をもってくる。歴史は、現在投影的な感情のもとで表明された予測を知らせてくれるにちがいない、と。

プラットフォーム経済の三つの変異形――アメリカ・中国・欧州連合

現代的変化の分析家たちは、一個の形態のテクノロジー決定論を引き合いに出し、そこから制度や組織が直接に派生してくるとする傾向がある。事実、右に描写したことは本質的に北米企業の進路に照応している。北米企業のダイナミズムはやがて世界空間に投影されるのだが、しかしまったく不均等な仕方で投影される。異なった発展段階にある三つのレジームの起源は、社会的政治的編成においてきわめて異なった伝統のうちに存在する（表6―3参照）。

市場社会は明らかにアメリカ史を貫通する参照基準である。出現しつつある生産パラダイムは再び独占の躍進を意味しており、独占は相応の利益を獲得し、自分たちの目標に合致する社会生活を組織しようとしている。デジタル化が可能にした分業によって、労働契約から解放されうるようになり、労働契約はサービス契約に取って代わられるかもしれない。いずれにせよ、デジタル経済のバリューチェーンのうちへ喰いこむ諸個人の才能いかんに応じて、賃労働者を両極化するもう一つ別の源泉が再び現れ出てくる。そこから国家／経済の関係は転換する。なぜというに、ＧＡＦＡＭの経済力は容易に税制、規制、反独占的措置の非適用といったことに影響を与える力へと転換されうるからである。世界経済への開放は決定的なことであり、それというのも、この開放によって規模の収益が動員され、それがアメリカの多国籍企業の支配を確固たるものにするからである。そこから衰退部門の企業と新しい経済の企業との緊張が高まり、後者はプラットフォーム資本主義とともにその行きつく所まで行く。二〇一七年の大統領選挙は、この基本的に不平等で、金融危機を繰り返し引き起こすレジームから取り残された階層がもつ激しい敵意を浮き彫りにした。以上は、コロナウイルスへの対応がカオス的性格をもったことの説明となりうる。つまり大統領はＧＡＦＡＭの力をごく

表 6–3　プラットフォーム経済と監視社会の 3 つのシナリオ

制度諸形態	市場社会	コモンズの共和制	社会のパノプチコン的支配
1. 競争形態	所得と富の集中	商業的競争外に置かれる各種共通財	社会的コントロールという政治的目標に従って組織される
2. 賃労働関係	商取引契約が労働契約に置き換わる	市民の所得が全体的生産性の社会的出発点と認識される	あらゆる情報源の集中化により行われるデジタル化された個人コントロール
3. 通貨体制	複数のデジタル通貨の競争が開花する	通貨は、市民の利益を目指した主権行為という属性をもつ	政治権力の管理下に置かれる
4. 国家／経済関係	経済的集中は政治権力の源泉の1つとなる	民主主義の原則への回帰：「1人1票」	国家は経済の後見人となる
	定率課税と低い資本課税	プラットフォーム経済からの収益は住民全員へ必然的に再分配される	テクノクラートによる公共支出管理
	私人と公共当局のパートナーシップ関係	私的セクターとも公共セクターとも違う第三セクター：社会的・連帯的経済	政治的目的・社会的コントロールのための道具としての私的セクター
5. 世界経済への統合	資本の完全な流動性	基礎的な社会政治的妥協は、国際的開放の中で尊重されねばならない	国家的プロジェクトに従ったプラグマティックな接合関係
	生活水準の違いから生じる移民への障壁		
6. 社会的・政治的な安定性と許容度	マクロ経済的不安定さと不平等の爆発に帰せられるべき課題	個人主義と商業化による二重の分裂の許容	長期的に、資本主義は政治の奉仕者にとどまりうるのか

副次的にしか動員しなかったのであり、GAFAMは大統領支援の一部をなすことはなかった。

反対に、デジタル技術によって可能となった監視社会は、自らの社会的・経済的・政治的コントロールを保証する党＝国家によって組織されることがある。その例は一つしかないが、分析するに値する。なぜなら中国は、ジョージ・オーウェルが『一九八四年』で予測したような、デジタル・パノプチコン〔一望監視装置〕の前哨に位置するからである。そこではeコマース、支払システム、社会的ネットワークといったアメリカ的プラットフォームに匹敵するものが、国内の超巨大市場のおかげで発達している。しかし、その目的とするところは、厳密には経済的でも金融的でもない。実際、公共当局は、諸個人について集められたデータに完全かつ恒久的にアクセスしうる。ここに諸個人は、国家装置のデータと組み合わされ、各個人に付与された「社会的信用」――買い物、旅行、公共施設利用のためのお墨付き――の指標を提供することになる。顔認識ソフトが極端に広がり、こうした社会的コントロールを見事に実効性あるものにしている。

こうしたことを受け入れることは、もっと一般的な社会的妥協の一部をなしている。その社会的妥協の名において、中国人男女は、生活水準改善の約束の代償として、政治における共産党の独占を受容しているわけである。だからこれは、国家によって支配されたプラットフォーム経済の一変種なのであり、国家は経済活動の後見役として存在する。というのも、市場による調節が認められるのは、その調節が政府の目標に合致する結果をもたらす場合に限られるからである。

情報の市民的コントロール――これは共同的コントロールとして理解されている――は、欧州連合のプロジェクトである。右にみた二つの構図が経済活動や地政学的対立のなかで着実に拡大しているのと同様、旧大陸〔ヨーロッパ〕は自らの価値観に合致する社会経済レジームを――実現しえているというよりは――熱望している。欧州連合の一指令は、社会的ネットワーク上および電子プラットフォーム上でユーザーが継続的

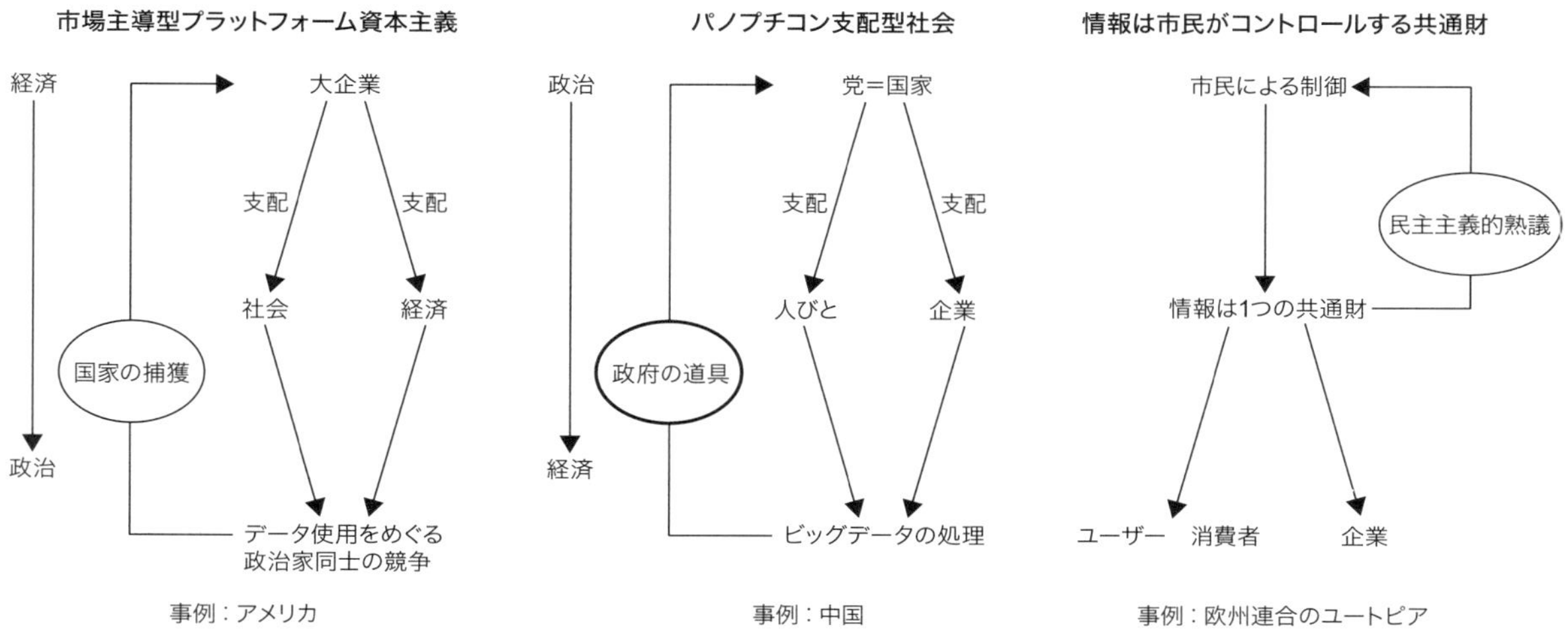

図 6–3　経済、政治、社会——プラットフォーム経済にかんする少なくとも 3 つの構図

に生み出したデータの利用にかんして、ユーザーの管理権《コントロール》を与えた。その着想は次のような理想にもとづいており、またそれと一致するものであった。すなわち、商業的競争の分野から情報を排除し、情報の収集と利用を市民たちの熟議――すなわち民主主義の原則――のもとに置くこと、である。残念ながら、欧州連合のどの加盟国も米中の大インターネット企業に相当する企業を育成できていない。政治的プロジェクトを支えうる制度諸形態を徐々に構築することがいかに困難なことかが分かる。

というわけで、経済構造、価値観システム、政治レジームのうちに組みこまれた強大な諸勢力のあり方が、コロナウイルスのさまざまな帰結にかんして、これを、それぞれの中期的さらには長期的な各種軌道――これはおよそ収斂していない――のうちに反射させている。各種軌道は経済、政治、社会の間の相異なる三つのヒエラルキーに由来している（図6―3参照）。

国家主導型資本主義――国際的開放と新自由主義的プロジェクトへの反動

資本主義が勝利するのはそれが国家と同一化するときだけであり、それが国家であるときだけである。
(Fernand Braudel (1902-85), *La Dynamique du capitalisme*, Flammarion, Paris, 1985)

中国は国家的体制《レジーム》であるとともにプラットフォーム経済として特徴づけられる。このレジームがなしとげた華々しい快挙は、さまざまな変種の国家資本主義に活力と信頼性を取り戻させた。国家資本主義の諸変種は、多型的だが生命力のあるレジームの形成にうまく適合した公的介入のおかげで、低開発や停滞を乗りこえることができたわけである。二〇一〇年代以来、なぜこうした国家への回帰が起こったのか。

市民の保護要求への回答

根本的に言って、諸個人や諸国家を競争させることが一般化し、これに支配された幸福なるグローバル化ということを信奉する人たちのおめでたさこそが、二〇年後、はるか彼方にある不可視のメカニズムの犠牲者だと自ら感じている社会的諸グループの圧力のもと、国民国家頼みへの大々的復帰を促したのである。事実、国際化と規制緩和は所得上昇の相対的均等性を断ち切った。同一部門内で企業業績の非均等性が拡大し、その結果、賃金上昇におけるばらつきが強まった。世界的競争のなかに自らを成功裡に組み入れる能力が、生産システムおよび所得が両極化していく中心的要因となった。

それゆえ、市場では自らの価値を認めさせることができないので、それだけになおさら、稀有な例外は別にして労働組合の交渉力は衰退し、グローバル化や新情報通信技術が促進した変化の敗者には、自分たちの方を向いてくれるアクター——国家——しか残っていない。ほとんどの国で、三つのグループがこうした要求を強めていった。それなりの報酬のある働き口を失って落ちこぼれた労働者、低学歴の人たち、そしてとりわけ、しかるべき生活水準を享受しつづけていくために社会保障に依存する人たちすべて、がそれである。彼らはいわゆる「ポピュリズム」運動の基盤をなし、この運動は特権なき人びとがその経済的身分が悪化していくことへの反動であり、二〇〇八年危機によって大きなものとなった。

厳密に経済的な要因以外の点で、国際的開放は生活様式や社会・政治の表象を変容させた。だが、国民的伝統にとっていちばん多く脅威に思われている問題は、おそらく移民問題であった。移民と自国民との競争はごくわずかであり、公的予算や社会保障資金への移民の貢献はプラスであったにもかかわらず、そうであった。ブレグジット〔イギリスのEU離脱〕をめぐる投票を分析すれば、これは明らかである。つまり、低技能者の本国送還は以前なら、ロンドンに有利なようにブリュッセル〔EU本部〕に委任されていたのだが、このことは本質的にイギリスのアイデンティティを守るという問題である。国家はこうして、直接に経済的な考慮を凌駕してまで、国民的アイデンティティの保証人となった。

公債を国際市場から募ることによって、多くの政府は、例えば社会保障や公共支出にかんする市民の要求よりも、国際市場の利害に敏感となった（Streeck 2014）。国際的債権者がもつこの権力は民主主義の方向転換として意識されている。こうしてこの第三の理由から、国家の復帰が正当化されうる。つまり国家は、経済的金融的権力が民主主義を捕獲してしまうことへの反動として、民主主義を守る盾となるのである。欧州連合の諸制度も国際的な諸組織も民主主義の新しい形態の前衛というには程遠いだけに、それだけいっそうこの議論は的を得ている。しかしながら国家は国家で、民主主義的正統性を捕獲してしまうことがある。「国家は新自由主義に対する城壁であるように思われるが、同時に国家は、政治生活における悪を強めてしまう」。イマニュエル・ウォーラーステインはすでに二〇一四年一一月、こう警告していた。

結局のところ、ポピュリズムはきわめて多様なものだと解釈しうる。それゆえこの用語の妥当性について、多くの政治学研究者はこれを疑っている。それでもなお、多様なポピュリズムに共通する特質は、長期にわたる国際化の過程が国家から奪いがちであった全特権を、再び国民国家に与えることにある。

国家は市場と競争しているわけでなく市場の後見人でありその必然的補完物である

前世紀において国家は恒常的に存在し躍進さえしたが、これには説明が必要である。その説明は、市場と国家や集合的行為との錯綜した絡み合いのうちに見出される。国家や集合的行為は市場の失敗を補償すること以上のものである。それらは経済を機能させうるようなルールを打ち立て、とりわけ、危機を克服しうるような制度変化を促す。こうした教えは、二〇二〇年に始まった危機の脱出路を解明するための核心をなす（表6―4参照）。

明らかなことだが、国家の起源は標準財の生産のうちにあるのではない。これはソビエト型システムの失敗から確認されている。これに反していくつかの財には、たんなる個人的利害を超える影響があるのであって、それにはプラスの影響（教育、知識の進歩、公衆衛生、安全）もあれば、マイナスの影響（汚染、渋滞、生物多様性の喪失）もある。これは公共経済学の研究分野に属することであり、この学問は、公共財の生産および資金調達をうまく導いてゆくために、さまざまな手段（規範、税額や補助金、汚染権市場の創設）を提案している。

経済が完全雇用のもとで作動しなくなるにつれて、マクロ経済学者たちはケインズに倣って、国家に第二の機能を、すなわち経済活動の安定化という機能を付与した。公共予算や――とりわけ――中央銀行による大々的な介入がなかったならば、アメリカ経済は二〇〇八年に崩壊していたであろうし、ユーロは二〇一二年に消滅していただろう。こうした機能は二〇二〇年にも同じように基本的なことである。というのは、経済の凍結――これはパンデミックを阻止するために決定された――からの秩序ある出口を促進する役目は、国家に属するからである。

純粋の市場経済学にあっては、社会的正義への配慮はほんのわずかしか存在しない。情報の透明性、取引の自由、障害なき競争が支配していれば、あらゆる経済的均衡やその結果としての価格は公正なものとみなされる、と。だがしかし、蓄積の力学によって支配される経済にあっては、アクターたちは一般にそんな判断をしない。たとえ、利潤・賃金間だけでなく賃労働者層内部の所得分配の正統性にかんする問題が不断に

表 6–4　なぜ国家は市場へと解消していかないのか

機　能	市　場	国　家	共同体
1. 標準的私的財の配分	市場の得意分野	価格メカニズムと衝突すれば配分は混乱する	生産と消費の社会化
2. 公共財・被保護財の生産	私的財・公共財のパートナーシップ関係？	熟議を通しての開示	地域的公共財
3. 経済安定化	競争ゆえに保証されない	本質的役割	暗黙の了解
4. 再分配 / 連帯	資源配分攪乱の可能性	正統性のファクター	有機的連帯
5. 根本的不確実性への反応	麻痺状態	合理的な模倣行動を克服	
6. 未来像の形成と投資	投資の不安定性	将来世代の保護、長期的保護	社会的規範の役割
7. 時間的スパンの取り方	短期主義が勝つ	公式表明されると個々の主体はそれをもとに将来を決定する	地域による
8. システミックなリスクの保証者	再保険制度	2008年と2020年の危機	有機的連帯の一部
9. 最後の貸し手	私的銀行制度では存在しない	中央銀行を通して	準備金の役割
10. 最終的な雇用主	考えられない	部分的失業への資金投入	意味をなさない
11. 経済的秩序と信頼の守護者	信頼を破壊する機会主義	オルド自由主義	信念と価値観の体系により保証
12. 制度諸形態の設計者	市場は社会的に作られる	国家は制度諸形態の上にある	直接的関係はない

生じるような、そのような資本／労働間の対立が原因であったにすぎないとしても、そんな判断はしない。ここに、伝統的に国家に帰せられた第三の機能の存在理由がある。こうした対立を仲裁し、国民所得の再分配を決めるという機能である。

コロナウイルスがもたらした危機は、この公正の問題を改めて提起している。最富裕層は必要な財政再建に大々的に貢献する必要があるのでないか、それとも、このことは投資したがって成長——持続可能な構図への復帰の条件——を危うくするリスクがあるのか。病院職員の職業的な献身的努力に照らしてみるとき、国民的連帯の保証人であることが明らかになった仕事を厚遇すべく、賃金ヒエラルキーを見直す必要があるのでないか。逆に、市場（金融、不動産、スタートアップ企業）の暴走から利益をむさぼるような仕事の報酬が爆発的に増大しているが、それが意味する社会的亀裂をいかにして抑えるか。たとえ各社会が異なった道を選択できるとしても、各種政策は、自由主義的であれ社会民主主義的であれ、国家が行うことなのである。

こういった特定の型におさまらないエピソードは、一社会の強靭性にとってまったく別の本質的特性を浮かび上がらせる。パニックやアクターたちの困惑を前にして、各種要求は国家に集中し、日々の意思決定や——それ以上に——投資を同期化しうるような集合的期待を形成する役目は、国家に委任された。外出禁止によって社会の各種時間が凍結されるとき、国家は公共の時計の主人にならなければならず、ウイルスとの闘いにおける諸局面の推移を予告しなければならない。その諸局面との関係で、民間の諸アクターは計画の策定を再開し意思決定ができるようになるわけである。外出禁止解除の場合にも同じことがいえる。これはあの誘導的計画化の手法と手を結ぶことであり、この計画化の意図は、社会的パートナーたちの目的を栄光の三〇年の時代における成長経路のあたりに同期化することにあった。

民間保険は長らくリスクを分散させ、自らの中長期的強靭性を保証するような契約を考案できていた。それでもやはり、特定のリスクが現実化したせいで生ずるコストが、各保険会社の内部で蓄えられていた準備金を明白に上回ることがある。このとき再保険会社が登場する。しかしながら、戦争・自然災害・感染症にかかわるリスクなど、多くのリスクは引き受けることができていない。二〇二〇年のコロナウイルスの場合がそうであって、その損害は保証されないので、連鎖倒産による経済の完全崩壊を促進するリスクがある。それゆえ国家は、間接的に、システミックなリスクを保証する任に当たったわけである。まさにこうした文脈において、ウイルスに対する「戦争」を——たとえこうした比較が分析的には不正確であっても——引き合いに出すことができる。「戦争」という語は、平和時の法秩序と断絶して、国家が全面的に介入することを正当化しかねないからである。

中央銀行は、金融危機の中心点で信用・支払システムが脅かされているとき、最後の貸し手の役割を保証するために創設された。一九九〇年以来、政府に対する中央銀行の独立性は強化されたが、その目的はインフレ——これは寛容な経済政策によって引き起こされたと考えられている——に対してより効果的に闘うことにあった。だが、二〇〇八年のアメリカの大危機から分かったことは、インフレ・ターゲットは中央銀行の役割を定めるには十分でないということだ。つまり中央銀行は根本的に、金融安定性の番人なのである。パニックではなくても緊急時には、危機に由来する不良資産さえも現金化するのを受け入れるという、新しい政策がでっち上げられた。マネタリスト正統派は敗北した。コロナウイルスは歴史の動きのなかに追加の一段階を正当化したわけだ。つまり、各種のリファイナンスの額が二〇〇八年の場合よりもはるかに急速に増加しただけでなく、財務省と中央銀行の回路が融合してしまったのであり、これは一年前には考えられなかったことである。財政権力と貨幣権力の分離という法的フィクションをはるか尻目にして、国家は最後の貸し手として登場することになった。

昨日までは少数派だったが今や受け入れられるようになったある考えが登場することさえもあった。すなわち、封鎖が続くかぎり、国家は賃金総額と企業負担の一部との保証人として行動する、という考えである。それゆえこれは、国家による庇護のもと、所得の社会化を認めることである。新自由主義の理想に対するこの完全なる反転は一考に値する。「市場がすべて」という教条主義にして原理主義たるものこそが、この歴史的方向転換を導いたのではなかろうか。というのもそこでは、グローバル化によって――解体されたわけではないにしても――苦しめられている社会経済レジームが受け入れられるのを保証するためには、国家の介入が必要だということが認識されていないからである。

そこから、市場と国家の非和解的な敵対という考え――シカゴ大学流の経済学は多分にそう仮定している――が行きつく社会的政治的に惨憺たる結果が分かろうというものである。市場の力の過大評価と国家とは何であるかについての無理解が、コロナウイルス危機によって再び明らかになった。だからといって、危機克服の戦略がはっきりしているというわけでもないし、ほとんどの経済が国家の強力なプレゼンスを示す資本主義の形態へと向かっているわけでもない。

各社会にはそれ自身の国家資本主義の形があるが、それが成功するかどうかの保証はない

こうして国家資本主義が戻ってきた。だが、国家資本主義が最終的にあらゆる社会に遍在するものだとすれば、そのような特徴づけにはどんな有効性があるというのか。国家資本主義の歴史をザッと見渡しておくことによって、そのいくつかの構図が二〇〇〇年以来見られる国民的諸軌道にどの程度照応しているかを検討することができる（Boyer 2019a）。

ある産業革命のなかで、ある政府が先導国に追いつこうという目標を社会に設定するとき、国家は中心的アクターとなる。この目的のため、国家は国内市場を保護することによって急速な近代化の諸条件を作らねばならない。それは、「教育的保護主義」にかんするドイツの経済学者フリードリッヒ・リスト（一七八九〜一八四六年）の理論モデルに則って、教育やインフラに投資をすることと不可分である。市場による調節こそが最先進国の支配を強めているがゆえに「教育的保護主義」に訴えるのである。このカテゴリーに入るのは一九世紀のドイツであり、また日本もそうである。これに次いで第二次世界大戦後には、韓国やアジアのドラゴンたち〔韓国以外では台湾、香港、シンガポール〕がそうである。これらの例にあっては、国家は市場の創設者となるのであって、市場の代替物なのではない。今日、アルゼンチンやブラジルが何度も失敗していることが証明しているように、それが成功するかどうかは保証されていないとしても、国家のこの役割に変わりはない。

実際、一九二九年危機やこれに続く第二次世界大戦ののち、国際関係の崩壊に直面して、対外従属からの解放はラテンアメリカ諸国の目標であった。この時の発展様式は、輸入を国内生産へと代替させる点にあり、忘れられがちなことだが、それは一九七〇年代まで成功していた。コロナウイルスによって、エッセンシャルとなった財を世界市場に頼っていることが浮き彫りになったので、この輸入代替戦略は再び現実的なものとなった。けれども慌ててはいけない。デジタル経済や多くの産業部門に典型的にみられる規模の収益を考慮すると、生産の自律性がいっそう大きくなると逆にコストの上昇を招き、したがって生活水準の低下を招く。加えて、多国籍企業がイニシアティブを握っており、多国籍企業は自分たちのバリューチェーンを統合した経営を発展させ、自らにとって魅力的な地帯を競争に巻きこんでいくのである。

経済的なものを政治的なものの支配下に置くことによって資本主義に取って替わるというのは、ソビエト連邦の計画であって、これは国家による経済活動の集権化は市場による分権化よりも社会の欲求によりよく応えられるという仮説のうえに立っていた。この発展様式は同国のテイクオフを促進したが、しかしその後、自らの内的矛盾を克服するための改革とかアメリカ資本主義との競争とかができないことがはっきりとしてきた。けれども、金融面、環境面、保健衛生面が結合した危機の解決策として、資本主義からの脱出を信奉する人たちは、こうしたソビエト型のオルタナティブを登場させようとして、国家の動員を思い浮かべているのかもしれない。だが一体、そのオルタナティブはいかなる指導原理のうえに樹立されるべきなのか。社会的・連帯的な経済は、それにもとづいて社会諸関係の総体の構図が再編されるような、そのような萌芽をなすことができるのだろうか。

強力で権威主義的な国家は、自らに有利なように市場メカニズムを作用させる。この第四の構図は逆説的にも、もともとは国家利益の回復を意図していたのだが、経済近代化の媒介者となった。こうして中国政府は、以下の三つの特徴のうえに基礎づけられた発展様式を構築するのに成功した。第一に、すでに見たように、共産党の排他的政治権力を承認するのと引き換えに、多数の人民の生活水準の持続的改善を約束するという、暗黙の妥協である。第二に、北京によるコントロールのもとにではあるが、意思決定やイニシアティブを分権化し、政治的目的と経済的動態を両立させる配慮を地方コーポラティズム委譲したことである。最後に第三に、世界的なバリューチェーンに非対称的に挿入されたが、これによって最先端技術が獲得され、さらには支配することになった。これを指して思いきって「混合経済」の語を使ってよいかもしれない。それはおそらく、ソビエト体制の再版を想起させかねない国家資本主義の語よりは正確であろう。

プラットフォーム資本主義および／あるいは国家資本主義――逆説的な共存

攻撃的な国家資本主義は、超国籍的プラットフォーム資本主義が蓄積した力に対抗しうることになるのか、それとも逆に、それは経済的従属を受容する政治的管理形態となるのだろうか。

差別的変数――国民的自律性の程度

二〇〇〇年代および二〇一〇年代の国際関係は、さまざまな国民的社会経済レジームの繁栄を導くどころか、構造的な非対称性を露呈させた。一方で、巨大な大陸経済諸国はその経済的、地政学的な力を享受し、自らの発展様式がもつ不均衡を残りの世界に外部化した。アメリカは、国際通貨を発行したり、残りの世界に押しつける治外法権的立法を保持したりする特権の恩恵に存分に浴した。つまりアメリカは、財政赤字と対外貿易赤字という双子の赤字を穴埋めするのに、大した困難がいらないのである。ＧＡＦＡＭが大きな競争優位を手にしており、世界最強の国にとって必要ならそれが支えとなる。中国はＷＴＯ〔世界貿易機関〕に加盟しつつ――恒常的な過剰能力によって特徴づけられる――構造的に不均衡な発展様式を、貿易黒字のおかげで持続的に維持しえてきた。その際、ハイテク財の輸入によって、また中国の巨大市場で活動を許された多国籍企業との強制的パートナーシップによって、テクノロジー的に急速に追いつくような編成がとられた。結局は、交差するアメリカと中国の二つの不均衡が、長い間互いに強め合ってきたのである。

他方で、強大な多国籍企業の圧力にしっかりと対抗できる国家もないし、自らの国内需要を満たすに十分な競争力があり整合的な生産構造もない国々が存在する。このとき発展様式はその自律性を失う。というのも発展様式は、輸出および／あるいは海外直接投資吸引力を媒介にして、世界市場の力学によって条件づけられているからである。もっと深刻なことに、この国際的統合が進むにつれて、いっそう満足のいく成長体制を支えうる制度的利点が破壊されてしまう。

こうした条件のもとでは、プラットフォーム経済が政治的コントロールや監視社会のために始まったにすぎないとしても、中国の攻撃的で近代化推進的な国家資本主義にはあらゆるチャンスがある。グローバルなプラットフォーム資本主義の前途は、世界経済の開放が維持されることを想定しているのだが、この点は、パンデミックに対して孤立主義的に反応する人たちの間ではあまり議論になっていない。もし世界経済が分裂するならば、防衛的国家資本主義が、生活水準を犠牲にしてでも、あらゆる性質の国家主権を復活させようという要求への回答となるであろう。コロナウイルスはこうした三つの動きを加速させたが、しかし不均等なやり方においてであった。

出現しつつある各種レジームへのコロナウイルスの影響の相違

おそらく強力な国家資本主義こそが、最も強固なかたちで危機から脱出するのであろう。なぜなら、WHO〔世界保健機関〕が危機を効果的に調整できていない点を前にするとき、パンデミックとの闘いは公的な政策決定者――人びとはそこに信頼を寄せている――の後ろ盾をえて、国民的レベルで展開された（表6―5参照）。例えばドイツがそうだが、すでに市民の同意を得ていた政府の政策決定者は危機から強力に脱出したが、他方、とりわけフランスがそうだが、政策不信がすぐれて社会全体にかかわる性格を有するとき、それが増大する。どちらの場合にも、国民を脅かす危険――外来の危険を含む――に対する保護者としての国家が、たとえ管理当局が有能でなくても、ぜひ必要なのである。

表 6–5　競合する 3 つの資本主義——新型コロナはどれに有利に働くか

要因 出現形態	加速要因	減速要因
1. **国家**資本主義	・医療を含む戦略財生産の支配回復	・不可逆的に進む専門的能力の喪失（ビッグデータ、社会的ネットワーク、医学研究）
	・市民からの保護要請	・費用高騰の受け入れ
	・国家の置換不能な役割の復権	・多国籍企業の圧力とその権力の防衛
	・ポピュリズム・外国人嫌い・保護主義という要請の仲介者	・社会民主主義政党のいくつかは、貿易の収益を再分配できた
2. **超国籍的情報**資本主義	・外出禁止はデジタル企業に有利に働く	・生産集中の増大はこれら独占の分割を誘発する
	・世界的規模で作用する規模の収益ゲーム	・強靭性という絶対命題に中和されると、広大地域による再編が生まれる
	・パンデミック対策に役立つ社会的ネットワークを認識すること	・市民の自由と個人情報を守る法律への賛成投票
	・不確実性に直面した金融資本が GAFAM と結合すること	・実体経済の不振を前にして、新たな株式市場破綻に導くような投機的バブルが起こりうる
3. **バイオ**資本主義	・経済の支柱としての健康問題に突如目覚めること	・パンデミックの記憶を早々に失うこと
	・大衆受けしない政府に正統性を与える元となること	・ばらばらなコロナウイルス対策で国家が信用を失い、私的イニシアティブが圧倒的に支持されること
	・豊かな社会への市民の要求	・失業の激増が世論の最大の懸念事項となること
	・労働と公的サービスの復権（保健医療、教育、研究、文化）	・低成長期の難しい予算選択

このことはまた専門的能力の喪失をも証している。それは感染症との闘いにかかわって明らかになったが、金融や経済情報の面でも同じように憂慮されている。時代遅れとなった産業政策を刷新したところで、それがエッセンシャルと見なされている物の生産をすべて——そのための追加費用を受け入れないのなら——効果的に自国内に復帰させうるかどうか、はっきりしない。最後に、政治の領域では、ほとんどすべての政府が保健衛生上の理由で国境を閉鎖したという事実は、外国人嫌いやナショナリズムのイデオロギーを強めた。けれども銘記しておこう。社会民主主義国家もまた、市民や民主主義的熟議に仕えているのであるが、それは全く異なった政治同盟を前提しているのだ、と。ここに再度、国家資本主義という概念の限界が推しはかられるのであり、これが操作可能な概念となるためにはその都度特定されなければならないのである。

超国籍的な情報資本主義は支配的となった生産パラダイムを体現しており、パンデミックとともにその全ポテンシャルを発揮した。情報資本主義の利益は世界‐経済《エコノミー・モンド》が維持される点にある。というのもそれは、各国経済をますます相互依存的にする情報インフラの発展のおかげで、世界‐経済の動きを測定するためのあらゆる用具を発展させてきたからである。集権化——これは支配的傾向であって世界経済レベルで規模の収益を動員可能にする——によってであれ、広範な分権化——もしそれが国家に代わる市民の要求であるならば——によってであれ、新情報通信技術が開花しうるようになるにつれて、それは、たとえ解決策全体の中では一部の公的行政であったとしても、保健医療システムを組織化するための各種解決策を提示する。

敵対的諸力によって、この超国籍的資本主義の樹立が阻止されることがある。というのも、ごく少数の多国籍企業の内部に生産や高い収益性が集中することは、いくつかの政府をして、そこに課税し、コンプライアンスのルールを課し、さらには多国籍企業に代表される独占を打破するといった計画を呼び起こさせるからである。ところで、コロナウイルスはＧＡＦＡＭの株価を上昇させた。金融業者たちは、不確実性によって一時は麻痺状態になったが、これらの企業は強くなってパンデミックから脱出する蓋然性が高いと考えるようになった。公債の増発は国家が取りうる手段をかなり増やしたのだが、同時に、金利急上昇のリスクを前にして国家を弱体化させた。要するにコロナウイルスは、国家の力よりも超国籍的な情報資本主義を強化したようである。例外があるとすれば、それは国家主権論者の政府が選挙で勝ちつづけ、開かれた世界空間——これはＧＡＦＡＭの生命力と成功にとっての必要事——を破壊しうるようなナショナリズム的後退が促進される場合である。

このような二つの将来を前にして、人間形成型発展様式を生み出すような「バイオ資本主義」のチャンスはどこにありうるのだろうか（第5章参照）。そうなる前提は何といっても、財や政策目標の階層性が教育・医療・文化に有利なように持続的に変化するという方向で、パンデミックが終わることにある。豊かな社会における特権者たちのこうした要求は、危機による構造的変化のせいで雇用が失われたすべての人びとの貧困化と優先的に闘う必要性とぶつかる。ヨーロッパ諸国では、右の三つの部門〔教育・医療・文化〕は本質的に公共政策上の制度によって守られているが、そのための資金調達は伝統的経済のダイナミズムを犠牲にしてなされることがあり、やがて税的基盤が公的需要についていけないという悪循環が始まっていく。

さらに悪いことに、この発展様式はおよそ自律的でなく、超国籍的資本主義と諸種の強力な国家主導型資本主義との間の競争の争点となりやすい。一方では、諸個人間や諸国民間での不平等の拡大をもたらす社会の市場化の新しい一段階があり、他方では反対に、潜在的には不平等が小さいところの、本質的に集団的公共的な編成がある。それゆえ、国際レベルで構築すべきゲームのルールをめぐって、グローバル資本主義と分裂した各種国民国家との力関係が、やがて幅をきかせるであろう各種オルタナティブ間の競争の条件となる。これは国際関係の変容の分析への導入となる（第8章参照）。国際レジームはすでに機能喪失し危機にあるが、それは「自国第一主義」政策による対決に抗しうるのだろうか。パンデミックへの持続的勝利がないからといって、国境開放への決別を語ってはならないだけに、それだけいっそう自国第一主義政策は危険である。

第7章　国際関係は解体に向かうのか

戦後われわれがその手のなかにいる国際資本主義は、しかし個人主義的であり……成功していない。それは知性、美、正義、美徳に欠けており、約束を守っていない。要するに国際資本主義は、われわれにとって不愉快であり、われわれはこれを軽蔑しはじめている。だが、これを何と取り替えたらよいかを自問するとき、われわれは限りなく当惑してしまう。

(John Maynard Keynes (1883-1946), *The Yale Review*, juin 1933.)

国際関係は新型コロナによって根底から試練に立たされている。原理主義的な国家主権論は、グローバリゼーションと規制緩和を推進した市場原理主義の後継者となるのであろうか。ナショナリストや「ポピュリスト」が政権を取ったことは、国際関係の崩壊を告知しているのだろうか。それとも反対に、危険が広がることによって、各国は自分のことをといった劇的な退却傾向を止めうるような、そのような強力な国際的コーディネーションの創出が重要な課題となってくるのだろうか。

各国経済はますます連結しているが、新しい国際的コーディネーションは存在しない

パンデミックによって、二〇〇〇年代および二〇一〇年代の推移を貫いていた矛盾について、新しい実例が提供された。つまり、国際的開放や地域間競争ゆえの異質性が拡大する一方で、国際的諸制度は弱体化してしまった。加えて、情報通信技術の作用によって加速された相互連結を考慮に入れることを目的とした、そのような新しい制度は創設されていない。

脅威の連続

一九六〇年代末以降、国際貿易は、大部分の世界経済の成長源泉として次第に明らかになってきた。各種の摩擦が絶えなかったが、それは――紛争にかんする規則の審理を通して――WTO内に作られた諸手段によって一時的に解決されていた。二〇一七年から始まったアメリカの政策変更のせいで、このメカニズムでは米中の貿易戦争に対する前向きの出口が見出せないことがはっきりしてきた。

一国から他国へと伝播する金融危機が頻発し、加えてそれが厳しさを増してきたが、国際資本移動はそれをますます強めた。ラテンアメリカ諸国は、大量の資本流入ののちそれが突然に停止するという苦杯をなめた最初の国々であったが、これに次いで一九九〇年代にはアジア諸国がこれを経験した。こうしたドラマティックなエピソードは、二〇〇八年のアメリカの大危機とともに頂点に達し、続いてそれが、ソブリン債やユーロの危機というかたちでヨーロッパへと広がった。

ハリケーン、旱魃、森林火災が増えてくるにつれて、気候変動の証拠には事欠かなくなり、遂には「気候

1989年11月創立　1990年4月創刊

一九九五年二月二七日第三種郵便物認可　二〇二一年一月一五日発行（毎月一回一五日発行）

月刊
機
2021
1
No. 346

発行所　株式会社 藤原書店©
〒一六二-〇〇四一　東京都新宿区早稲田鶴巻町五二三
電話　〇三・五二七二・〇三〇一（代）
FAX　〇三・五二七二・〇四五〇
◎本冊子表示の価格は消費税抜きの価格です。
編集兼発行人
藤原良雄
頒価 100円

大反響『新型コロナ「正しく恐れる」』の著者に、緊急インタビュー！

新型コロナの行方とワクチン接種

国立病院機構仙台医療センター
ウイルスセンター長　西村秀一

▲西村秀一氏（1955-）

冬季に入って気温・湿度とも低下する中で、新型コロナウイルス感染症の「感染者数増加」が日々報道される一方、国内外でのワクチン開発・接種開始のニュースが飛び込んでくる。昨年11月の緊急出版『**新型コロナ「正しく恐れる」**』において、すでに冬場の感染拡大への警戒を訴えていた西村秀一氏に、新型コロナの動向とワクチンのメリット／デメリットについて、最新の見解を聞いた。（聞き手・構成＝井上亮）　**編集部**

●一月号目次●

冬の感染拡大は予想できたこと

新型コロナの感染が二〇二〇年十一月以降急拡大していますが、このような感染症はそもそも冬に増えることは避けられないのです。ただ、日本はまだ穏やかだといえます。倍々で増えていく幾何級数的な増加ではないからです。メディアで日々「過去最多の感染者」と報道されていますが、いたずらに慌てふためく状況ではありません。

この感染をどうやって抑えていくかですが、いまのところ成功しているのは中国でしょう。国民一人ひとりを監視して強権的に抑え込んでいます。そんなやり方は自由主義国家ではできません。日本はそのような方法に依らずに現状の感染者数なので、健闘しているといえます。

しかし、自由を尊重すると穴も大きくなります。ＰＣＲ検査で陽性となった人や濃厚接触者に自己隔離をお願いしても拒否されるケースがあると聞いています。そのまま夜の街に出かけていく人もいます。そういう人たちを強制力をもってコントロールすることはできません。

感染症抑制に関しては強権的な国家システムの方が有利なように見えます。しかし、私にはそんな社会に負けたくないという思いがあります。自由を重んじながら感染を抑えていく知恵を生み出す社会であってほしいです。

今後、感染者数が増えると重症化する人が増えます。感染が収まってきても、重症者の数は遅れて増えてきて、医療がひっ迫します。感染者数を抑えないと普段の医療ができなくなり、コロナ以外の救える命が救えなくなります。それが「医療崩壊」です。

医師会などが懸命に警鐘を鳴らしていますが、夏までは軽症者が多かったこともあり、冬に感染が拡大するということが国民全体の理解として浸透していませんでした。もっと強調しておくべきでした。いまはまるで想定外だったかのように医療側も報道もパニック気味です。

二〇一一年の東日本大震災で「想定外」という言葉を嫌というほど聞かされました。コロナ禍を災害とみた場合、このくらいは想定内で、それへの準備期間もあったはずです。春夏のマイルドな流行に目をとらわれていました。基本的に感染症への理解不足があり、「専門家」といわれる人たちの責任だと思います。医療施設や機器の充実も必要ですが、もっとも重要なのは人です。医療に携わる人員は急に増やすことができません。その面の準備が間に合いませんでした。

じわじわ拡大するが爆発はない

感染抑制策が経済に与えるダメージも深刻です。何とかしようとしたのがＧｏＴｏキャンペーンでした。それが裏目に出たように言われていますが、感染拡大の要因なのか、たまたま感染拡大期と重なったのか、証明は難しい。ただ、ＧｏＴｏでひと息ついていた人たちがいたのも事実です。ＧｏＴｏが直接患者を出しているのではなく、人が移動し、その先の行動で感染が広がった。その引き金を引いたのは確かですが。

経済を回すことは必要ですが、いまの時点ではいったん停止することも仕方ないです。ただ、問題は全国一律の実施です。各地域の状況も考えないと。感染抑止か経済か、二者択一ではありません。経済あっての健康という考えもあります。

冬の流行はしばらくこのペースで続くでしょう。国民のほとんどはきちんと対策をとっているので、爆発的な感染拡大はなく、じわじわ増えていくと思います。そこで医療機関が持ちこたえられるかが問題です。そして経済が耐えられるかも危惧しています。

医療も経済も崩壊させないために相当な財政出動をするでしょう。国の財政がどうなるのかも心配です。これを一～二年続けると、あとの世代に大きなツケを残すのではないでしょうか。本当に有効なのか検証もなされない施策もあります。現在の人間の恐怖によって、あらゆることが無制限に行われると、私たちの子や孫に莫大な借金を残すことになります。

いまは戦争状態に等しいと思います。戦時だからと計画性なしにどんどんお金を使っているようなものです。医療に金を出せというのは当然ですが、それは際限なくというものではないでしょう。

全体主義的風潮を危惧する

二〇二一年の二月までは感染者は少しずつ増加し続けるか、うまくいけば同じ程度で推移するでしょう。これからの人々の行動次第です。本当にいいワクチンが出てくれれば状況は変わります。ただ、ワクチンで感染を完全に防御できるわけではありません。使い方にもよります。ワクチンは希望の星ですが万能ではない。ワクチンを打ったから何でも自由だ、といった行動を誘発すると逆効果になります。ワクチンを使っても冬には感染を抑えるのは難しい。夏に向かって徐々に減っていくという流れでしょう。

私はこれまでの第一～三波という言い方は適切ではないと思います。何年かあとに二〇二〇年の春の波を見たら、取るに足らないものと映るかもしれない。春から夏にかけて一つの波と見るべきです。本格的な波はこれからで、それがどこまで続くかです。

　百年前の〝スパニッシュ・インフルエンザ〟の歴史を後追いすれば、春には収まってくるかもしれません。当時は秋冬の第二波がもっとも大きかった。コロナもいまが第二波と見ることもできます。違いは、百年前はワクチンがなかったが、現在の私たちにはあるということです。

　ただ、今度のコロナはインフルエンザよりもずっと難しい感染症で、前例がどこまで参考になるか。〝スパニッシュ〟では感染がわかりやすく、回復も早かったので、隔離などの措置も容易でした。

一方、コロナは発症前も他に感染させる可能性があり、隔離も簡単ではありません。医療機関の負担が大きく厄介です。

　なので、過去の感染症《パンデミック》がそのまま参考になるわけではありません。**私たちはまったく新しいタイプの感染症に遭遇していると受け止めるべきです。**ただ、生じる様々な社会現象は似ているので、過去から学べることはあります。

　コロナとうまく付き合っていくことです。学校で一人の生徒が感染したからといって、休校にするようなことはすべきではありません。子供は感染しにくいことがわかっているのですから。変な同調圧力で社会の活動を止めてはいけません。

　先にも言ったように、いまは戦争状態といえます。戦争では皆が国の指針、指導に従います。全体的な流れとは違った視点で意見を言っても誰も聞く耳を持ってくれません。半ば全体主義のようになってしまいます。上からの全体主義の国もありますが、こちらは国民の側から、下からの全体主義のようになりかねません。**何が正しいのか、各自で考えることをしないと。私たちはどういう社会でありつづけたいのか、もう一度考えるべきだと思います。**

情報の収集・公開システムを作れ

　今回のワクチンは従来と違った新しい作り方でできています。だからすごく短時間でできあがりました。副作用が起きる可能性は、理論的にはあっても高くはなかったのですが、実際に治験を行ってみるといくつか出てきました。大事なのは得られた情報をきちんと公開して説明することです。さらに本番では因果関係が不明な副作用もどきの「紛れ込み」の事例が起こることもあります。

　ワクチンの挫折の歴史とされている一

一九七六年の米国の豚インフル事件と今回が違っているのは、いま流行が起きているということです。豚インフル事件では、起きるかどうかわからない時点でワクチン接種を見切り発車しました。いまはワクチンで感染を抑えられるという利益が目の前にあります。医療従事者、高齢者が優先されますが、それによって病院や高齢者施設のクラスターの発生を抑えられ、それだけでも医療機関の負担は軽減されます。デメリットはまだよく見えませんが、メリットは大きい。

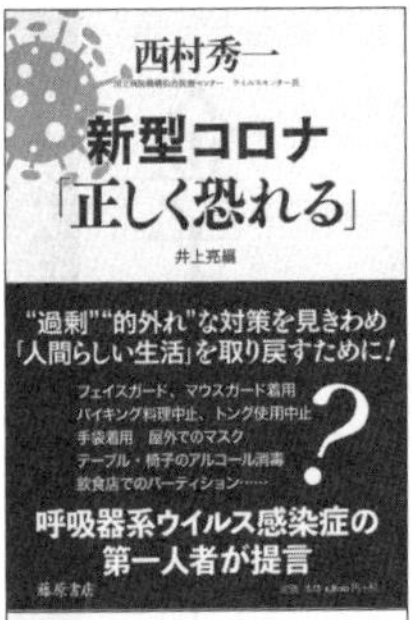

大反響の西村秀一氏の著書『新型コロナ「正しく恐れる」』

最終的に国民の大多数が接種することになるでしょう。**その安全性の担保のためには、副作用事例を迅速に把握する情報システムを作らなければなりません。そして重要なのはその情報の公開です。**

従来のような病院から保健所、自治体から国へとファクスで連絡するようなやり方では迅速な対応は不可能です。ワクチン接種を受けた人の状態を逐次的にモニタリングしていく仕組みが必要です。

米国は豚インフル事件の教訓をちゃんと踏まえています。**ワクチンを受けた人がスマホのアプリで報告できるシステムをつくりあげ稼働させているようです。**

日本もそうしたシステムをあらかじめ作っておくべきです。それで国内で何百何千万もの接種した人たちの間の副作用発生状況を知る。そういう賢いやり方を構築していくべきでしょう。

（にしむら・ひでかず／ウイルス学）

〝現役大往生〟から三年――画期的兜太論！

金子兜太――俳句を生きた表現者

井口時男

文学全般のなかで俳句を捉える

本書は「兜太 Tota」一号から四号に連載した「前衛兜太」に大幅に加筆したものである。新型コロナウイルスのために逼塞を強いられる日々での仕事だった。

執筆に際しては、「外部」からの観点を大事にするよう努めた。私が俳句界の「内部」などまるで知らないせいでもあるが、案外これが本書の取得になっているかもしれない。

具体的には、ジャンルの特殊性（という名目）に閉じこもりがちな俳句を詩や短歌や小説といった文学全般の中でとらえ、俳人・金子兜太の歩みを戦後表現史や戦後精神史の中に位置づけることである。それは造型俳句論で金子兜太自身が志向したことだったし、また、こういう「外部」の観点に耐えられる俳人は金子兜太ぐらいだろうとも思う。

つまり私は、ふつうの文芸批評の方法で、一般の読者に向けて、書こうとしたのである。

そのため、時にはかなり理詰めになったり、時には兜太からも俳句からも遠く離れたりして、いわゆる俳論や俳人論を読みなれた方には「野暮」と思われる書き方になった部分があるかもしれない。「野暮」とは「内部」の暗黙の作法を知らない者のふるまいを意味するのだから。

しかし、そもそも金子兜太は俳句や俳壇という狭い枠を大胆に踏み越えた存在だったのであり、閉じた小世界での「洗練」など意に介さず、現実世界の荒々しさへと開かれた「野暮」の方を好んだ人だったのだ。

ともあれ私は、戦中戦後を生き抜いて九十八歳の長寿を全うしたこの堂々たる「存在者」、俳句歴だけでも八十年に及ぶこの稀有な「表現者」の世界に、正面から、取り組んだつもりである。本書が俳句の「内部」の読者のみならず、「外部」の読者にも、広く読んでもらえれば幸いである。

往相の兜太、還相の兜太

私は以前、第一句集『天來の獨樂《こま》』に収めた短文で、「俳句が詩を羨望することとの必然性と俳句が詩になることとの不可能性とを、同時に知った」と書いた。それは前衛・富澤赤黄男《かきお》についての感想だったが、加筆を終えたいま、同じことを思う。

金子兜太氏（左：1919-2018）と
井口時男氏（1953-）　撮影：黒田勝雄

金子兜太は俳句が「詩」になることの可能性と不可能性を、「社会性俳句」から「前衛俳句」へと遮二無二表現の高度化を推し進めた「往相」（ほぼ一九七〇年代前半まで）と、大衆的な平明さへと、また「原郷＝幻郷」へと、還ろうとした「還相《げんそう》」（ほぼ一九七〇年代後半から）とに、振り分けて生きたのだ。しかも往相においても還相においても規格外の表現者として俳句を生きたのだ――と。

「現代」の表現者としてお前は「詩」を志向しなければならない、しかし俳句の作者としてお前は「詩」を志向してはならない――富澤赤黄男のように、金子兜太のように、我々もやはり、このダブル・バインドの声を聴きつつ各自の試みを続けるしかないようだ。

（本文より／構成・編集部）

（いぐち・ときお／文芸評論家）

「着ることは、いのちをまとうことである」大好評の名著、待望の新版！

いのちを纏う——色・織・きものの思想

田中優子

言葉の衝撃

本書は一五年前、二〇〇六年に刊行された。その時、読んでいる。しかしそれから現在までの間に私の中にどのような変化が起こったのだろうか？　今回読み直して、全く異なる本に出会ったような気がした。心が強く、深く、ゆさぶられた。

私は二〇〇五年に『きもの草子』という本を出し、次に二〇一〇年に『布のちから——江戸から現代へ』という本を出している。きものについても、染織についても、並々ならぬ関心がある。『布のちから』は一九九七年から二〇〇五年までに様々なところで書いた文章を単行本にしたものであるから、本書が出た時には当然、その関心のまなざしで読んでいたはずだ。しかしそれはどういう関心だったかと振り返ってみると、鶴見和子さんについては、きものに関して同じ価値観、同じ視点を持っていると感じ、志村ふくみさんについては、自然と染織との関係について、同じ感じ方をし、同じ観点をもっている、と考えた。私の染織への考えは、以下のようなものだった。

> 植物や昆虫などの自然界から、糸が引き出され、染め色が煮出され、文様として形にされ、自然のわずかな断片が人間の側にやってきて組み合わさり、一枚の布となる気の遠くなる距離と、手の込んだ過程……
>
> （『布のちから』より）

おそらく一五年前の私がもった感想は、「同じ価値観と観点をもった嬉しい本」だったのだろう。しかし今回読んだ時に訪れたのは「衝撃」だったのである。それはとりわけ、志村ふくみさんの「言葉」への衝撃だった。例えば「あの『霧』の色は藍でもないし緑でもないし、藍になりたがっている緑、緑になりたがっている藍がちょうど重なったのが、あの色なんです」「宇宙の光が地上に入ってきた時に、ある物質にぶつかった時にぱっと色が出る。それをゲーテが受苦だといっている。光の受苦、受ける苦しみ」「太陽がいなくなってから、空の赤さが増すんです。……姿を隠さないと、あの赤は出てこないんです」。

これらの言葉は、色や自然が「主体」である。「なりたがっている」「受ける苦しみ」「姿を隠す」など、主体として動詞をもっている。

色の奥にある世界へ

私が一五年前に気が付かなかったこと、今回再読して気が付いたことは、この、色と自然の側にこそ主体がある、法則がある、という志村さんの確信であった。それをより抽象度の高い言葉で表現すると「色の世界というのはね。人間の思考の領域を越えていますね」「見えない世界からのメッセージ、伝言、それから宇宙の……愛」。

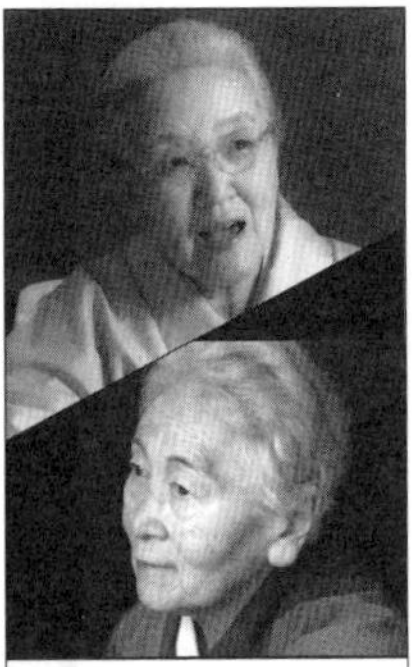
志村ふくみ氏（1924-）と鶴見和子氏（1918-2006）

私はこれらの言葉によって、今回はその主体の側に身を置いたような気がした。つまり瞬間ではあっても、向こう側の世界に行った。「色の奥にある世界」を覗いたような気がしたのだ。そのような力をもった言葉がここにある。この事実が、衝撃だった。

なぜ以前は気が付かなかったのかと言えば、先に『布のちから』から引用した言葉にあるように、私は色のことも糸のことも文様のことも、「人間の側」の文化として捉えていたからである。私は布について、人間が自然から「引き出し」「煮出し」「形にし」「組み合わせた」と、表現している。「自然界」という言葉を使いながら、自然界を十全に感じ取ってはいなかったのだ。にもかかわらず不遜なことに、鶴見さんや志村さんと同じ価値観をもっている、と勘違いしていた。しかしともかく、気が付いてよかった。再読の機会を与えていただいたことに、深く感謝したい。　（本文より／構成・編集部）

（たなか・ゆうこ／法政大学総長、江戸文化研究）

アナール歴史学の重鎮が、様々な「寝室」のあり方を描く名著

『寝室の歴史』を読む

持田明子

歴史的文書を渉猟して

〈さまざまな部屋から聞こえるさまざまな音楽〉と題された、序章とも言える章で、著者は多様な部屋での自らの体験を喚起力豊かなイメージで語り、本書のテーマに読者をいざなう。

パスカル、カント、フーコー、アリエスらの言葉とともに、グザヴィエ・ド・メーストルやゴンクール、プルースト、カフカ、ジョルジュ・ペレックらの描写とともに、読者の〈部屋〉のイメージが膨らんでゆく。

古代ギリシャ文明の起源に遡及しながら、読者に、〈仲間たちと共有する休息の空間〉を想起させ、あるいは、十九世紀の作家の文章を援用して。

第一章で、著者は、太陽の表象体系に支配されたヴェルサイユ宮殿に読者を案内し、〈王の寝室〉を通して、そこで行われていた、フランスの政治的・文化的儀式を詳細に描き出す。王の寝台は物質的身体から神秘体への実体変化が行われる祭壇であり、変わることのない二つの主要な儀式——起床儀礼と就寝前接見が執り行われていた。

繊細な感性を備えた著者の具体的な、かつ正鵠を射た歴史的文書の援用は見事というほかはない。

労働者の寝室、そして「死の床」へ

大革命前夜から十九世紀の二度の革命を通して、大きく変化する時代の影響下に、社会階層や地域の特色とともに、多様な角度から考察された、現実の部屋・寝室の情景が読者の眼前に広がる。

ヨーロッパ近・現代社会の意識の変化の中で目撃される、〈寝室〉——共同寝室か、夫婦の寝室か——、〈個人の部屋〉、〈子ども部屋〉あるいは〈婦人部屋〉が、多くの文学者や思想家の手になる作品からの引用で構成され、描写される。さらには、ビジネスのみならず、休息の〈旅〉に出ることが稀でなくなる時代にあって、〈ホテルの部屋〉が考察の対象になる。

豪華なホテルであれ、アーサー・ヤングの『フランス紀行』が伝えるような、フランス革命前夜の地方の宿であれ。

二度の革命を経験した十九世紀、二度にわたって世界大戦の戦場と化した二十世紀、労働者階級が都会に溢れた。農村からであれ、外国からであれ、到着した〈出稼ぎ労働者〉が真っ先にやるべきことは、居住空間の確保、部屋がなければ、ベッドだけでも手に入れることであった。

＊織機が据えられているただ一つの部屋で家族全員が寝ている

＊赤貧の者たちは地下室に住み、そこで食べ、眠り、働きさえする……

＊大部分寝間着を着ず、ぞっとするような汚さで、一緒に横になっている……

＊便所、トイレ、そこに通じる廊下、階段……あらゆるものが、ひと言でいえば、筆舌に尽くしがたいほどの不潔な状態にある。紙屑、ぼろ切れ、小便、大便、そこにはすべてがある……

こうした事例は枚挙にいとまがない。第一次世界大戦後、外国からの出稼ぎ労働者たち（ポルトガル人、アルジェリア人、アフリカ人等）はしばしば社会的機能が十分に果たされぬ界隈や郊外に、住むことを、あるいは汚いホテルでの危険なすし詰め状態を、さらには、住所不定を強いられた。

そして、すべての人間は、人生の最後の段階として、〈死の床〉に横たわる。著者は、中部フランスのノアンの館で、パリからファーヴル博士を迎え、苦痛に悶えながら最期の日々を過ごすジョルジュ・サンドの姿を、残されている書簡等から詳細に描き出す。周囲に醸し出される緊迫した空気までも。

最終章で、著者は、目まぐるしく変わってゆく状況に触れ、ソーシャル・ネットワークに組み込まれた今日の人間的空間――部屋・寝室が新たな環境に持ちこたえると結ぶ、期待とともに。

歴史学者として、徹底した探求の深さにしっかりと裏打ちされ、最も親密な人間的空間の中で起き得た、激しい感情の動きを申し分なく著者の洗練された、気品ある文章が伝える。

（「訳者あとがき」より）

（もちだ・あきこ／フランス文学）

寝室の歴史
夢／欲望と囚われ／死の空間
ミシェル・ペロー　持田明子訳
四六上製　五五二頁　四二〇〇円

アイヌの精神——自然への畏敬を体現した映像作品、誕生！

人間がつくれない自然は、神さま

——映像作品『シマフクロウとサケ』DVD発売

詩人・古布絵作家　宇梶静江

フクロウ鳥の目にたくして

私は子供の時から針を持って、破れたところをつぎあてて、それを着て育ったものです。アイヌの刺繍は、先のほうを「とげ」というものでとじます。「とげ」は「魔除け」。魔除けがこめられているのが、アイヌの衣装なんです。そういったアイヌ刺繍の基礎を勉強したいなと思って、六二歳の暮れ、札幌の同胞のところにお世話になって札幌に来ました。

札幌のデパートで、壁にはってあった、日本の二枚の布絵を見たんです。その晩、寝られなかったですね、興奮して。布に絵を描けるんだって。私は夜じゅう、何を表現しようかと考えたんです。子供の時から、村を守る神さまはフクロウ鳥だ、と聞いて育ったんですね。それではっと、私はアイヌはなんで差別されるのかということを、同胞と呼びかけあって、解決したいという問題を投げかけてたもんですから、フクロウ鳥の目にたくして、政府に訴えて、「アイヌはここにいますよ」と言いたくて、フクロウ鳥を思いだしたんですね。それから、フクロウの布絵をほどこすようになったんです。

物語を通したアイヌの教育

子供たちはアイヌの世界で、物語を通じて育ってきました。アイヌの叙事詩の中で、何を学んでいくべきかということを教えてくれてるんですよ。何にも教えられなかった私は、物語を通じてアイヌの教育にならないだろうかと思ったわけですね。だけど、ほとんどのアイヌはアイヌの教育を拒否して、私が表現したものを拒否するけど、日本人はそれを取り入れて、「アイヌってすばらしい教育ですね」と和人が受け止めてくれた。

「口伝《くでん》」というのが私たちの伝統で、口から、耳で聞いて、認識していって、社会生活を営んできた民族ですけれども、それを禁止されてしまって、和人の教育ばかり受けて、押しつけの中できました。でも自分たちの本当のことを知るためには、まだ材料が残ってるんです。アイヌはどう生きてきたのかということを知りませんか、と同胞に申し上げたいんです。

なんで今「アイヌでなきゃ地球は救えない」といわれるんですか。アイヌ自身はどれだけアイヌというものを認識してるんですか。ビルの町、アスファルトの上を歩いて、お金さえあれば物資はなんぼでも買えるけれども、なんでこのおばあさんは、自分が死にかけているのに、「アイヌは一つになりましょう」って言ってるんですか。

先住民だからこそ、長い間かかって、自然の中にある食べものを、自然に恵んでもらったでしょ。長い冬が終わって、春に雪がとけるかとけないうちに、滋養強壮のすぐれた植物が出てきて、それが体を助けてくれたでしょ。これは大地が恵んでくれたことでしょ。川へ行って石をはぐればカニがいて、海には魚、山には鹿がいて、助けてくれたでしょ。すべてあるものは、自然から生みだされたもの。これ以外のすごいものがありますか。

私たちは何一つつくり出すことのできない人間です。みんな太陽さまと大地があって、それに培われて生きてきたでしょ。先祖の人たちも慎んで、この自然に畏敬の念を持って、一時も神を忘れないできました。

今、あったからとる、誰よりも先にとったからよかったって、これじゃないでしょ。自然のものは自分がつくり出せない。空気でも何でも、つくり出せないものは神さまでしょ。

じーっと耳をすましていると、先祖が来てお話ししてくれるんですよ。大地とお話ししてくださいよ、海とお話ししてくださいよ、全部教えてくれますよ。自然の神さまから教育を受けて、知恵をいただいてきたのがアイヌじゃないですか。

どんなに人間がずる賢く、賢く生きてみたところで、それはそれだけのことで、本当のことは、この自然と一体だということなんです。

（DVD第2部より）

〈寄稿〉今、なぜブルデューか？

『ディスタンクシオン』と現代日本の「階級」社会

早稲田大学教授／社会学　橋本健二

日本における「階級」理解

一九七〇年代後半あたりから、日本の社会学者の多くは、日本には階級が存在しないと考えるようになった。当時は「一億総中流」がいわれ始めた時期で、まもなくこれは一種の社会的常識となり、社会学者たちにも広く受け入れられた。こうして日本に階級が存在しないというのは、自明の前提とされるようになった。

格差の問題には敏感なはずの社会学者たちが、階級が存在しないと信じたのには、二つの理由がある。第一の理由はもちろん、当時の日本では、今日ほど格差が大きくなかったからである。

しかしもうひとつ、日本の社会学に固有の理由があった。それは、階級とは世代間移動の少ない、閉鎖的な社会階層のことだという、階級概念についての独特の理解が広まっていたことである。世代間移動が少ないということは、前近代社会の身分のように、社会階層への所属が親から子どもへ継承されるということである。この独特の階級概念を提唱したのは、戦後日本の社会階層研究を主導した富永健一（一九三一―二〇一九）である。

富永によると階級とは「社会移動が制度的に可能だが地位間格差と閉鎖性が大きい産業社会前期における階層の形態」である。ここでいう社会移動のもっとも代表的な形態が、世代間移動である。つまり階級とは、格差が大きくて世代間移動が少ない、特殊な社会階層のことであり、それは封建制から移行したばかりの近代初期にみられるというのである。

富永の社会階層研究者としてのピークは、一九七五年に行われた「社会階層と移動全国調査」を主導し、その成果を『日本の階層構造』（一九七九）にまとめた頃だったとみてよいが、その結論は簡単にいえば、日本の社会階層間格差は縮小しており、世代間移動は増大している、というものだった。富永の階級概念を前提とすれば、日本に階級が存在しないことが立証されたことになる。富永は日本の社会学のリーダーであり、教え子も多かったから、その影響力は強かった。

「階級」と「身分」

しかし富永の階級概念は、アダム・スミスからはじまって、カール・マルクス、マックス・ウェーバーを経て現代へと継承されている社会科学的な階級概念とは無縁のものである。なぜなら階級とは、人々が所有する経済的資源によって、したがって経済構造に占める位置によって定義されるものであり、人々の親がどの階級に所属していたかとは無関係だからである。企業の経営者は、親が何であろうと、資本家階級に決まっている。

しかしウェーバーは、階級と並んでもうひとつの社会階層概念を提唱した。それが身分である。彼は身分を、生活様式や教育、威信などの文化的要因によって定義した。それは必ずしも固定化された制度としての身分を前提とするものではなく、階級を重要な基盤として形成されるが、文化をその本質とする以上、必然的に親から子へと継承されやすいものである。そして経済的変動が激しい時代には階級が前面に出るのに対して、経済的変動が緩慢になると、身分が重要性を増してくるという。

富永が、身分を前近代、階級を初期近代に位置づけたのに対して、ウェーバーは両者はともに近代社会に存続し続けると考えた。そして変化の激しい時代には階級、変化が少ない時代には身分の重要性が高まると考えたのである。

経済資本・文化資本の両面から

ここでブルデューの出番である。ブルデューは階級を、経済資本と文化資本の両者によって定義した。彼のいう階級は、経済的要因によって定義される階級と、文化によって定義される身分の二面性をもつ。つまりウェーバーが、別々に定義して両者の関係について論じた階級と身分が、階級概念のもとに統合されている。この卓越した概念構成を完成させたのが『ディスタンクシオン』である。

現代日本では、一部の人々への経済資本の集中が進み、格差が拡大し、また世代間移動が減少傾向にある。そしてこれまでの研究では、世代間移動の減少において、文化資本と教育が重要であることが示されてきた。まさにブルデュー的な階級が、その全貌を現しつつあるのだ。

『芸術の規則』の問い

東京大学名誉教授　石井洋二郎

「脱神話化」の試み

古来、芸術はいくつもの「神話」によって支えられてきた。たとえば才能、ひらめき、啓示、創造性、オリジナリティ、等々。これらはいずれも努力によって獲得できるたぐいのものではなく、人知を超えた「天賦の」資質や能力であり、ブルデューの言葉を借りれば「カリスマ的イデオロギー」ということになる。『芸術の規則』（一九九二年）で試みられているのは、芸術につきまとうこの種のイデオロギーの徹底的な脱神話化であった。

　そもそもこの書物のタイトル自体が、こうした著者の意図を端的に表している。「芸術」がもし神の恩寵を受けた天才たちにのみ許される特権的な営為なのだとすれば、あくまでも予見可能性を前提として構築される「規則」とは本質的に相容れない概念なのではないか？　つまり「芸術の規則」というのは一種の形容矛盾であり、撞着語法なのではないか？

　しかしブルデューは、一見矛盾するようにしか思えないこれら二つの単語をあえて結びつけることで、これまで当然のように承認されてきた芸術作品の説明不能性、還元不能性、超越性といったドクサの障壁を一気に剝がしてみせる。

ブルデューの問い

『芸術の規則』で扱われているのはおもに文学というジャンルであるが、本書の「序」において、著者は「文学の自律性への要求は〔……〕果たして、文学テクストの読解がもっぱら文学的な行為でなければならないということまでも意味しているのだろうか？　科学的分析が、美的快楽をはじめとして、文学作品や読書行為の特殊性をなすものをどうしても破壊してしまうというのは、いったい本当なのか？」と問う。そして「芸術作品の経験は曰く言いがたいものであり、それは定義からして理性による認識を逃れるものである」という伝統的言説にたいして、真っ向から疑問を突きつける。

　文学研究に携わる身からすれば、これはきわめて本質的な、それゆえに避けることのできない問いかけである。というのも、一九七〇年代から八〇年代にかけて文学批評の場を席巻していたのは、作品をテクスト外の要素への参照によって説明することへの拒否、すなわち還元論の周到な回避を目指す「内的読解」であったからだ。テクストはそれ自体で完結した自律的な空間であって、これを作者の生涯や当時の社会状況といった「外部」に従属させることは作品の神聖な価値を毀損する振舞いであるといった思い込みが、当時の文学研究者たちを少なからず呪縛していたことは否定できない。

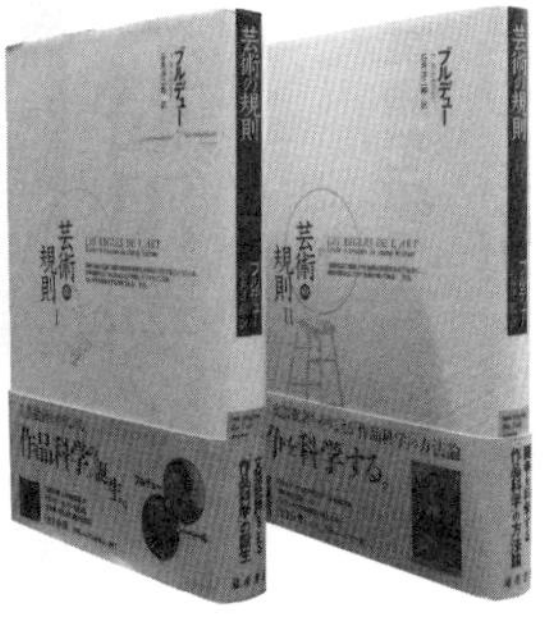

邦訳『芸術の規則』（全２分冊）

作家研究とテクスト分析

それだけに、ブルデューの問題提起は強烈なインパクトをもって迫ってくる。しかも彼は「プロローグ」において、「これまで何度となく注釈されながらも、おそらく本当の意味では一度も読まれたことのない作品」としてフローベールの『感情教育』をとりあげ、この作品が「それ自体を社会学的に分析するために必要なすべての装置を、みずから差し出している」とした上で、自分の標榜する「作品科学」の実践例として登場人物と社会空間の相関関係をみごとに「説明」してみせているのだから、なおのことである。

『芸術の規則』が出版されてから三十年近くがたち、文学研究の流れも少なからず変化した。この間に作家の浩瀚な伝記が次々に刊行され、批評の場から一時期排除されていた「作者」への関心がふたたびよみがえってきたようにも思える。

いかなるテクストも誰かによって書かれたのである以上、こうした回帰現象が見られるのは当然といえば当然のことであろう。しかしブルデューが提唱していたように、作家の創作行為を同時代の「文学場」における社会的位置との関連において検証する作業が十分に展開されてきたかというと、必ずしもそうとは言い切れないのではないか。

個別的な作家研究とテクスト分析を二律背反的にとらえるのではなく、両者をより高い次元で統合するような文学研究の方法論は、今なお模索の途上にある。

リレー連載　近代日本を作った100人　82

福田英子——「妾が天職は戦にあり」

倉田容子

革命を夢見て

ロシア皇帝アレクサンドル二世暗殺の首謀者である女性革命家、ソフィア・ペロフスカヤ。ソフィアをヒロインの一人に据えた政治小説『鬼啾啾』（一八八四―一八八五）の書き手である宮崎夢柳をして、「魯西亜の烈女ソヒヤ、ペロースキの風ありと云ふは実に宜なる哉」（『大阪事件志士列伝　中』一八八七）と言わしめた女性が、明治日本にいた。彼女の名は景山英子、後の福田英子である。

一八八五年、英子は大井憲太郎らの朝鮮改革運動に参加、活動資金の調達や爆発物の運搬に携わり、同志とともに逮捕投獄された（大阪事件）。稀代の女壮士として名を上げた英子を取り巻く当時の熱狂は、自叙伝『妾の半生涯』（一九〇四）に、「大阪梅田停車場に着きけるに、出迎への人々実に狂する斗り、我々同志の無事出獄を祝して万歳の声天地も震ふ斗りなり」と記されている。英子を「東洋のジャン、デ、アーク（ジャンヌ・ダルク）」として偶像化する『景山英女之伝』（一八八七）が出版された他、英子をヒロインとする壮士芝居も上演された。

社会主義運動への転換

だが、英子が「近代日本を作った」一人と言えるかどうかは議論の余地がある。法的にも社会的にも、女性が国家を「作る」場に参入することは困難であったからだ。一八八九年の衆議院選挙法や一八九〇年の集会及政社法は、女性を政治の場から締め出した。大阪事件に連座した男性の同志たちが後に帝国議会で活躍する一方、英子は大井とのスキャンダルにより汚名を着せられ、自由党のホモソーシャリティからも排除される。

ただし、英子は性のダブルスタンダードに負けてそのまま歴史の表舞台から退場したわけではない。大井と別れ、その後結婚した福田友作とも死別した後、英子は平民社の同人たちと交友を持ち、社会主義へと転じる。堺為子や幸徳千代子らとともに女性の政治結社への加入を禁ずる治安警察法第五条の改正運動を行った他、一九〇七年には社会主義婦人雑誌『世界婦人』を創刊。「法律が男女の差別を立てたる」例として、姦通罪、夫婦財産制、相続権、「公法上の権能」等の不平等を批判した「男女道を異にす」（一九〇八・一二・五）など、近代国家の女性抑圧を批判する記事を自らも寄稿した。また、足尾鉱毒事件と闘う田中正造および谷中村への献身的な支援を行うなど、社会主義者として粘り強く活動を続けた。

ホモソーシャリティとの闘い

戦後、法的な男女平等は一応達成されたものの、未だ日本の議会における女性議員の割合は低く、ＯＥＣＤ諸国中最低の水準である。厚いガラスの天井の下に生きる現代日本の女性たちにとって、英子の前半生の挫折とそこからの再出発は、決して過去のものではない。ホモソーシャリティからの疎外とそれへの抵抗という点で、彼女の軌跡には、近現代日本女性の歩みが凝縮して示されている。

かつての自由党同志たちの「堕落軽薄」や大井の不実を、社会主義者としての「民党」批判という文脈において暴き出した『妾の半生涯』は、英子自身が執筆目的を「新たに世と己れとに対して、妾の所謂戦ひを宣言せんが為めなり」と述べているとおり、単なる私的な回想録ではない。自己語りであると同時に社会主義文学としての性質を持つこの書は、〈公〉と〈私〉が不可分な状態に常に留め置かれ、それゆえ公的領域から排除されてきた女性たちの生のあり様を浮き彫りにする。「妾が天職は戦にあり」と述べ、専制政治や資本主義のみならず、家父長制の秩序に闘いを挑み続けた英子は、近代国家が内包する複合的な構造的差別を剔抉した先駆者であった。

（くらた・ようこ／駒澤大学准教授）

▲福田英子（1865-1927）
明治・大正期の活動家・思想家。岡山藩士の娘として生まれる。1882年、岡山に遊説した岸田俊子の影響により自由民権運動に参加。母とともに私塾蒸紅学舎を開設するが、解散を命じられ上京、坂崎紫瀾の教えを受ける。85年、大井憲太郎らの朝鮮改革運動に参加、逮捕投獄される（大阪事件）。大井と内縁の関係になるが離別、その後結婚した福田友作とも死別した後、角筈女子工芸学校・日本女子恒産会を設立。この頃、堺利彦、幸徳秋水、石川三四郎ら平民社同人と交流し、社会主義運動に転じる。1904年、『妾の半生涯』を刊行。07年、『世界婦人』を創刊。治安警察法一部改正運動を行う傍ら、田中正造および谷中村の支援にも尽力した。

連載　歴史から中国を観る　13

「元寇」に遊牧民は参加したか？

宮脇淳子

鎌倉時代の日本には、二度「元寇」があった。一二七四年の文永の役と、一二八一年の弘安の役である。当時は「蒙古襲来」と言った。「元寇」という用語の初見は、江戸時代に徳川光圀が編纂を開始した『大日本史』である。「寇」は古い日本語では使われることがなかった文字で、明治になって、清国や朝鮮から「倭寇」を責められた日本人が、そちらが先に攻めてきたではないかと、もっぱら「元寇」と言うようになった。日清戦争前には歌もできた。

鎌倉時代の史料に出てくるという意味では、「蒙古襲来」のほうが歴史的に正しい用語だが、遊牧民であるモンゴル人は参加していなかったようなので、「元寇」のほうがふさわしいと、最近、私は考えている。

支配階級だったモンゴル高原の遊牧民が、わざわざ羊の放牧もできない朝鮮半島を通って、泳げないのに海の上に浮かび、日本にやってきただろうか。

文永の役の総司令官は、忻都（ヒンドゥ＝インドという意味）という名前で、今の北朝鮮に置かれた元の屯田兵を管轄する長官だった。『元史』「列伝」（八百を超す人名掲載）に彼の名前はない。フビライの重臣でなく姻戚でもないから、草原の遊牧部族長だったとは思えない。

副司令官は、元朝で生まれた高麗人二世の洪茶丘である。彼の父洪福源は、モンゴル軍が最初に高麗に侵入したとき、真っ先に降り、その後、今の遼寧省に、三十年間に六十万人ほども連行された高麗人を統治する長官になった。だから、その息子の配下のモンゴル軍は、ほぼ徴兵された高麗人だったと考えられる。

弘安の役でも、東路軍は、司令官も軍の編成も文永の役とほぼ同じである。

江南軍の司令官は漢人の范文虎とモンゴル人の阿塔海だが、兵士は旧南宋軍の十万人で、寧波沖の舟山から出港したから、遊牧民がいたとは思えない。

フビライの日本遠征が失敗したのは、遊牧民が得意とする、草原で敵を取り囲む戦争ではなかったからだと私は考える。

（みやわき・じゅんこ／東洋史学者）

■〈連載〉沖縄からの声［第XI期］　2

コザ暴動の炎

俳人、水彩画＆エッセイスト　ローゼル川田

本土復帰前の一九七〇年一二月二〇日未明。今から五〇年前のアメリカ施政権下の基地の街コザ(現沖縄市)で、米兵が起こした交通事故が引き金になり暴動が起きた。コザ暴動を語る時、その現場にいなかった不在性の引け目を感じているが、しかし、沖縄の中で起きた事実、その痕跡に触れることは出来る。復帰前後のその頃は、ヤマトの大学へパスポートを持って留学中であった。

ボクより年上の知人のウチナー青年(当時二三歳)は、暴動の夜、クリスマスソングが流れるコザの一角の食堂で民謡を聴きながらソバを食べ終えた。引き続きシャンソンが流れる喫茶店で、抽象画をぼんやり見ながら南の島の女がはこぶコーヒーを飲んでいた。同日は「毒ガス即時完全撤去を要求する県民大会」も開かれ、中の町社交街は賑わっていた。

いつもと違う騒音が表通りのホテル付近から聞こえ、瞬く間に民衆が膨れ上がった。過去の過酷な米軍支配による事故や事件、凶悪犯罪の数々。長年に渡る住民の怒りやうっ積した潜在意識の連続。

Yナンバーのアメ車、日本車が次々と止められる。どこからともなくウチナーンチュの号令が聞こえ、白人の男だけが車から引きずり出される。怒号の渦は止まらず、米軍や琉球警察と対峙。「沖縄人《ウチナーンチュ》は人間ではないのか‼」反復する叫び声。普段は米兵相手のボーイたちまで、向かいのガソリンスタンドから瓶に入れたガソリンのリレー。道路は火の車と投石の様相。青年は無我夢中で白人の男たちを車から次々、引きずり出していった。数年前に米兵のトラックに轢かれ紙飛行機のように舞い上がって落下し、奇跡的に命拾いした事故が脳裏に浮かんだ。島津の侵攻、琉球処分、廃藩置県、太平洋戦争、敗戦終戦、アメリカ施政権下、ベトナム戦争では悪魔の島と呼ばれたニライカナイのくに。

青年は中年の白人の車のドアをこじ開けた。強くハンドルを握り哀願するようなブルーの目が眼前にあった。一対一の関係だった。指をこじ開けて車から引きずり出した。その後、暴動現場を離れた。

あの時の哀願するブルーのきれいな目が五〇年後の今も残っている。

連載　今、日本は 21

日本の満洲

ルポライター　鎌田　慧

本州最北端、北海道にむけて、斧を振りかざしているような形の半島が、下北半島である。わたしは「下北核半島」と称しているのだが、正確を期するのなら、「幻の核半島」と言うべきか。

この地を「原子力センター」にするのが、六〇年代後半からの政財界の野望だった。「中央」から見れば、そこは空漠たる未開の地にすぎなかった。開発地を物色しにきた経団連幹部たちが、ＹＳ11機の気密窓から見下ろして、巨大な空閑地を「発見」して喜んだ、との記事が地元紙に掲載されていた。

鳥も通わぬ、とか、日本のチベットとか、住民をバカにする差別的表現がマスコミに罷《まか》り通っていた。六ヶ所村の農地の買収に関わった県庁の職員は、「関東軍」を自称していた。中国侵略軍の代名詞である。

その買収攻撃に曝されていた農民に、旧満洲開拓者たちがいた。そのひとりに「満洲開拓と六ヶ所開拓とどちらが大変だったですか」と質問した。すると彼女は、「満洲開拓の方が楽だった」と答えた。想像外の答えだった。「満人や鮮人を使いましたから」と彼女はつけたした。

六ヶ所村と下北半島は巨大開発地とされたが、オイルショックで全滅、いま原発ばかりか、ウラン濃縮工場、核再処理工場、ＭＯＸ工場、さらには核廃棄物貯蔵場と負の施設が建設されている。

日本最初の原子力船「むつ」の開発には、将来の原子力潜水艦開発の欲望が隠されてあった。「むつ」は、旧日本海軍の大湊港に係留されることになった。船名の「むつ」は、六〇年に田名部町と合併した大湊の地名である。ここに三菱製鋼の大型電気炉が建設される計画があったが頓挫。その失望の上に、原子力船が滑り込んだ。だが、それも、たった一回だけの実験航海で、放射線漏れ事故を発生させて、廃船。

いまは核再処理工場を中心とした「核燃料サイクル」も行き詰まって、核廃棄物貯蔵場だけが、捨て場に苦しむ全国の原発から期待の眼差しをむけられて、原発の犠牲区域にされようとしている。

■連載・花満径　58

高橋虫麻呂の橋（二五）

中西　進

前号で阿部謹也さんが、貧民と橋との深いかかわりを述べているといったが、民衆に愛される橋は今日にも、歌謡としてひろく歌われている。しかも民衆の祝祭という、あの『日本書紀』さながらの姿で。

有名なフランスの民謡「アビニョンの橋で」（あるいは「橋の上で」）だ。ローヌ川に一二世紀に架けられた橋をめぐる民謡を、二一世紀の現代フランス人が手離さないのである。

翻訳は、編曲も歌詞も訳者によって一様でない。とりあえずより原詩に近い『世界のうた』（野ばら社、二〇〇七）の竜田和夫訳であげよう。

一連三行で全三連。末尾にリフレーン二行がある。まず第一連の冒頭、

橋の上で　踊ろよ踊ろよ
橋の上で　輪になって踊ろ

の二行が第二、第三連にも共用され、最後のリフレーンにもなる重要句である。

要するに各連三行目だけが別で、

男も通る　女も通る　（第一連）
坊さんも通る　兵隊も通る　（第二連）
酔っぱらいも通る　小僧も通る　（第三連）

と変るのみ。見事な民謡ふうだ。

それなりに楽しい民衆のロンドが蘇ってくるが、わけても、くり返される「橋の上で」（sur le pont《スールポン》）という快活なひびきがすばらしい。「橋の下」ではない。あくまでも「橋の上」なのだ。

橋の上で彼らは陽気になれる。橋板は足音を反響させ、踏むとすぐに共鳴音を返してくる。民衆はその音に勇気づけられ、しかし涙を流してしまう。

みんな誰もそれを知っていて「橋の上で」をくり返すのに違いない。

こうして、アビニョンの橋は長い歴史の中で晴れやかな民衆の祝祭に包まれて生きてきたが、そこでわたしは、この「橋を通る人間の姿」を早ばやと万葉集の歌人が見ていたことに、驚かざるを得ない。

そういえば虫麻呂の歌う女人も、赤や青の晴れ着を着ていたではないか。

（なかにし・すすむ／国際日本文化研究センター名誉教授）

■連載・アメリカから見た日本 13

戒厳令⁉

作家 米谷ふみ子

バイデンが新大統領に当選した。書斎にある大きい箱に山盛りに入っている、トランプの奇妙な言動記事の切り抜きを捨てられるのでせいせいする、と思ったのも束の間、新大統領の就任式までの一ヶ月足らずの空白を利用して、トランプは選挙結果を覆そうとしている。五歳の子どもが、好きなおもちゃが買ってもらえないので癇癪を起こしているようだ。『LAタイムズ』に「トランプは大統領に就任した時も離任する時も、同じように国中を混乱に巻きこんだ」とあった。

私は一九六〇年にこの国に来て以来、十人の大統領の政権下で暮らしてきたが、こんなハチャメチャ大統領は初めてである。

十二月の引継ぎの日々は、前任が新大統領に、政策の引継ぎ説明を懇切に、度々会ってしていたのだが、この人は真逆に、何とか覆そうとしている。多くの報道によると、トランプは毎日、ホワイトハウスで取り囲み連中と会議を開き、彼の恩赦を受けて監獄から出てきたフリンなどは、「戒厳令を敷いて、軍隊を使えば、選挙結果は覆される」とトランプに入れ知恵し、へつらい、憲法なんか眼中にない。

新大統領の就任式には前大統領も出席するものだが、トランプはしないと言っている。彼は、自分が大統領である間に、国法に反して投獄されている自分の友人や親類二六人を恩赦する、と発表した。もちろん将来の自分（税金逃れ）や家族（彼の子供たち）も入っている。家族、友人にこれほども罪人がいたのかと驚く。彼は自分に反対した側近を情け容赦なく脅やかしている。

私たち夫婦の友人マリオ・プーゾが生きていたら色々教えてくれたと思うが、トランプは国民のためにするべきCOVID19に関する失業手当、医療手当などはほったらかしである。自分の利益だけしか考えていない。将来、また選挙に出ると言って資金集めをしている。資金は自分が使うためであるという。これは法律違反。果たしてバイデン就任後、アメリカは、平和を迎えられるのか心配である。それも世界じゅうの人びとの思考・行動しだい。

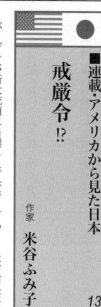

Le Monde

■連載・『ル・モンド』から世界を読む［第Ⅱ期］53

ヴィーガン

加藤晴久

広辞苑とかいう辞典で「菜食主義」を引くと「vegetarianism 食生活を菜食で貫こうとする生き方」。「菜食」は「肉類をとらず、穀物・野菜の類いのみ食べること」。「肉類」は「食用とする肉。主に鳥獣の肉をいう」。菜食主義者は魚を食べるのか、それとも食べないのか？

フランス語の標準的な辞書 *Le Petit Robert*（ちっとも「プティ」でない。大辞典である）では、végétarisme は「動物の肉（獣類・鳥類・魚類・魚介類）を食さない、しかし、動物に由来するある種の食品（乳・バター・チーズ・卵・蜜）は許容する食生活原則」と精確かつ明解である。ところが後半部に「végétalisme とは違って」と付加がある。végétalisme という語は「植物界に由来するのでない一切の食物を排除する食生活原則」とあり、「véganisme を見よ」とある。véganisme は「食生活だけでなく、衣服・移動・レジャーなどあらゆる面で動物を尊重する主義」と説明されている。ヴィーガンはたとえば毛皮・羊毛の衣服を着ない。革製のカバンや靴や財布は使わない。馬に乗らない。動物実験を経て製造された化粧品を使わない。真珠のネックレスもダメ……。徹底している。

先月号「動物の条件」で、ここ数年のあいだにフランスで動物福祉の増進に世論の関心が高まったことを紹介したが、この動向に実はヴィーガン（vegan は végétarien の短縮形）の運動とネットの影響力が大きく作用しているのである。

昨年一〇月一二日付の「ヴィーガンの頭の中」と題する論考によると、ヴィーガンの数はフランスの人口の一%に満たない。大多数のフランス人から軽蔑されたり嘲弄されたりしている。よくてお人好しの脳天気、わるくて本物の気違い扱い。しかし彼らが、屠殺場や大規模飼育場で盗撮しネット上で流す残酷きわまる動画から目を離すことができない。毎日の食生活のはらむ根底的な矛盾を否応なく意識させる。なぜ仔牛や子豚、仔羊に、飼い犬や飼い猫に認めている「権利」を認めないのか？

明快な答えを出せないのがもどかしい。

（かとう・はるひさ／東京大学名誉教授）

十二月新刊

「共食」を通じて、どんな社会関係を築いてきたか

「共食」の社会史

原田信男

同じ時に、同じ場所で、同じものを食べる「共食」――それは、まさに人類固有の文化である。神との食、死者を祀る食、労働（農耕、収穫）とともにあった食、法と契約や身分秩序の確認のための食、異文化との交渉の場での食、そして近代へ。「孤（個）食」が社会問題化し、コロナ禍の中で「会食」のあり方が問われている今、日本において、「共食」を通じて結ばれてきた様々な〝絆〟とその変遷を辿る。

四六上製　四三二頁　三六〇〇円

一五〇年前にいた〝地球史家〟の全貌！

J・ミシュレ 民衆と情熱

大歴史家が遺した日記 1830-74（全2分冊）

2 1849〜1874年

大野一道 編
大野一道・翠川博之 訳

本巻では、ミシュレは二番目の若き聡明な妻アテナイスと出会い、愛は万物の基底であり生命の源、宇宙の本質、と見抜く。そして巨大な「地球史」へと向かってゆく。完結篇。

四六変上製　九二〇頁　八八〇〇円　口絵四頁

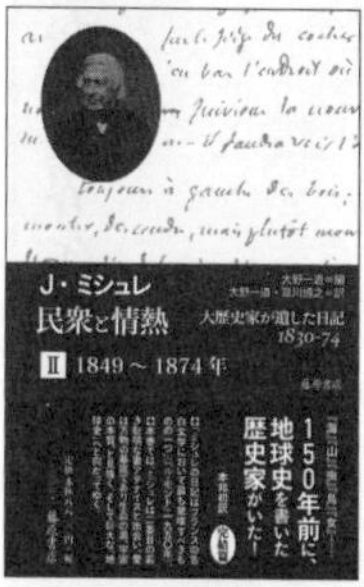

アイヌ神謡の名作絵本、待望の復刊！

シマフクロウとサケ

アイヌのカムイユカラ（神謡）より

宇梶静江　古布絵制作・再話

守り神のシマフクロウは、炎のように輝く大きな金色の目で、思いあがる者を見つめ、海を干上がらせ、もといた山へ帰ってゆく――一針一針に思いをこめた古布絵（こふえ）とユカラが織りなすアイヌの精神世界。

【DVD】1月刊行！

A4変上製　三二頁　一八〇〇円　オールカラー

妻と母の死が「あしなが運動」の原点

愛してくれてありがとう

玉井義臣　あしなが育英会会長

「結婚前に妻由美からガン告知を知らされ、二五歳の差という〝神のハードル〟を超え結婚を決意した私。ふたりで死を見つめつつ愛を食った五年余の生活。『由美は、私に愛と死のすべてを教えてくれた』」（著者）。

母の事故死、妻のガン死が「あしなが運動」の原点である。

B6変上製　二四〇頁　一六〇〇円　カラー口絵八頁

読者の声

好奇心と日本人■

▼小さな感動と思い。今より約五〇年位前に本書〔旧版〕の最後に「好奇心を発揮し（中略）どんな人とでもつきあって日本の国の政策を変えてゆくことに寄与する」。
　この文に、今更のように不勉強と何もしていないことに反省もする。コロナ禍という日常にいる中に、残念ながらどうしても閉鎖的な行動になりがちな今こそ、上記の言葉に一歩でも進んでゆかねばと思う。

　七十一歳の老人はそう思うことにした。感謝です。

（茨城　**福田秀夫**　71歳）

大地よ！■

▼『大地よ！――アイヌの母神、宇梶静江自伝』を読みました。宇梶さんのパワーが頁ページからあふれでています。
　アイヌのことは以前から、その文化や暮らしに（失礼な言い方かもしれませんが）興味がありました。きっかけは亡くなった父が、何か集まりがあると唄っていた「イヨ(オ)マンテの夜」と、祖母がよく言っていた「おてんとさまが見てるぞ」という言葉だと思います。歌詞をたどることはしていませんが、その力強いメロディーが子ども心に耳に残り、それがアイヌの熊の祭りのことだと知ったのは大人になってからです。祖母の言葉は偽らないこと、恥じない行為をすること、営みが自然とともにあることを教えてくれていた気がするのです。

　それから数十年経ってから、知里幸恵さんの著書を読んだり、テレビでドキュメンタリー番組を観たりすることで、アイヌへの差別を知りました。と、同時にアイヌの精神性に共感している自分を見つけました。

　もっとアイヌのことを、アイヌの人たちの暮らしを知りたいと思い、ウポポイにも足を運びたいと思っていました。でもその〝足を運びたい〟は著書で解説されていた象徴の空間で、私はアイヌの人たちの〝カタチ〟に近づきたいと思っただけなのかもしれないと気づかされました。アイヌがとりもどしたいのはそのような空間ではない、アイヌの暮らしそのもの、権利をとりもどすことです。

　宇梶さんの時間が充ちたりたものになりますこと、呼びかけがアイヌの人たち、和人たちに響いてたしかなものになることを願ってやみません。そして三七三頁「地球と相談するにしても、何を対話の糸口とすれば良いのでしょうか」の問いに「では、私には何ができるでしょうか」と問いかけて生活していきたいと思っています。

　宇梶さん、ご担当者の方、大切な時間、ご本にまとめてくださり本当にありがとうございました。

（千葉　**木村真弓**）

▼長男が結婚した女性が北方民族の研究者で、そのおかげで、三年前にようやく二風谷へ行くことができました。そこで私は、自分が和人でシャモだと気づきました。アイヌの言語を学びたいなどと思っていた私は、何という思いあがりだったのかと思いしりました。でも私にとってアイヌ民族は抱きしめたい存在なのです。宇梶様の御本を読めて幸せです。
（静岡　自営業　**種石妙子**　71歳）

▼私も同和問題に関心をよせ、若い頃より頑張って来ましたが、著者のアイヌとしてのアイデンティティを大切にする精神に感動しました。お会いしたいですね。
（福岡　茶道教師　**大迫素子**　77歳）

▼アイヌ、の、オカレタ、キビシイ、ゲンジツ、が、ワカッテ、ヨカッタ、日本、にも、ミンゾク、モンダイ、が、アルコト、が、ヨク、ワカル、ので、

さんこうに、なった

（神奈川　パート　**山口俊哉**　54歳）

中村桂子コレクション　いのち愛づる生命誌

Ⅴ　12歳の生命誌■

▼柏原怜子先生の文章教室を受講している者です。

講座の中で、度々、中村桂子さんの著書のことが紹介され、藤原書店さまのことも、よくお話にでます。『12歳の生命誌』を、先日、読みました。科学にうとい者です。「生命誌」というはじめて聞く言葉でした。12歳むけなら、私でも入っていけそうだ、と思いました。いい本をありがとうございました。

（東京　**杉山慶子**）

看取りの人生■

▼死の覚悟は誰でも出来はしないが、看取りを通じて、生死をゆく人に触れる時の心模様がよく感じられました。特に〝二人の母を持つ〟には涙が止まりませんでした。生きた証を人は何に残せるか、そんなことも気づかされた作品でした。

（静岡　コンサルタント　**堀内善弘**　62歳）

出雲を原郷とする人たち■

▼出雲人ではありませんが、あちらこちらに出雲があり興味深く、くりかえし読んでいます。

（兵庫　**岩谷八洲夫**　85歳）

岡田英弘著作集

⑦歴史家のまなざし■

▼チャンネル桜で、数年前に宮脇淳子先生の動画を発見して、岡田先生の事知りました。家庭の事情で大学へ行けませんでしたが、やっと五十歳にして、岡田先生の本へたどりつけました。あと四、五巻です。少ない給料で全巻そろえてコンプリートしたいと思います。良書を出版して下さった藤原様、並びに宮脇淳子先生に多謝、感謝です。乱文乱筆スンマセン！

（大阪　タクシー運転手　**山田直樹**　50歳）

旧満洲の真実■

▼『中国人が読み解く歎異抄』『中国医師の娘が見た文革』について読みました。

十分消化し切れないところもありますが、この著者が同時代人であることを貴重に思います。

（埼玉　**山本孝志**）

時代が求める後藤新平■

▼新型コロナ禍の中で「政治と科学」のかい離が著しい折、後藤新平の科学的管理手法が再評価されるのは自然の流れ。

（東京　自営業　**原野城治**　70歳）

新渡戸稲造 1862-1933■

▼超弩級のゼネラリストがいかに生まれたかは、様々な要因があるだろうが、少人数教育と師弟の密な薫陶にあることは間違いない。それを一向に目指そうともしない国に亡国の兆を感じる。教育、学問に関心のない学校歴・受験歴社会が発展することはないだろう。著者の歴史観には疑問を感じるところが少なくないが、新渡戸とその人脈を通した教育史にもなっているのは面白い。

（京都　医師　**松成亮太**　38歳）

機 no. 340■

▼『機』七月号拝領、通読して最も、興味を惹いたのは、大槻文彦をテーマにした記事でした。文中にて採り上げている『言海』は、高校時代に馴染んでおり、英語の斎藤秀三郎著、『熟語本位英和中辞典』と共に、想い出深い懐しい辞書です。

目下、辞書といえば、専ら、電子辞書一本槍になってしまいましたが、懐旧の念、抑え難く、古書の山より『言海』を掘り出しました。奥附を見ると、「言海　縮刷　昭和四年　六百八版　六合館」とあります。その白紙の一葉には「出典表」（頁数）として、古典文学作品名と、数字が記されています。

念のために、「古今集」「七九三」

の該当頁を開くと「野守」の有名な歌が引用されていますが、出典名が出ていませんので「古今集」との、補記がなされています。
　右、老翁の昔話の披露まで、あしからず。
（兵庫　紫垣重夫）

機 no. 336 ■

▼勝手な所望にもかかわらず、早速『機』をお送り下さいましてありがとうございました。
　『読売新聞』に寄せていらっしゃいました橋本五郎先生の思いに心打たれ御社の小冊子『機』をぜひ読ませていただけたらと思った次第です。昨今の状況下、家の中の読書の機会が多くなりました。
　私は喜寿を迎えるおばあちゃんですが、私にも小学校五年以来のお友達がいますがその存在は、私にとりまして大きな学びでもあり、心の豊かさに繋がるものです。それだけに『機』に寄せられていらっしゃいました「生涯の友……」の追悼の辞に深い感銘を覚えました。
　橋本五郎先生、藤原書店様、こうした時をいただけました事、ありがとうございました。
（千葉　亀山浩代）

※みなさまのご感想・お便りをお待ちしています。お気軽に小社「読者の声」係まで、お送り下さい。掲載の方には粗品を進呈いたします。

書評日誌（九・二八～一二・一九）

(書) 書評　(紹) 紹介　(記) 関連記事　(イ) インタビュー　(TV) テレビ　(ラ) ラジオ

九・二八～　(記)共同配信「大地よ！」（「アイヌの精神性を伝えて」／「文化支える基盤確立を」）

一〇・二　(記)東奥日報「新型コロナ「正しく恐れる」」（「東奥春秋」／「正しく恐れる」）

一〇・六～　(記)共同配信「いのちを刻む」（「木下晋さん自伝出版を祝う会」／「『鉛筆画の鬼才』魂との対話」／「賛辞に『これが自分の通過点』」）

一一・三　(紹)読売新聞「ウイルスとは何か」

一一・五　(記)伊勢新聞「いのちを刻む」（「木下晋さん自伝出版祝う会」／「命の根底見据えるまなざし」）

一一・八　(記)東京新聞「全著作〈森繁久彌コレクション〉」全五巻（「森繁さんしのび合唱」／「『全集』完結記念　都内で集い」／小松田健一）

(記)朝日新聞（大阪本社版・夕刊）「全著作〈森繁久彌コレクション〉」全五巻（「read & think 考える」／「著作コレクション完結記念　しのぶ集い」／「森繁久彌さん　本で生き続けて」／上原佳久）

一二・四　(記)産経新聞「ベートーヴェン　一曲一生」（「モンテーニュとの対話　『随想録』を読みながら90」／「ベートーヴェンはお好き」）

一二・五　(記)産経新聞「新型コロナ「正しく恐れる」」（「田村秀男の経済正解」／「コロナ正しく恐れて　経済活動の萎縮回避を」／田村秀男）

一二・一〇　(イ)熱風「シマフクロウとサケ」「大地よ！」（「特集　宇梶静江インタビュー　アイヌを語る」／「『アイヌの物語』をひとりひとりに語ってもらいたい。」）

一二・一九　(記)図書新聞（「二〇二〇年下半期読書アンケート」）「感情の歴史II」「民衆と情熱」（小倉孝誠）／「新型コロナ「正しく恐れる」」（瀬名秀明）

冬号　(記)つるさんのおたより（新宿区鶴巻図書館図書館報）「いのち愛づる姫」「生きものらしさ」をもとめて」「いのちの森づくり」（「10代に読んでほしい藤原書店のこの3冊（推薦者・藤原社主）」／藤原良雄）

二月新刊予定

＊タイトルは仮題

感染拡大防止策と両立する資本主義とは

パンデミックは資本主義をどう変えるか

健康・経済・自由

R・ボワイエ

山田鋭夫・平野泰朗訳

資本主義の歴史を辿り、様々な"危機"に対応してきた資本主義の多様なあり方を追究してきた仏レギュラシオン経済学の旗手が、二〇二〇年新型コロナ・パンデミックに直面し、経済が縮小を余儀なくされる中、今後の資本主義のありかたを提言する。

米アカデミズムが鋭く分析した中国論

中国の何が問題か？

ハーバードの眼でみると

ジェニファー・ルドルフ／マイケル・ソーニ編

朝倉和子訳

米中関係の行方から目が離せない今、**ハーバード大学の一流研究者**らが、政治、国際関係、経済、環境、社会、歴史と文化という多様な視角から、「世界の中の中国」を見据える。近すぎる隣国・日本からは見えない中国の実像を描く、画期的一冊。

米大統領選を受けた緊急寄稿収録！

新興感染症対策に向け、今こそ必読の書

起こらなかったパンデミック

一九七六年、米・豚インフルエンザ事件の教訓

R・E・ニュースタット、H・V・ファインバーグ

西村秀一訳

76年、米における「新型インフル」への拙速なワクチン接種事業は、多くの副作用事例を起こし、中止に追い込まれた。政治と専門家の関係を問い直し、世界的な感染症研究機関CDCの飛躍的拡充の契機にもなった事件の詳細に迫る、唯一無二の書。

親を亡くした子供たちに、希望を

何があっても君たちを守る

遺児作文集

まえがき＝玉井義臣（あしなが育英会会長）

交通事故、病気、災害、自死…親を喪った子供たちが書き綴った心の叫びに耳を傾け、進学と将来への希望を諦めさせない"あしなが運動"で書き継がれてきた作文を精選。

"真の国際人"初の全体像！

新渡戸稲造 1862-1933

我、太平洋の橋とならん 〈新版〉

草原克豪

三七歳での著『武士道』で国際的に名を馳せ、旧制一高校長として教育の分野でも偉大な事績を残す。国際連盟事務次長としてユネスコにつながる仕事、帰国後は世界平和の実現に心血を注いだ――第一級の教養人の画期的評伝、待望の新版。

1月の新刊

タイトルは仮題、定価は予価。

寝室の歴史 ＊
夢／欲望と囚われ／死の空間
M・ペロー　持田明子訳
四六上製　五五二頁　四二〇〇円

金子兜太 ＊
俳句を生きた表現者
井口時男　推薦＝黒田杏子
四六上製　二四〇頁　二二〇〇円

いのちを纏う〈新版〉 ＊
色・織・きものの思想
志村ふくみ・鶴見和子
新版序＝田中優子
四六上製　二六四頁　二八〇〇円　カラー口絵8頁

〈藤原映像ライブラリー〉
シマフクロウとサケ ＊
アイヌのカムイユカㇻ(神謡)より
金大偉　監督・音楽・構成
宇梶静江　古布絵制作
アイヌ語朗読＝鹿田川見
アイヌ音楽提供＝宇佐照代
三五分　二〇〇〇円　DVD

2月以降新刊予定

パンデミックは資本主義をどう変えるか ＊
健康・経済・自由
R・ボワイエ　山田鋭夫・平野泰朗訳

中国の何が問題か？ ＊
ハーバードの眼でみると
J・ルドルフ＋M・ソーニ編
朝倉和子訳

起こらなかったパンデミック ＊
一九七六年、米・豚インフルエンザ事件の教訓
R・E・ニュースタット＋H・V・ファインバーグ
西村秀一訳

新渡戸稲造 1862-1933〈新版〉 ＊
我、太平洋の橋とならん
草原克豪

何があっても君たちを守る ＊
遺児作文集
序＝玉井義臣（あしなが育英会会長）

好評既刊書

民衆と情熱（全2巻）　完結！
大歴史家が遺した日記　1830-74
Ⅱ　1849～1874年 ＊
J・ミシュレ
大野一道編　大野一道・翠川博之訳
四六変上製　九二〇頁　八八〇〇円　口絵4頁

「共食」の社会史 ＊
原田信男
四六上製　四三二頁　三六〇〇円

愛してくれてありがとう ＊
玉井義臣
B6変上製　二四〇頁　一六〇〇円　カラー口絵8頁

シマフクロウとサケ（絵本） ＊
アイヌのカムイユカㇻ(神謡)より
宇梶静江　古布絵制作・再話
A4変上製　三二頁　一八〇〇円　オールカラー

〈普及版〉
ディスタンクシオン　Ⅰ・Ⅱ
社会的判断力批判
P・ブルデュー　石井洋二郎訳
Ⅰ　A5判　五二八頁　三六〇〇円
Ⅱ　A5判　五二〇頁　三六〇〇円

ブルデュー『ディスタンクシオン』講義
石井洋二郎
四六判　三〇四頁　二五〇〇円　カラー口絵4頁

ベートーヴェン　一曲一生
新保祐司
四六上製　二六四頁　二五〇〇円

感情の歴史（全3巻）
A・コルバン／J-J・クルティーヌ／G・ヴィガレロ監修
Ⅱ　啓蒙の時代から19世紀末まで
A・コルバン編　小倉孝誠監訳
A5上製　六八〇頁　八八〇〇円　カラー口絵32頁

＊の商品は今号に紹介記事を掲載しております。併せてご覧戴ければ幸いです。

書店様へ

▼本年もよろしくお願いいたします。引き続きのご支援、ご協力、何卒よろしくお願い申し上げます。▼NHK「100分de名著」&**『ディスタンクシオン〈普及版〉』**刊行記念、「ブルデュー&関連書フェア」はいかがでしょうか？「100分de名著」で講師を務められた岸政彦さん選書パンフレット等拡材ご用意がございます。お気軽にお申し付けを。▼12／19(土)『毎日』「今週の本棚 2020年「この3冊」」にて村上陽一郎さんが**『新型コロナ「正しく恐れる」』**を紹介。12／20(日)『毎日』ウェブ版での著者インタビュー等パブリシティが続きます。引き続きのご展開を。▼新保祐司さん**『ベートーヴェン 一曲一生』**が12／5(土)『産経』『モンテーニュとの対話』に引き続き、12／17(木)『日経』「目利きが選ぶ3冊」にて経営学者・中沢孝夫さん絶賛紹介。生誕二五〇年に合わせて是非ご展開を。▼「あしなが育英会」創始者・会長玉井義臣さんの**『愛してくれてありがとう』**が機関紙「NEWSあしながファミリー」167号にて一ページ紹介。在庫のご確認を。（営業部）

出版随想

▼重苦しい空気が漂う中、ともかく年が明けた。初詣客も例年とはうって変わって、控え目だったよう。暮れに浅草で二人の忘年会をしたが、街の通りには人影も少なく、いつもの混んでる店でもわれわれだけ。前月にも書いたが、これからはウイルスの本格的活動期。寒い乾燥状態では、インフルエンザの場合、毎年一万から二万、多い時には三万から五万人の死者。年明け早々首都圏では、自治体の長が政府に緊急事態宣言を要望。政府は受理し、八日から始まる。メディアの日々の報道で、殆どの国民は恐怖に曝されている。これからは、経済の悪化はおろか、自殺者やうつ病等の増大、種々の事件の発生で、社会はますます不安になってゆくだろう。

▼このさなか米大統領選挙が十一月に行われ、民主党のバイデンが現大統領トランプを押えて僅少差で勝ったという報道。トランプ側は、これを認めず〝不正行為〟が多数見つかった、と裁判所に訴えた。しかし、裁判所はこの訴えを却下。この一月六日、数万人のトランプ支持者が、連邦議会を取り囲み、議事堂内にも侵入した、と。この民衆のエネルギーの凄まじさに圧倒された。その行動が、単なるクーデタなのか、新しい時代を築こうとする革命なのか、時間を待たなければならないが、要は、このコロナ禍の中、しかも米ジョンズ・ホプキンス大学の調査によると、感染者二一〇〇万人、死者三六万人（七日現在）の中で行われたということだ。凄まじいエネルギーを持つ新大陸アメリカを、改めて再認識させられた。

▼今日本では、政治家と専門家に関する議論があまりないが、こういう有事の時こそ、彼らの議論を国民の前に透明にして、政治家の役割、専門家の役割を明確にしなければならない。その際、専門家の専門知だけを集合させるだけではなく、それらを総合する総合知が必要になる。その総合知に基づきながら、各専門家の見識を活かしてゆくスピード感をもって適切に対処する。それが政治家の役割と思うが、今のところそういう政治家は見当らない。

かつて後藤新平が遺言で、「一に人、二に人、三に人」と語った言葉が身に沁みる。（亮）

懐疑論」のイデオローグ集団は相当程度まばらな存在になってきた。事の性質上、どの国も単独では課題の大きさに見合うだけの政策を展開することはできない。石油やガスの生産国の利害は、旧工業化諸国の利害や、それ以上に「後進」諸国――そこでは近代的産業もなければ自然資源を開発する手段も存在しない――の利害と一致しないだけに、それだけいっそう単独での政策は無理である。

これまでの感染症が教えたものは、ウイルスやバクテリアには国境がないということ、ならびに、新しい脅威はつねに局地的に登場し、その後に残り世界に波及していくということである。だから、二〇二〇年のコロナウイルスが前代未聞の出来事として認識され、ほとんどの政府に不意打ちを食らわせたのは、驚くべきことであった。各々の政府が純粋に自国だけでの解決策を見つけようとの意思を持ったことは、こうした相互依存を否定するものであり、情報面でも薬剤・ワクチンの研究面でもやはり必要な国際的コーディネーションはあまり促進されなかった。

国際諸機関はつねに危機に遅れをとる

二〇一七年以来、アメリカは多数の多国間組織への参加を破棄し、二国間交渉を優先するようになった。二国間交渉では、集団的ルールに代わってパートナー間の力関係がものをいう。WTOの後、この破棄通告はWHOにまで広げられたが、このWHOは、アメリカの指導者たちの眼には、コロナウイルスの国際的蔓延に対して責任があるものと映った。第二次世界大戦後に国際協力の諸制度を考案したヘゲモニー国は、こうして、利害紛争を抑え各国の保護主義的意思を除去するために練り上げられたコーディネーション・ルールよりも、自国利益を優先すると主張した最初の国の一つとなった。このことがコロナウイルスによる経済危機からの脱出路のうえに、また公衆衛生に与えられた優先性のうえに、暗い影を落としている。

感染症とエコロジーは同じ戦いか

二〇一五年のパリ気候協定は国際協力の回復に至らなかったが、以上のような理由からみれば驚くに当たらない。つまり、各国政府にとっては、気候変動はある「外部性」であって、そのことのために各国政府は自国企業の繁栄や自国市民の生活水準を犠牲にしようとはしない、というわけである。二〇〇〇年以来、グローバリゼーションはある中心的問題を登場させるに至った。自然資源の予想される希少化や、産業化やグローバル化が内包する破壊を考慮するとき、今日の成長スタイルを追求することは可能なのか、と。コロナウイルスをきっかけとして、環境的社会的な持続性と両立しうる発展様式をもたらすような社会的政治的プロセスが生まれつつあるかどうか。これを再検討してみることが大切である。

エコシステムの攪乱とウイルスの発生

環境原因説をとる分析家や活動家のなかには、パンデミックはエコロジーの長期的持続性、グローバリゼーション、経済成長第一主義の間の優先順位を逆転させる必要性を高めたと言う者もいる（図7―1参照）。けれども、これら三つの変数間の交差関係はそれほど単純ではない。地域間競争はしばしば、集合財――医療・教育――よりも民間財が優勢であることとかかわりがある。コロナウイルスが引き起こした重大な被害は、一部は、パンデミックの予防と治療をめぐる過少投資と関係がある。人間形成型発展様式が改善しようとするのは、まさにこの点である（第5章参照）。当然ながらこのモデルは、国民的レベルで展開されるものであり、世界的なエコロジー制約を直接には組み入れていない。それはむしろ、政治的および予算的な選択

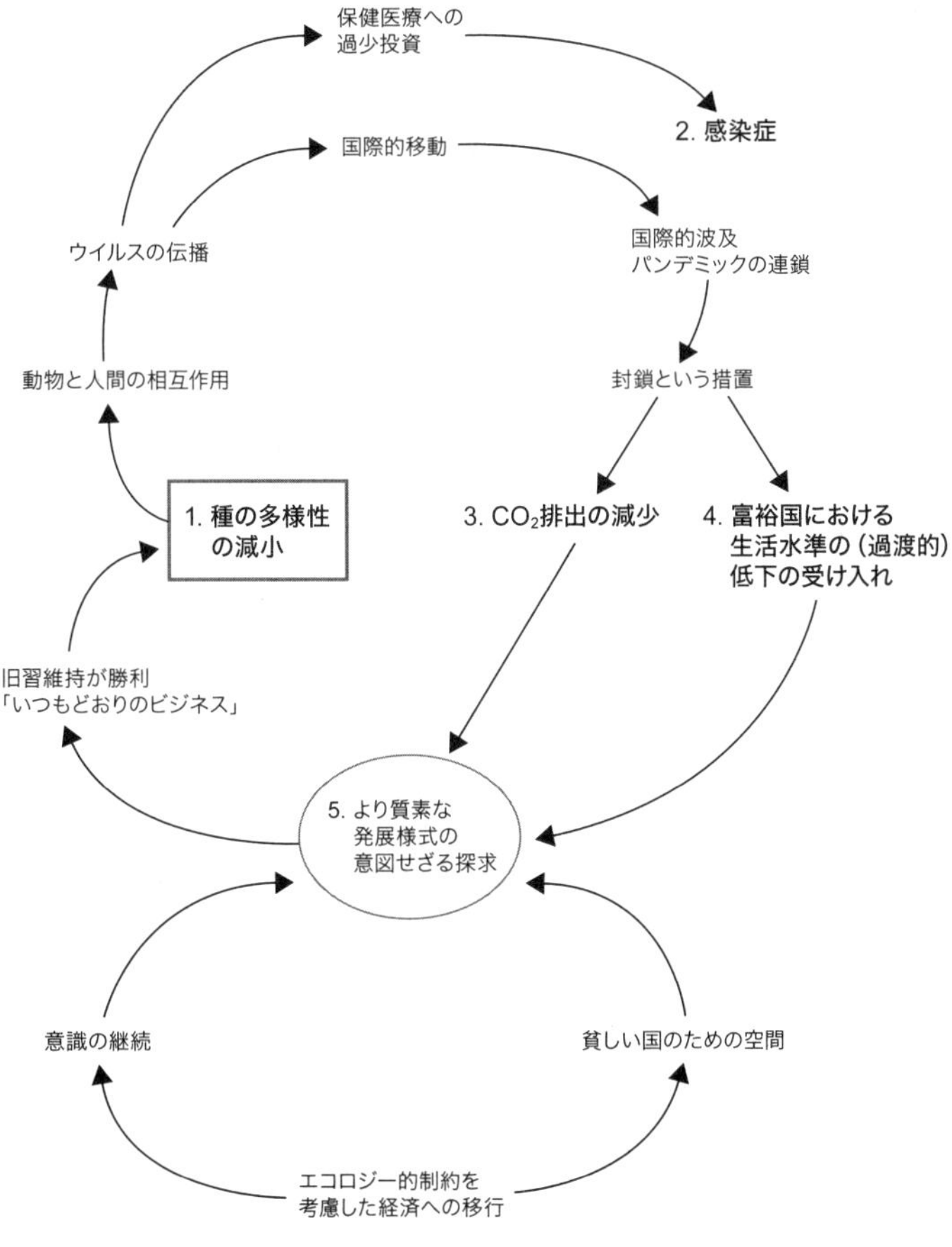

図 7–1　パンデミックとエコロジー的制約はどのような関係か

の面で、気候変動との闘いのライバルであるかもしれない。

とはいっても逆説的なことに、多くの政府が外出禁止措置をとったので、予期せぬ重要な結果が生まれた。すなわち、必要に迫られてのことだが、交通機関や産業活動を止めることができたのであり、それがCO２の排出を突如として削減し、遂には、汚染されきった大都市に一時的に青空が戻ってきたのである。こうして、より質素な生活様式が、もはや環境の名においてでなく健康の名において否応なく必要となり、地球の健全性にとって歓迎すべき結果をもたらした。だがもちろん、こうした状況は例外的なことであって、外出禁止を長くつづけることはできない。時間が経つにつれて、公衆衛生のために経済を犠牲にすることを受け入れた諸政府は、失業の急増を抑え生活水準を維持するために、経済は自らの権利を取り戻さねばならないということに気づいた。環境に絶対的優先権を与えないために、まさにこれと同じ理由が引き合いに出された。つまり理想的には、技術的イノベーションによって経済的繁栄と自然採掘削減とが両立でき、生産と環境が切り離されることだ、と。もしこの両立が不可能ならば、各国政府は経済的目標と環境的配慮との公然たる対立を管理しなければならない。いかなる条件のもとで、経済的なものに付与された優先権のなかで、市民たちは歴史的断絶を受容するのであろうか。

こうした世界的コモンズを創設していく社会運動や政治闘争はどこに存在するのか

時が経てばやがて、エコロジー的制約にかんして、今日の社会経済レジームの限界を自覚するに際してのブレーキとアクセルを説明することができるだろう。一方で、地球上の各種地域を対象とした観察が収束するにつれて、緊急事態はますます異議ないものとなっていく。他方で社会は、民間財の消費力学やその急速な更新——大企業のイノベーションによって鼓舞される——によって動かされていく。情報流通の瞬間性は、

表 7-1　エコロジーに制約された発展様式が出現する条件

	要因	
	有利	不利
1. 制約の強度	・多くの気象変動現象 ・温暖化 ・生物多様性の喪失	・私的消費から見て高価な方法 ・長期的視野に反対する現在優先主義
2. 可視性 ・日常生活で ・政治で	・地域によっては肌で分かること（火災、竜巻） ・政治プログラムのグリーン化	・最貧国の方が環境税に脆い ・実際には、公的選択は、引き続き炭素排出的な経済活動を優遇している
3. アクターの動員	・若者 ・緑の党 ・企業の社会的責任	・産油国 ・鉱山 ・輸送 ・都市化
4. 政治的な考慮	・以下の左右両欄の国々への強烈な分極化 ・志の高い国（北欧）と……	……気象変動に懐疑的な国（米）
5. どのような道具か	・社会的規範 ・課税	新自由主義イデオロギー

民間および公共の意思決定を司る現在優先主義をさらにいっそう強化する（表7―1参照）。

最貧の諸社会が一般に環境災害に最もさらされやすいというのに、最富裕の諸社会がこれを自覚したり、国土を越えた規模での相互連帯を表明したりするのを促進しようということにはなっていない。それほどに市民やその政府の能力、期待、目標は異質なのであり、世界的公共財を構築することの困難が推しはかられよう。加えて、公権力へのアクセスは、環境的障壁を克服しうる潜在的なイノベーション企業にとってよりも、すでに確立した――しかし環境汚染的な――産業活動にとっての方が、いっそう容易なのである。

まさにこれこそ、変化のアクターたちの問題である。若者は発展した諸国で広範に活動しており、各国の緑の党は追い風に乗って、よりよい生活枠組みと過剰な私的消費の間でバランスを取ろうとしている中流階級の要求に応えている。しかしながら、石油業者・鉱山業・輸送部門がもつ重圧とか、自動車輸送の便宜さを特徴とした都市という考えがもつ慣性とかがあって、その分、質素な発展の障害となっている。実際、およそ新しい発展様式というものは、社会的政治的生活のほとんどの領域が再び同期化することを想定しているのである。

最後に、大きく異なった各種の国民的伝統が共存しているのであり、そのせいで共通のものを構築するうえでの合意はまったく覚束ない。例えば、たとえ北欧諸国が長らく環境問題を自分たちの課題にしてきたとしても、大陸諸経済〔広大な面積をもつ諸国家〕の場合はそうはならない。大陸諸経済（アメリカ、ブラジル）のリーダーたちは、広大な領土とその潜在的資源のおかげで、他の諸国が遭遇するエコロジー的制約からは程遠いところにいると考えることができるからである。

地方レベルでエコロジー的発展様式が出現するに際しての経済的障害

今日の構図のなかでは、環境を統合した世界的発展様式への道がかくも困難だと判明したとしても、国民レベル、さらには地方レベルでの分権的アプローチが解決策となるのではなかろうか。ちょっとした分析から示唆されるのは、「経済のグリーン化」に味方するような宣言や言辞はあまねくなされているが、その実現は現在までのところ、これにふさわしい高さにまで達していないということである（**図7―2**参照）。

株式市場に上場された大企業の有価証券報告書は、環境尊重への自らの貢献について大きな位置を与えるようになった。企業の社会的責任（ＣＳＲ）とか、「社会的企業」――地方共同体や国民共同体の利害関係者――の法的認知とかが、その転換を表明させたようにみえる。しかしこれもまた、とりわけ、これまで実際に追求してきた戦略を大きく変えることなく、コミュニケーションの努力によって競争で自らを差別化するための説得手段でしかないかどうか、自問してもよい。

二〇二〇年、たくましい経済復興という強烈な義務感から、雇用回復の問題が第一級の位置を占めるに至っ

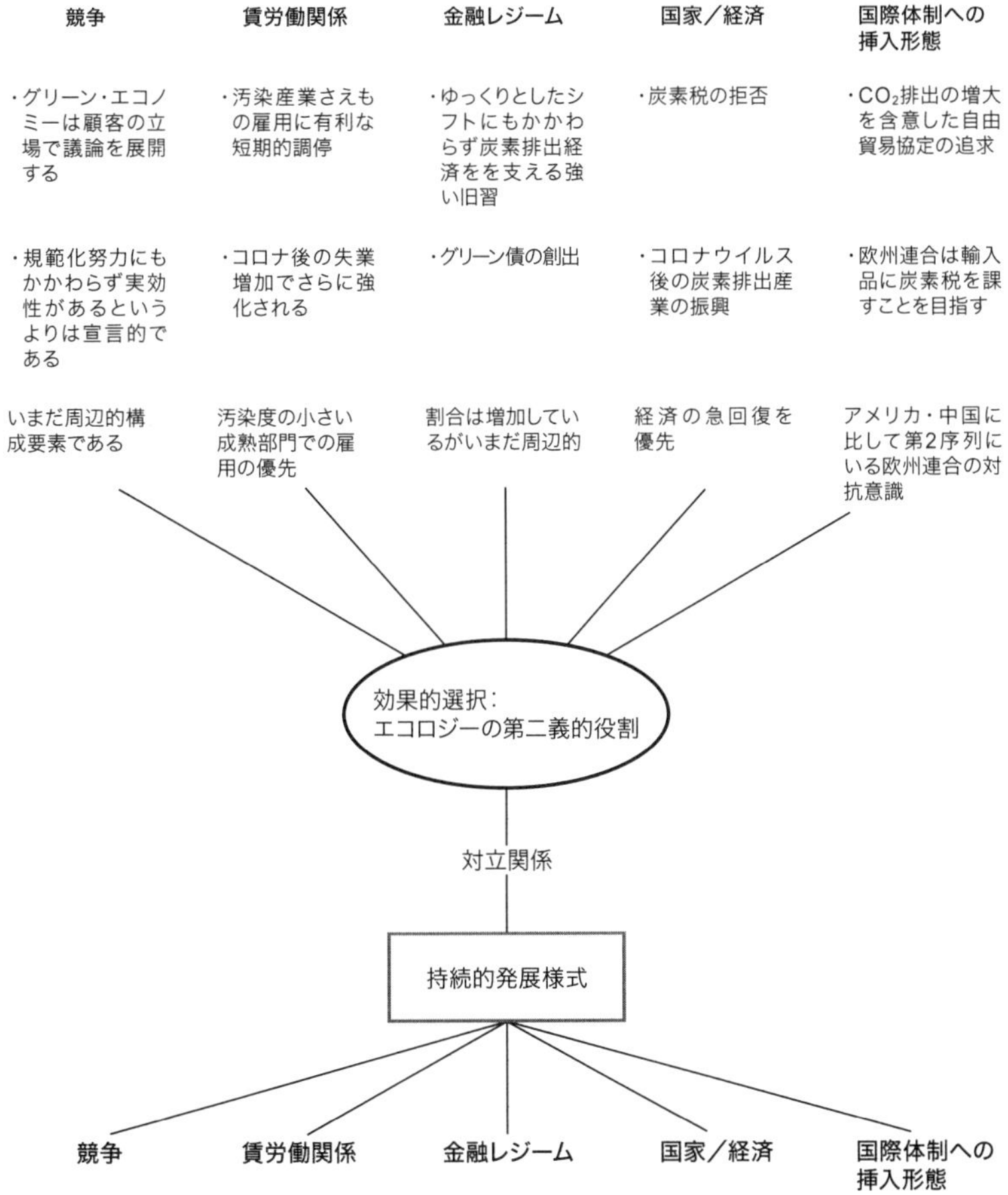

図 7–2　エコロジーの要請はすべての制度諸形態に組みこまれたのか

た。ところが、財政の持続性を確保するという理由からだとしても、各国政府は、こともあろうに汚染発生的であまりエコロジー的でない企業からの援助を受け入れ、経済活動のグリーン化を意図した条項の導入は、経済的なものの優先とのかかわりで二次的なものになってしまった。同じことが金融部門についても言える。つまり、グリーン条項の義務化を導入したのは、資本割当ての方向を変えることを狙っていたのだが、資金調達の大部分は相変わらず、環境的不均衡を深刻化させるような活動の必要を支えることになってしまった。同様に、巨大産業グループのリストラクチャリングに際しては、リサイクル活動を基礎とした循環型経済を探求している組織は犠牲にされて、高潔ではないが収益性維持にとっては重要な組織に有利になることがある。

自由貿易条約は長いバリューチェーンの構築に寄与し、このバリューチェーンはCO2を大量に排出する輸送のロジスティックスを想定しているが、そういった自由貿易条約はひきつづき交渉案件となっている。コストの最適化と新市場の追求が環境保護よりも優先されているわけである。欧州委員会はEUの入境に際して炭素税を創設することを検討しているが、これは環境コストの内部化に貢献する措置である。とはいっても、吟味してみれば、これは何よりも欧州連合の経済回復計画への融資を狙った戦略なのである。相変わらず、そして常に、経済的なものが優位に立つのであり、エコロジーは第二級のものとなる。加えて、環境にかんしてはヨーロッパが相対的に進んだ取組みをしているが、しかしそれは、アメリカや中国が自分たちもこの点で競争しようという心を呼び起こしていない。本当はこれら諸国こそ、エコロジー的転換の決定的アクターとならねばならないのに、なのである。

真正の持続的発展様式との対照は明らかだ。現実の構図にあっては、エコロジー面での結果は、経済のロジックによって支配された社会経済レジームの帰結である。エコロジー制約を統合した発展様式の理想にあっては、エコロジーこそがあらゆる制度諸形態の転換を先導するのであり、こうして全体としてのロジック——つまり経済はエコロジーの用具となる——との整合性が保証されることになるのである。

世界秩序が脅かされている

こういった状況のもとでは、問題はたんに国際的コーディネーションの弱さだけにあるのではない。国際的コーディネーションの存在自体が問題に付されているからである(**図7—3参照**)。国際関係の安定によっていちばん大きな利益を受けていた国は、ポピュリスト政権への対応としてナショナリズム的姿勢をとるに至った。その結果、国家主権論というウイルスがあらゆる大陸に広がり、新しい国際諸機関の追求が遠のいてしまった。

米中の驚くべき行き違い

注目すべきは、もともと国際秩序を構築した二大強国——アメリカとある程度までイギリス——が、自らその創出に貢献した国際諸組織を、自国利益の主張という名のもとに放棄すると決定した点である。同じころ、イギリスは欧州単一市場への加盟によって大いに利益を受けていたのであるが、規制緩和プログラムでなくブリュッセルからの指令こそが、ブレグジット投票へと至った社会的両極化を強めたのだとの口実のもと、単一市場加盟を放棄することを決定した。

こうして逆説的なことに、共産党指導下の中国こそが、不均衡化した世界経済の安定のために、開かれた国際経済と国際協力の先導役を買って出ようとしている。そもそも世界経済は、中国が国際的バリューチェー

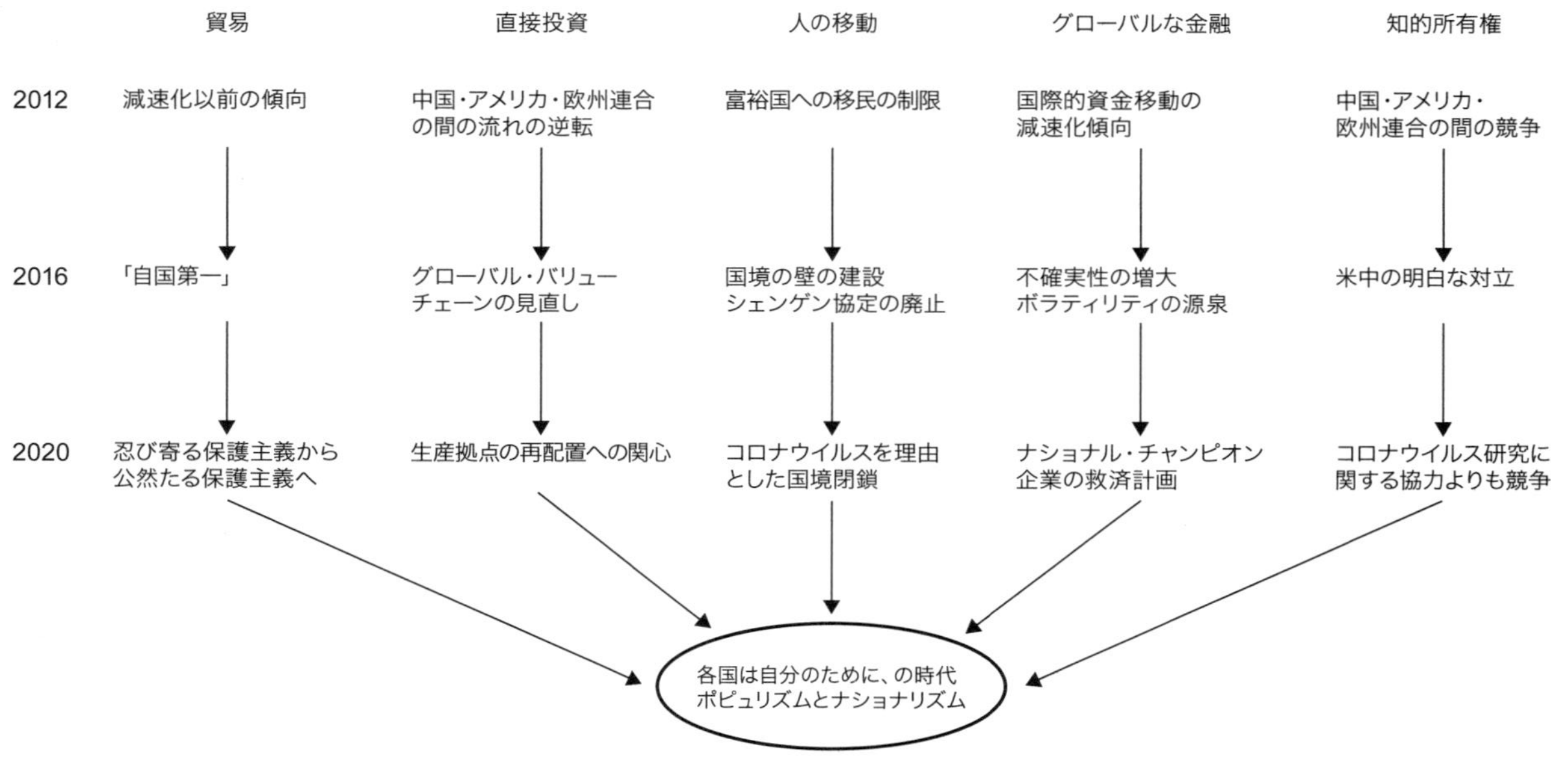
貿易
直接投資
人の移動
グローバルな金融
知的所有権
2012
減速化以前の傾向
中国・アメリカ・欧州連合の間の流れの逆転
富裕国への移民の制限
国際的資金移動の減速化傾向
中国・アメリカ・欧州連合の間の競争
2016
「自国第一」
グローバル・バリューチェーンの見直し
国境の壁の建設
シェンゲン協定の廃止
不確実性の増大
ボラティリティの源泉
米中の明白な対立
2020
忍び寄る保護主義から公然たる保護主義へ
生産拠点の再配置への関心
コロナウイルスを理由とした国境閉鎖
ナショナル・チャンピオン企業の救済計画
コロナウイルス研究に関する協力よりも競争
各国は自分のために、の時代
ポピュリズムとナショナリズム

図 7–3　コロナウイルスは国際空間の分裂リスクを高める

ン構築における強制された媒介者として特化したことによって破壊され、その結果、断片化されたことによって脅威にさらされることになったわけであるが。その中国は国際レジームのうちに非対称的なかたちで統合されたが、それというのも、資本は中国当局が課した条件でしか流入することができず、ＷＴＯへの加盟によって国際ルールの尊重の面で期待された成果がもたらされなかったからである。おまけに、シルクロード計画〔一帯一路〕に参加したパートナーたちとの関係において中国がもつ絶大な交渉力は、諸国の平等に立脚した国際レジームへの参加という点で疑いをいだかせるものである。結局のところ、中国の対外政策はとりわけ、大なり小なり直接に中国と結びついた空間を建設しようと意図したものであり、これはいまなおアメリカの影響によって支配されている諸国の空間と対立するものである。ドルの特権を廃止しようという国際レジームの建設はまだ先の長いものでしかなく、それによって、衰退しつつあるヘゲモニー国と世界空間内に自らの場所を再発見しようとしている中華帝国との間の、世界空間分割をめぐる闘争が覆い隠されてしまう。

ナショナリズムというウイルスが幅を利かせ国際協力の空間を縮小している

二〇一〇年代初頭以来、世界貿易は鈍化し、その成長は世界生産の成長と一致するまでになった。公共当局はエッセンシャルな医療財の国内的生産者がいないことを容赦なく知らされたので、いくつかのバリューチェーンを自国領土に回帰させる戦略が強まった。いくつかの世論調査が示唆するところによれば、大多数のフランス人はこの点での国民的独立性と引き換えに、コストの上昇を受け入れてもかまわないと考えている。イギリスのヨーロッパ〔ＥＵ〕離脱の信奉者はすでに、イギリスの完全な主権回復と引き換えに自分たちの生活水準の低下を受け入れる用意があった。理論的にいえば、これはホモ・エコノミクスがホモ・ポリティクスによって置き換えられることを意味し、あるいは、経済的利益が国民的アイデンティティの防衛に席をゆずることを意味する。

もはや何が国際分業となるのかについての良質な予測を当てにすることができないので、直接投資の理由や立地もまた変化する。政府にとっては、これはいくつかの生産ラインの本国復帰を奨励する絶好の機会となる。同時に、情報経済や薬剤研究のスタートアップ企業を追い求めることになるが、このことは二つの原理を対置させることになる。一方で、企業の獲得が可能となり、これが企業経営のロジックの一部となる。他方で、政府は自国内に、その生産システムの持続性を高めるような技術の宝を保存しようとする。

いちばんはっきりした変化は、パンデミックの波及を止めるために決定された、人びとの国際移動のほぼ全面的な阻止にかかわる。公衆衛生上の至上命令は、すでに移民抑制を始めていたすべての政府に、追加の議論を提供することとなった。封鎖の決定は、外国人が自国領土に入るのを阻止することを伴っていた。こうした逆転現象はヨーロッパでは目を見張るばかりであった。なぜというに、コロナウイルス危機のど真ん中で、シェンゲン協定圏は再度分裂し、国境の再開放は――単一市場の柱たる人びとの移動の自由が意味するものとは反対に――部分的でしかなく、しばしば双務的であったからである。一時的と思われた措置でしかないものが、健康面での国家主権を守るという名のもと永続するかもしれないのである。象徴的にいえば、世界経済は分裂したのであり、それはあたかも、社会的距離をとることが国土内の諸個人に間隔を空けて並ばせたのと同じである。

各国は自分のことをという時代が到来し、やがてヨーロッパ的規模での――そしてもっと困難だが世界的規模での――ありうるコーディネーションを押し返してしまった。こうして、欧州委員会が保健医療的かつ経済的な危機に対応する包括的プランを提案するためには、二〇二〇年五月末を待たねばならなかった（次章参照)。

コロナウイルスの研究――米中の協力と競争

競争的な闘いは、これまたワクチンや医薬の可能性をめぐるものでもある。それらがあれば、パンデミックが生産・消費活動に絶えず与えている懸念から決定的に抜け出すことができよう。この点で基礎研究と応用研究との顕著な対照性が浮かび上がる(コラム7―1参照)。実際、感染症、ウイルス、公衆衛生政策の専門家からなる科学者集団は、この多分に非典型的なウイルスについての知識を共有するために素早く集結した。情報技術によるコミュニケーションはきわめて大きな役割を演じ、大量のデータを全世界の研究者の利用に供し、それによって地方レベルの病院や医師による意思決定が明晰なものとなりえた。同時に、緊急時にあって科学誌は、まだピアレビューを受けていない研究成果を公衆が自由に利用するのを受け入れた。このことは議論や論争を巻き起こさずにはおかなかった。研究者たちが――頻繁にではないにしても――時に矛盾した分析を提供するとすれば、公的当局は何を決定できるのだろうか。作業途中の研究には――分析の進め方にかんする初期の論争がおさまった後に事後的に教えられるような――完成した科学がもつ明晰性も普遍性もないのである。

新型コロナにかんする科学的協力を検討するとき、その協力をごく少数の拠点に集中することは、研究システムの大きな特質に照応している。つまり富裕国はこれら諸研究の最大部分を集中させる。そこから米中は、研究者たちのネットワークがそこに結びつけられる二つの拠点だということが浮かび上がる。他方、ヨーロッパでは自律的なセンターは登場していない。このことは再び、共同体による多数の計画にもかかわらず、研究面で欧州連合の統合が弱いことを強調することになる。欧州委員会が加盟諸国に対して、研究やイノベーションのうえで一段階を画するような支援計画を開始するまでには、ほぼ三か月待たなければならないであろう。

人類の共通財としての科学的知識と、コロナウイルスに対応する医薬やワクチンの集合的供給と私的専有の闘いとの間の対立という、先に診立てたものがここに再登場する。圧倒的に多くの場合、私的なイニシアティブは反応がいちばん早く、基礎研究から生まれた諸製品を共有化しようとか公的に融資しようという提案が出てくるのは、やっとその後になってからにすぎない。

コロナウイルスは国際的なものと国民的なものとの関係の変容を加速させる

こうしてパンデミックは、二〇〇〇年代以来現われ出ていた国際関係のいくつかの特徴を際立たせることになった。それゆえ、徐々に明かになりつつあった社会経済レジームがいかにして、おそらく不可逆的な仕方で、変容していったかを検討することが重要である。

国際化の原動力は変化していき、あらゆる社会経済レジームもまた変化していく

社会経済レジームがどんなに多様であったとしても、それらはみなパンデミックによって、次いで封鎖によって結局は変容をこうむった。金融イノベーションや金融グローバリゼーションによって牽引されたレジームは、深刻な打撃を受けた。パンデミックの処理法が定まらず結局は人命に大きな犠牲が出ただけでなく、民間金融も中央銀行や財務省の後見を受けることになった。というのも、商業銀行が——まずは企業の存続のために、次いで企業活動の回復のために——必要な信用をこれ以上供与できない点を克服するのは、

自国政府からの情報に対する信頼度

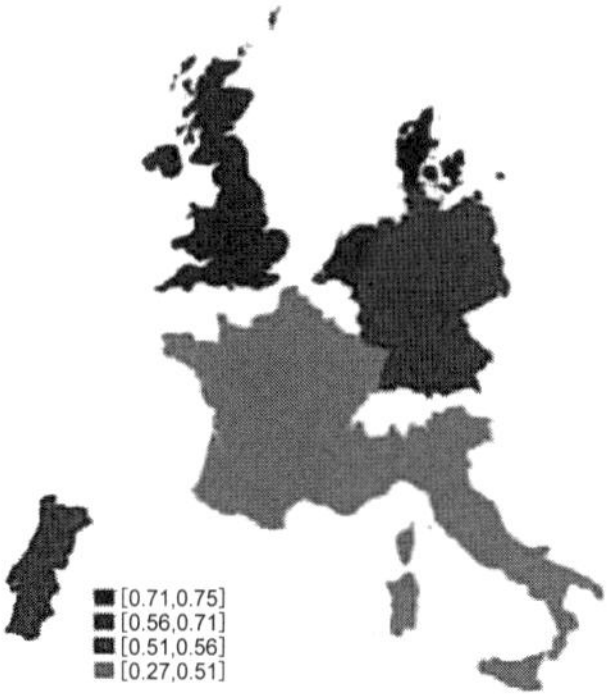
自国政府の情報を信頼する人の
国別割合

出典）EUROBAROMETER (2020), « Public opinion monitoring at glance in time of Covid-19 », 27 avril.

ている。

・ポルトガルの回答者の73%が、経済危機は2008年危機のときよりひどくなると確信している。

B　コロナウイルスに関する共同研究の国際的分布――中国とアメリカの二極集中

2020年4月6日までの新型コロナに関する国際共同研究の科学的ネットワーク

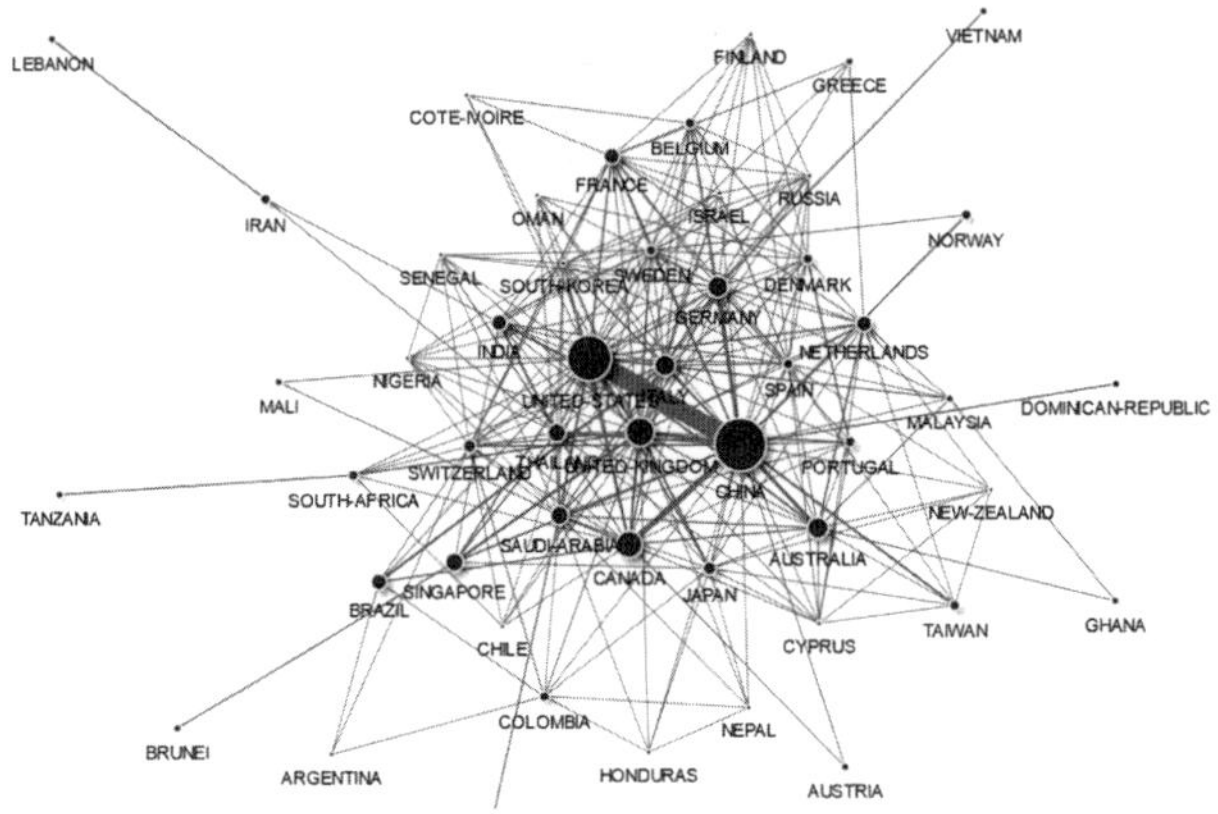

Graph of COVID 19 scientific collaborations indexed in the Web of Science (SCI - Expanded, CPCI, ECSI) April, 06 2020
Query: "COVID-19", "SARS-Cov-2", "2019 nCov".

出典）MAISONOBE Marion (2020), « D' où viennent les recherches de Covid-19 », http://geoscimo.univ-tlse2.fr/where-do-Covid-19-researches-come-from

C　ヨーロッパにおける世論の分岐

・ベルギーの回答者の3人に1人だけが将来を心配しているが、10人のうち6人はコロナウイルス危機が自分たちの収入に負の影響を与えるのではないかと心配している。
・スペインの回答者の多数がパンデミック後の生活がきわめて異なったものになると予想している。
・フランスの回答者の66%がコロナ禍の脱出局面を憂いている。
・イタリア人の47%は、現在、危機の最高潮にあると感じている。24%は最悪な事態はこれから来ると感じているのに対して、62%が、これは深刻な危機であり、当分続くと感じている。
・オランダの回答者の85%は、今後12か月で失業が増えると予想し

〈コラム　7—1〉新型コロナ研究と世界経済

パンデミックは、所得、富、そしてそれ以上に一般的には研究能力——特殊にはコロナウイルス研究能力——にかんする不平等に刻印された世界経済の中で出現した。こうした特徴は、科学的・技術的・医学的な専門的判断の集中化に先行する諸傾向が継続していることを意味しうる。

A　先進的で豊かな国と開発途上の貧しい国が対立する世界の極端な分極化

2020年4月6日までの国別の新型コロナ研究成果数

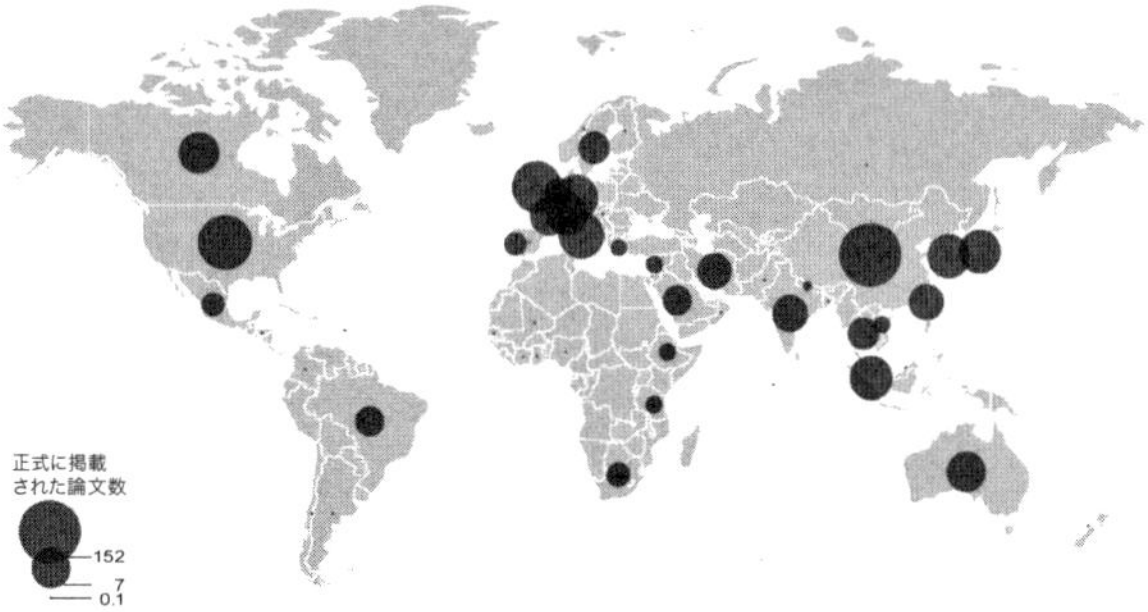

Map of COVID19 publications indexed in the Web of Science (SCI-Expanded, CPCI, ECSI) on April 06 2020
Key Words: “COVID-19”, “SARS-Cov-2”, “2019-nCov”.
Created with Netscity(http//wwwi.irit.fr/netscity/prod/) by Marion Maisonobe (UMR Geographie-cite CRNS). JS Map by amChart.

出典）MAISONOBE Marion (2020), « D’ où viennent les recherches de Covid-19 », http://geoscimo.univ-tlse2.fr/where-do-Covid-19-researches-come-from

国家の役割となったからである。私的なものから公的なものへのこうした逆転は、アメリカですべての不良資産が無制限にリファイナンスされることになって頂点に達した。イギリスでは大蔵省は、公然とイングランド銀行から直接に融資を受けることができるようになり、すなわち、先んずる数十年間では異端だと考えられていたことが復活した。したがって、通貨への信頼は政府政策の信用性に立脚しているのであり、これは財政と民間金融の間に新時代を開くものであった（図7―4参照）。

スカンジナビア的な社会民主主義型変種におけるイノベーション・輸出主導型レジームは、世界貿易がもはや同じダイナミズムのうちにないがゆえに、うまく適応しなければならなかった。けれども、税制・社会保障・公的サービス提供のおかげで国際貿易の利益が社会化されていたので、そこでは純粋市場のロジックが支配する経済におけるよりもいっそう容易に、マクロ経済的調節がなされえた。ごく一般的にいって、そこでの市民たちは、民主主義的コントロールのもとに置かれた政府政策に対する信頼を表明しているのである。

従属諸国の各種レジームは、外国からの直接投資によってダイナミズムを与えられていたのだが、それ自体として見れば、主権主義的政府の圧力のもと、生産チェーンの再編撤退の犠牲者となる可能性がある。例えば、二〇一八年九月、メキシコ、カナダ、アメリカの間で採択された北米自由貿易協定の帰結が想起されよう。中央ヨーロッパ諸国はこれとはまた違った構図のもとにあり、そこでは、ドイツ産業のバリューチェーンが自分たちの方向へと延びてきたことによって恩恵を受けている。振り返ってみると、ヨーロッパの指導者たちは、ヨーロッパ内での立地再編は加盟各国内でのナショナリズム的後退よりは好ましいという点では意見が一致している。だがすべては、大陸規模でイノベーション・産業政策を促進するという、欧州計画の能力にかかっている（次章参照）。

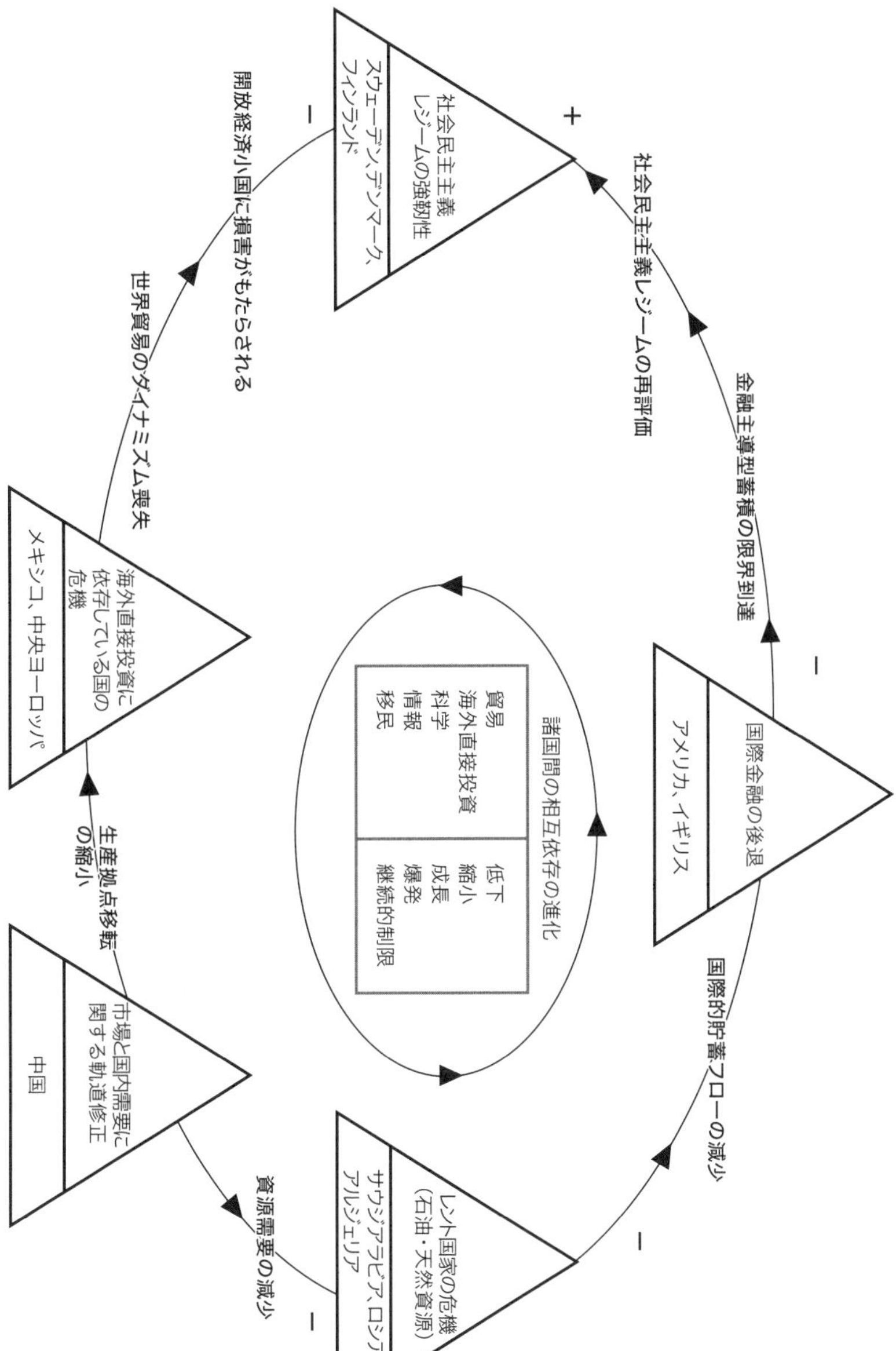

図7-4　パンデミックにより変容した各種社会経済レジーム間の新しい関係に向かって

すでに見たように、中国はといえば、この国は党-国家による政治的コントロールと、企業家によるイニシアティブの発揮——それは行政組織のきわめて広範な分権化のゆえである——との、驚くべき共生を実現している。以前は、賃労働者を犠牲にした不均衡な蓄積体制を、貿易黒字によって均衡に戻すことが出来ていた。二〇一〇年以降、政府は、人びとの要求を満たしたり輸出依存を小さくしたりするため、国内的欲求を満たすことを中心としたレジームの推進を追求してきた。ある意味で、他の国内的生産システムが再結集しそれが有効なものとなるならば、この再結集は中国領内での蓄積の再展開にとってもまた好都合なことである。これは北米的なイノベーション・システムとの真っ向からの競争を伴うものであり、遂には、二つの圏域への世界の新しい分割が想像されうるほどになる。二つの圏域とは、貿易関係、技術規格、国際通貨をめぐって、それぞれアメリカの影響下にあるか、中国の影響下にあるかというものである。中国経済の規模からみて、こうした変化は、世界経済の分裂と国民的空間への退却というシナリオに信憑性を与えるものとなる。

こういった文脈はレント型諸国に構造的危機をもたらす。レント型諸国は自らの原材料の輸出によって生計を立て、その需要は、中国の推進力のもと、二〇一五年まで力強く伸びていた。中国の成長減速と同時に、エネルギー部門における生産能力は、とりわけアメリカのシェールガスの大量参入とともに、すごい勢いで増加した。コロナウイルスの以前でさえ見られた世界経済の鈍化とともに、次いで最重要な諸経済の突然の停止とともに、エネルギー価格は底なしの低下を経験し、遂には、十分な貯蔵能力がないので、いくつかの先物供給契約はマイナスの価格で終わった。こうしてサウジアラビア、ロシア、アルジェリアといった多様な経済は、もはや公共支出政策の手段を失った。石油やガスからの収入が国家収入の重要部分をなしていたからである。このレジームの社会的政治的危機は増大していくと予想しなければならない。というのもこれら諸国にあっては、緊急時に自らの国内需要を満たしうる生産母胎を作り上げるのは無理だからである。レントで生きる企業家はシュンペーター的革新家の対極に位置するわけである……。加えて、もし仮にエコロジー的制約の尊重によって物的生産の停滞や縮小が明らかになったとすれば、これら諸国はみなその発展を構造的に阻害されることになろう。それほどにこれら諸国は、各国政府が自己求心的な成長を目指しているやり方のなかで、例外をなす。

それに代わって、これら多くの産油国は貯蓄形成ができないことが明らかになっていくであろう。いままで伝統的には、この貯蓄はニューヨークやロンドンの市場に投資され、世界レベルの金融仲介サービスの名のもと、市場の繁栄を保証していたのであった。まさにここから、きわめて特殊な発展様式に固執しようとしてアメリカが遭遇した困難の一部が説明される。そこでは投機バブルによって、長期停滞に脅かされている経済が周期的に再活性化させられているのである。この長期停滞が不平等の急拡大による需要不足を原因とするものであれ、あるいは、生産性上昇を立て直しうるようなイノベーションの枯渇によるものであれ、経済は投機バブルによって活性化されている。というわけで、一九九〇年代以来見られた傾向とは断絶した時代が始まった。

欧州連合——新しい地政学的関係の弱い環

以上の分析は、以下の三つの資本主義のそれぞれにつき、その力学への影響なしにはすまされない。超国籍的プラットフォーム資本主義（アメリカ）、強力な国家主導型資本主義（中国はその確かな例である）、市民に奉仕する民主主義的資本主義の三つである（図7—5）。

第一のものは民間企業家のイニシアティブのもと、技術的イノベーションの前哨に立っている。この民間

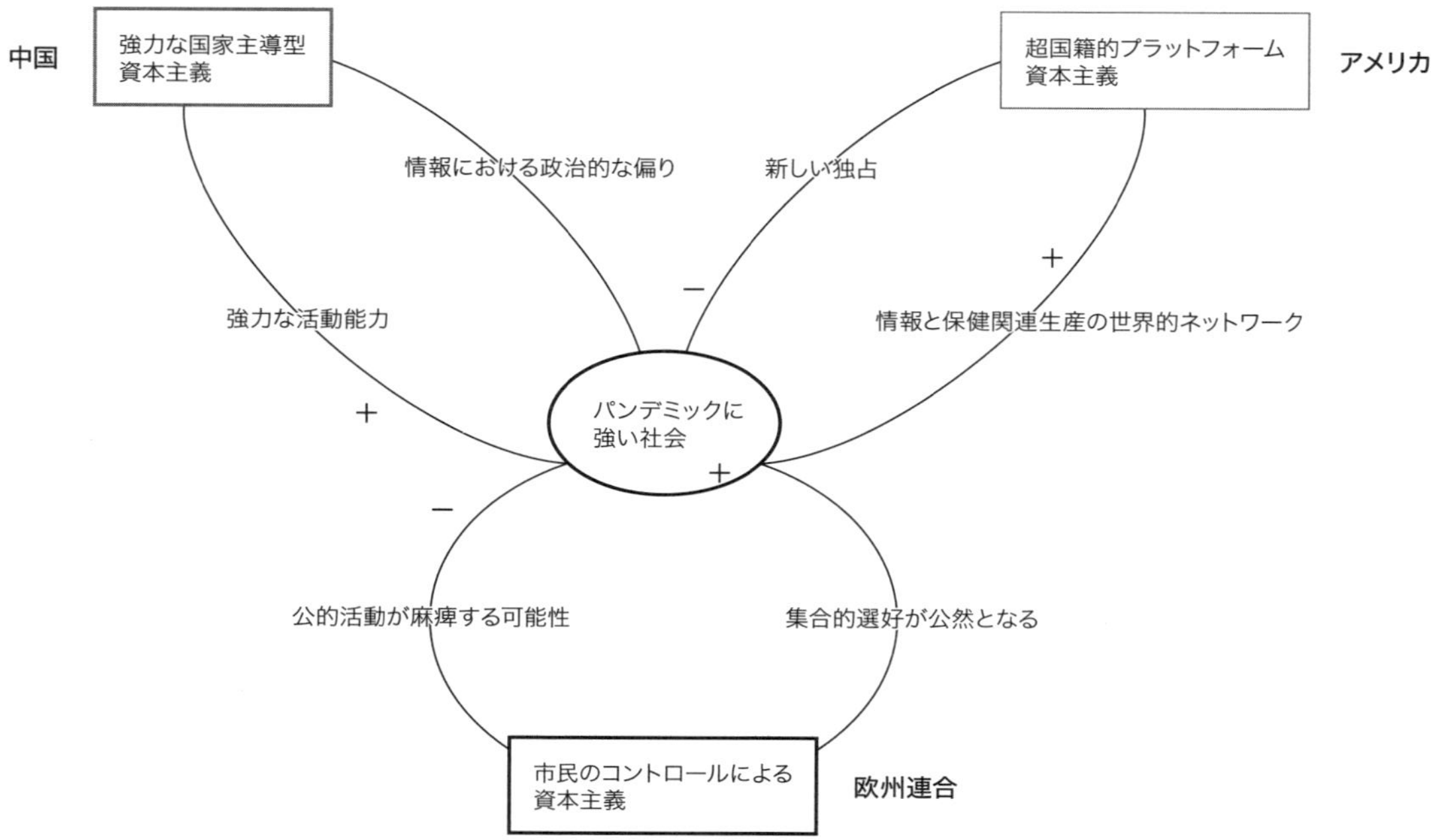

図 7–5　対パンデミック政策は 2010 年代の 3 つのレジームにどのように影響するか

企業家の高い収益性が将来性ある部門への投資を可能にするのであって、例えば民間による宇宙開発が始まったことに見られるように、公権力はもはや必ずしも収益性の手段や専門的能力をもっていない。その長期的な強靭性にかんして、この資本主義の権力自体は少なくとも二つの障害にぶつかる。第一に、アメリカ経済は、所得、資産、政治権力、平均余命、いちばん恵まれない人口部分の認知など、すべてにわたる不平等に向かっており、遂には、私的な富によって支配された社会の正統性という問題が新たに提起されるまでになっている。第二に、プラットフォーム資本主義はあまりに侵襲的なので、大部分の諸国民の主権を脅かしている。その反動として、社会運動はポピュリズム政策を拠りどころとし、これによってこの強力な多国籍企業を規律づけようとしているが……必ずしもそれに成功していない。

中国の国家資本主義は、アメリカの圧力に抗することができ、技術的追上げ戦略を追求することができることが判明した資本主義である。技術的追上げに際してはゆくゆくは、自分たちの生産とイノベーションのシステムが完全に独立することを保証するよう意図している。増大する規模の収益を動員する工業企業は外国市場を必要としない。なぜなら、生活水準の向上は、原材料とりわけ石油にかんする依存を別にすれば、理論的には自己求心的なモデルを可能とするからである。政治当局による情報の掌握は、経済的優越を、技術的近代化過程の追求におけるアクターたちのイニシアティブにブレーキをかけることへと転換しうる。これに反して、大部分の他の社会が、政府政策の信頼性をなくして終わる民主主義的論争によって——麻痺しているとまでは言わないまでも——時に遅れがちであるのに、権力的組織は偶然的事象に対して強力に反応する政策を可能にする。このレジームは決して完全ではないが、とりわけ二〇〇八年には、そして程度は小さいが二〇二〇年にも、顕著な適応能力を示した。このレジームが民主主義的でないということは、ヨーロッパ人の眼には致命的欠陥として映るが、ラテンアメリカの指導者やアフリカのある種の権威主義信奉者の眼には、必ずしもそう映っていないのである。

市民のコントロール下におかれた経済というヨーロッパの理想は、コロナウイルスのエピソードによって一まわり大きなものとなったというには程遠い。全体として、旧大陸は情報経済関係の企業を十分な数だけ創出しえていない。このことがヨーロッパのダイナミズムに重くのしかかっており、技術的依存——それはたしかに部分的ではあるが憂慮すべきことだ——を認めることになっている。リスボン条約〔挫折した欧州憲法条約に代わる欧州連合の基本条約〕が意図したこととは反対に、欧州連合は、社会的公正を体現しつつも最もダイナミックな世界経済の中心とはなっていない。たしかに不平等は、アングロサクソン世界で見られるような拡大を経験してはいないが、とりわけ南欧の産業的基礎が弱いことを考慮するとき、必要な社会的移転は厳しい状態にある。おまけに民主主義的コントロールは、加盟各国の内部では機能しつづけているが、ブリュッセル〔EU本部〕、ストラスブール〔欧州議会〕、フランクフルト〔欧州中央銀行〕に対しては、あまりそうなっていない。だから、それほど慰みにならない仮説を提起せずにはいられない。つまり、はっきりと表現されている米中の戦略を前にして、世界的権力としてのヨーロッパの弱さは、最近二〇年間にわたって透けて見えるようになっていたが、コロナウイルスが突然現れて再度はっきりとしてきた、と。その結果、欧州連合加盟の二六か国のなかで、いくつかの国はアメリカの方を向き、他のもっと弱体な国は中国の方を向くようになった。このことは、欧州建設における度重なる難局に対して連邦主義的な解決策を追求するうえで、あまり有利なことにはならない。

第8章　ユーロは終焉に向かうのか

「単一通貨プロジェクト」という考えはあまりにもイデオロギーや私的利害の影響を受けていたので、その経済的目標——繁栄の到来——だけでなく、各国を政治的に近づけるという野心においても失敗した。
(Joseph Stiglitz, *Comment la monnaie unique menace l'avenir de l'Europe*, Les Liens qui libèrent, Paris, 2016)

欧州連合〔EU〕はその存在自体がリスクにさらされているという局面に突入した。こういう診断を理解するためには、その歴史を回顧してみる必要がある。その歴史は、しばしばきわめて深刻な危機に次々と見舞われたが、最終的には、共同組織やコーディネーション手続きの構築を前進させることによって克服されてきたのである。

欧州統合は解決策なのか

当初は経済的相互依存によって制度化されたコーディネーションが正当化された——驚くべき成功

第二次世界大戦の終了時、防衛のヨーロッパという提案がなされたが、これはナショナリズムの感情がまだ厳存していただけに問題外のこととして失敗した。その後、一見もっと慎ましやかな提案によって、フランスとドイツの経済的相互依存を組織し、願わくば両者の経済的補完関係によって政治的敵対を鎮静化しようと試みられた。

このロジックは欧州建設のあらゆる段階へと広げられていった。すなわち、欧州石炭鉄鋼共同体からローマ条約へ、さらにはマーストリヒト条約やユーロ発行へと至った。ユーロは、欧州各国通貨間の為替相場の再調整によって周期的に不安定となっていた共同市場の亀裂を避けるために、必要なステップだと考えられていた。注目すべきことに、機能主義的アプローチによって為替調整は貿易から通貨へと移ってしまった。このアプローチによれば、経済力こそが政治的優先事項を決定していくはずだったのに、である。事実、ユーロの躍進は大いなる危険をはらんでいた。第一に、およそ通貨というものは伝統的に、ある領土上での政治権力の表現である。ところがユーロ圏加盟国は国民国家でありつづけつつ、自らの通貨主権のみを共通化した。第二に、中央銀行は財務大臣と一緒になってその役割をはたし、こうして通貨政策と財政政策が政府目標との関係で調整されるという目的が実現する。ところがユーロ圏の場合はそうでない。というのも、欧州中央銀行〔ECB〕は加盟国の数だけの各国財務省と向かい合わなければならないからである。こうした特殊性は、相異なる諸経済の調整様式が異質であるがゆえに、ヨーロッパの景気循環の調節が困難になるという結果をもたらさずにはおかない。最後に第三に、歴史が示すところによれば、一つの国民的通貨は連帯や運命共同体への参加という原理が作用する空間を定義するのである。

通貨の政治的本性、経済的軌道の異質性、各国政策の収斂原理としての競争環境の限定。コロナウイルス危機はこれら三つの未決問題を亢進させ、欧州連合の強靭性について疑わせることになった。

連帯原理が確立しないとユーロは行き詰まる

二〇一一年における欧州諸国の国債危機以来、ユーロの脆弱性は国際金融市場からの疑念を周期的に引き起こし、共通通貨の存在が脅かされるまでになった（図8―1参照）。このエピソードのなかでギリシャ国債が爆発的に増大したが、それによって二大弱点が明らかになった。第一に、経済の構造的競争力を発展させよという、ギリシャ政府に向けられた命令は、民主主義的熟議と対立することになった。民主主義的熟議は、ギリシャの難局を助長した緊縮政策プランの拒否を含意していたはずだからである。第二に、各種議論は構造的再編を問題とするばかりで、欧州連合がギリシャ経済の支援や近代化のためにできる援助を問題にしていなかった。

問題はたんにギリシャのケースにとどまらない。というのも二〇〇八年以後、ユーロ圏加盟諸国間の生活水準やインフレ率の収束は中断してしまい、さらには北部欧州と南部欧州の分岐に道を開いてしまった。前者のグループは生活水準面で向上しつづけたが、他方、いっそう脆弱な南欧の経済にあっては、生活水準低下と失業が競争力回復の手段となった。各国経済はこれ以降、共に一つの共通通貨のもとに入ることになったので、もはや通貨切下げによって競争力を回復することはできなくなってしまった。人びとが自由に移動できる圏内では、南部欧州市民のなかでいちばん有能かつ流動的な人たちは北部欧州へ行ってしまい、これによって経済特化の両極化がなおさら拡大した。つまり、先端産業や企業向けサービスは北部へ、中程度の産業、伝統的サービス、観光は南部へ、というわけである。なるほどこうした移動性は、ユーロ持続性の一条件を復活させるものではあるが、それは、遅れた国・地域を――構造基金〔格差是正のため基礎的インフラの開発支援などを目的とした基金〕によって可能となる額をはるかに超える規模で――援助しなければならないという連帯原理にとっては、そのお粗末な代替物でしかない。

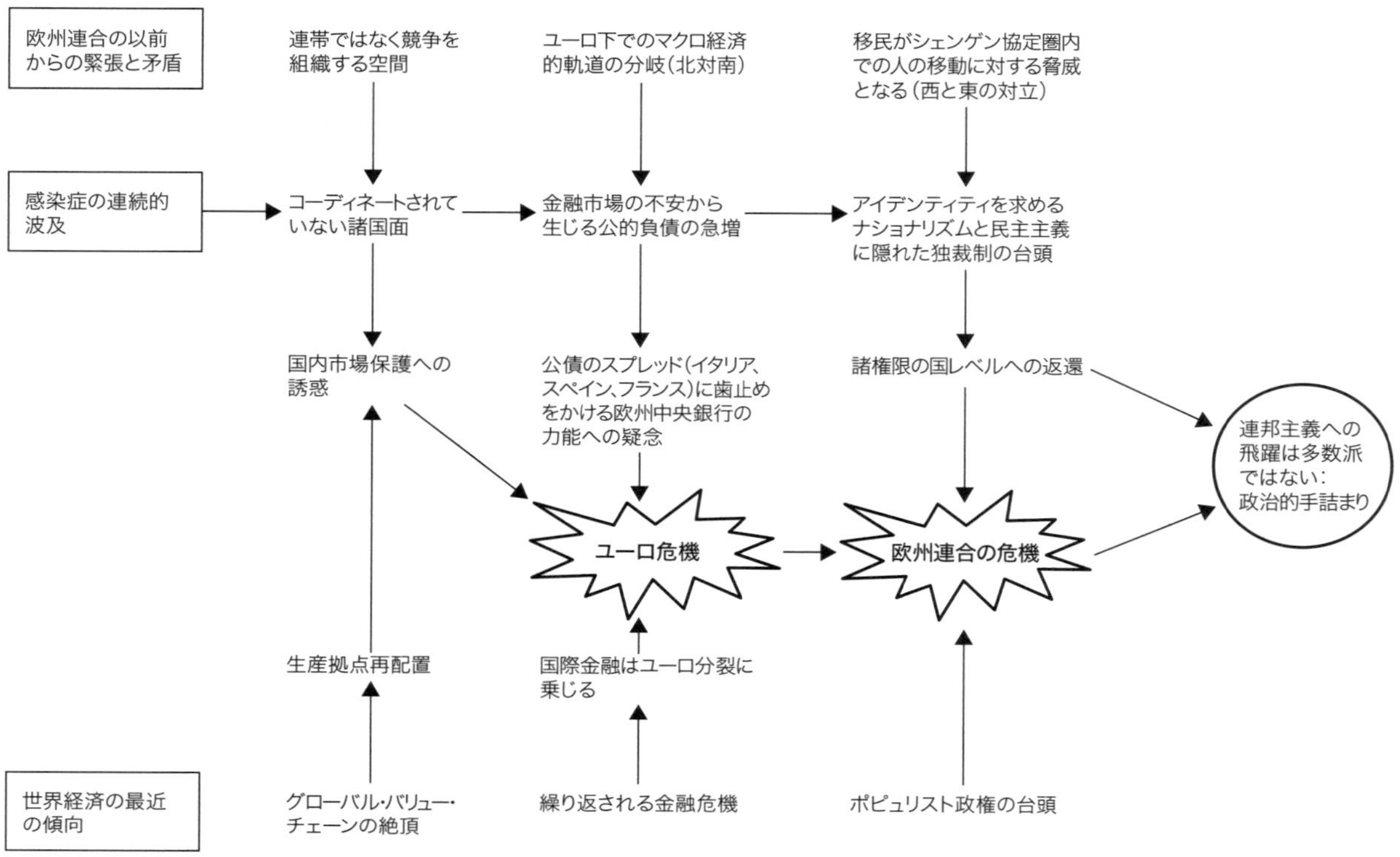
欧州連合の以前からの緊張と矛盾
感染症の連続的波及
世界経済の最近の傾向
連帯ではなく競争を組織する空間
ユーロ下でのマクロ経済的軌道の分岐（北対南）
移民がシェンゲン協定圏内での人の移動に対する脅威となる（西と東の対立）
コーディネートされていない諸国面
金融市場の不安から生じる公的負債の急増
アイデンティティを求めるナショナリズムと民主主義に隠れた独裁制の台頭
国内市場保護への誘惑
公債のスプレッド（イタリア、スペイン、フランス）に歯止めをかける欧州中央銀行の力能への疑念
諸権限の国レベルへの返還
連邦主義への飛躍は多数派ではない：政治的手詰まり
ユーロ危機
欧州連合の危機
生産拠点再配置
国際金融はユーロ分裂に乗じる
グローバル・バリュー・チェーンの絶頂
繰り返される金融危機
ポピュリスト政権の台頭

図 8–1　ユーロ圏の強靭性に対するパンデミックのインパクト

二〇一〇年一二月以降、中東およびアフリカからの移民が殺到し、これが中欧諸国における国民主権の観念と衝突した。中欧諸国の政府は、受入国の能力や経済的健全性に応じて移民を割り当てるという、ブリュッセルが決定した原則を拒否した。西欧自体のなかでさえも、こうした新世代の移民数が増えてくると、人口の一部——大なり小なり公然たる外国嫌悪の運動においてしか政治的表現を見出せない人びと——に排斥感情がかき立てられた。このとき、ヨーロッパの指導者たちの考え方は分裂していった。つまり、ある者たちは、シェンゲン協定圏における移動の自由を守ろうとするなら、共通の移民政策が重要なのだという。他の者たちは、国民主権という本質的属性はEUの指令によって犯されえないものだという。おまけに、移民の大群はイタリアやギリシャに向かい、少なくとも財政的連帯がないので、それらの経済が集中的に悪化するような過大な負担がかかってしまった。ある意味で、ブレグジット・キャンペーンは移民の恐怖について大きな影響を及ぼし、イギリスのEU脱退は、非民主主義的だと思われているEU指令に対して、国民的選択の優位を確認することになった。

保健医療のヨーロッパでは解決にならない

コメンテーターたちは必ずと言っていいほど、コロナウイルスとの闘いを調整する点で欧州委員会が果たした役割はごく限られていたと強調した。彼らにはこの問題こそ、ヨーロッパが市民を守る能力を持っていることを示す手段であったはずだと映っていたのである。経済的かつ制度的な分析をしてみると、こうした判断は相対化されることになる（図8―2参照）。加盟諸国と欧州連合の間での能力の分布状況のなかで、社会政策と全く同じように、公衆衛生は補完性原則〔各国内では対応できないことだけをEUレベルで行うという原則〕に従う。こうした法的議論以外の点でも、パンデミック対策の責任は欧州連合という媒介的で超国家的なレ

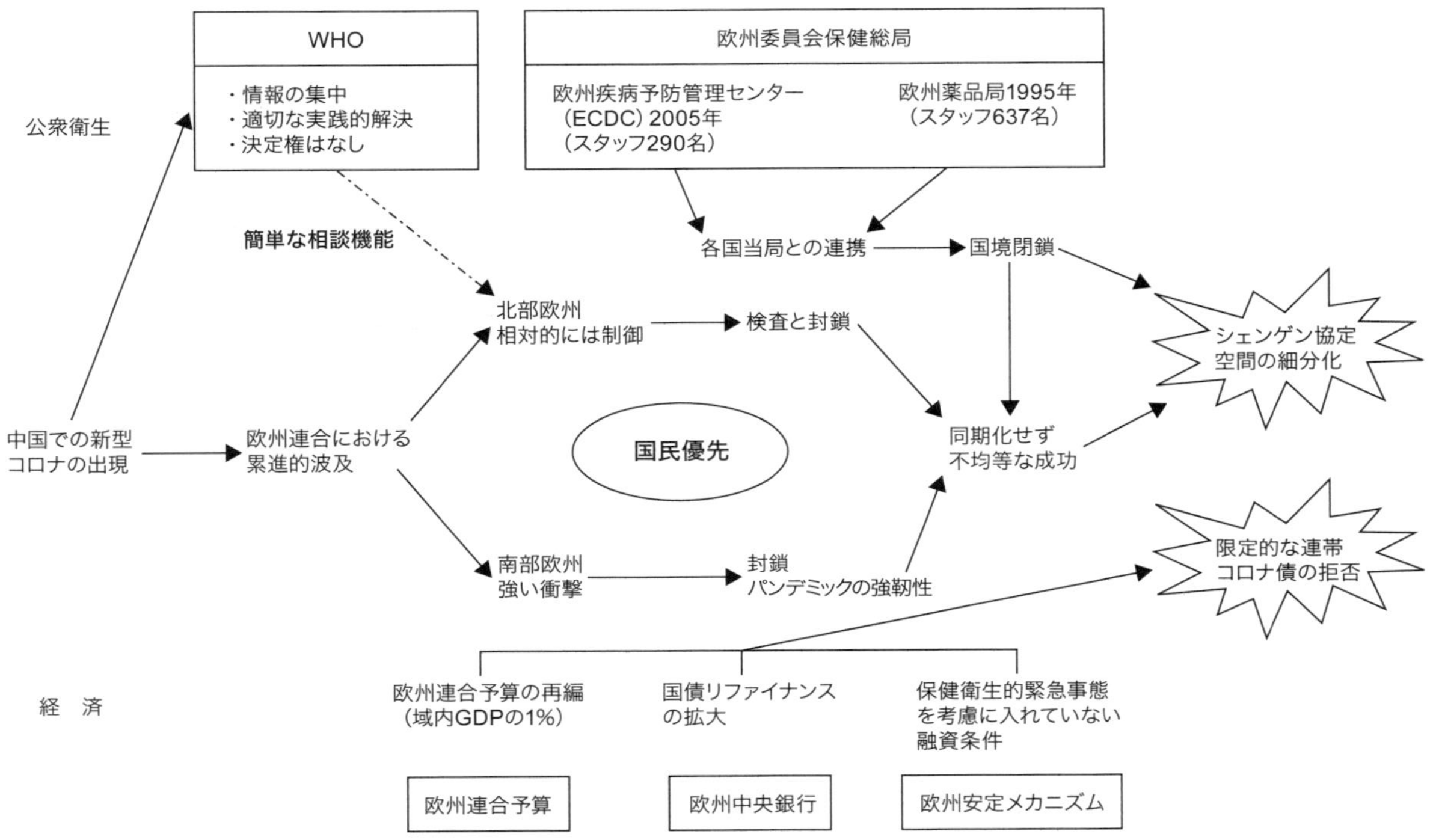

図 8–2　新型コロナは、欧州連合における権限の配分では管轄担当がなかった

ベルに属するということは明確でない。実際、感染症にかかわる公衆衛生は本来、世界的公共財なのであって、世界的レベルで守られ組織されるはずのことである。WHOの役割はまさにそこにある。だから非難されるべきは、国連組織の他の諸制度とくらべてこの国際組織の重要性が低いということにある。

欧州連合にとっての決定的瞬間に向けて

日和見主義のあと、またこれに続くイギリスのEU離脱交渉について傾注したあと、コロナウイルスによって以下のジレンマが最前線に置かれることになった。加盟諸国間の協力の前進か、それとも分裂か、と。

虚構経済のシナリオ——イタリアはユーロ危機を助長した

ギリシャをめぐって危うくユーロから追放しかねない劇的な連鎖がかつてあったが、二〇二〇年、南北欧州間の軌道が分岐したとき、イタリアはそれを再現しそうな「弱い環」として現れてきた。ところで、イタリアがもつ重みは、ユーロ圏全体の運命がそこにかかっているというほどのものだ（図8—3参照）。たしかに欧州委員会はイタリア救済の手段を手にしている。例えば、欧州安定メカニズムの名で、また貸与という形のもとで、さらにいわゆる構造改革——事実上、ギリシャに強制されたタイプの緊縮政策——を採用するという条件のもとで、といったように。だがこれらは、成長やそれゆえの返済能力が回復したおかげで、上からの危機脱出を促進する能力を証明したとはおよそ言えない。結果として、国際金融業者たちはイタリアの債務の持続可能性について疑念をいだき、それはイタリア・ドイツ間の金利格差となって現われた。これがすでにして二〇一一年のユーロ危機の起源であった。これ以降、欧州中央銀行は一度ならず、ユーロ防

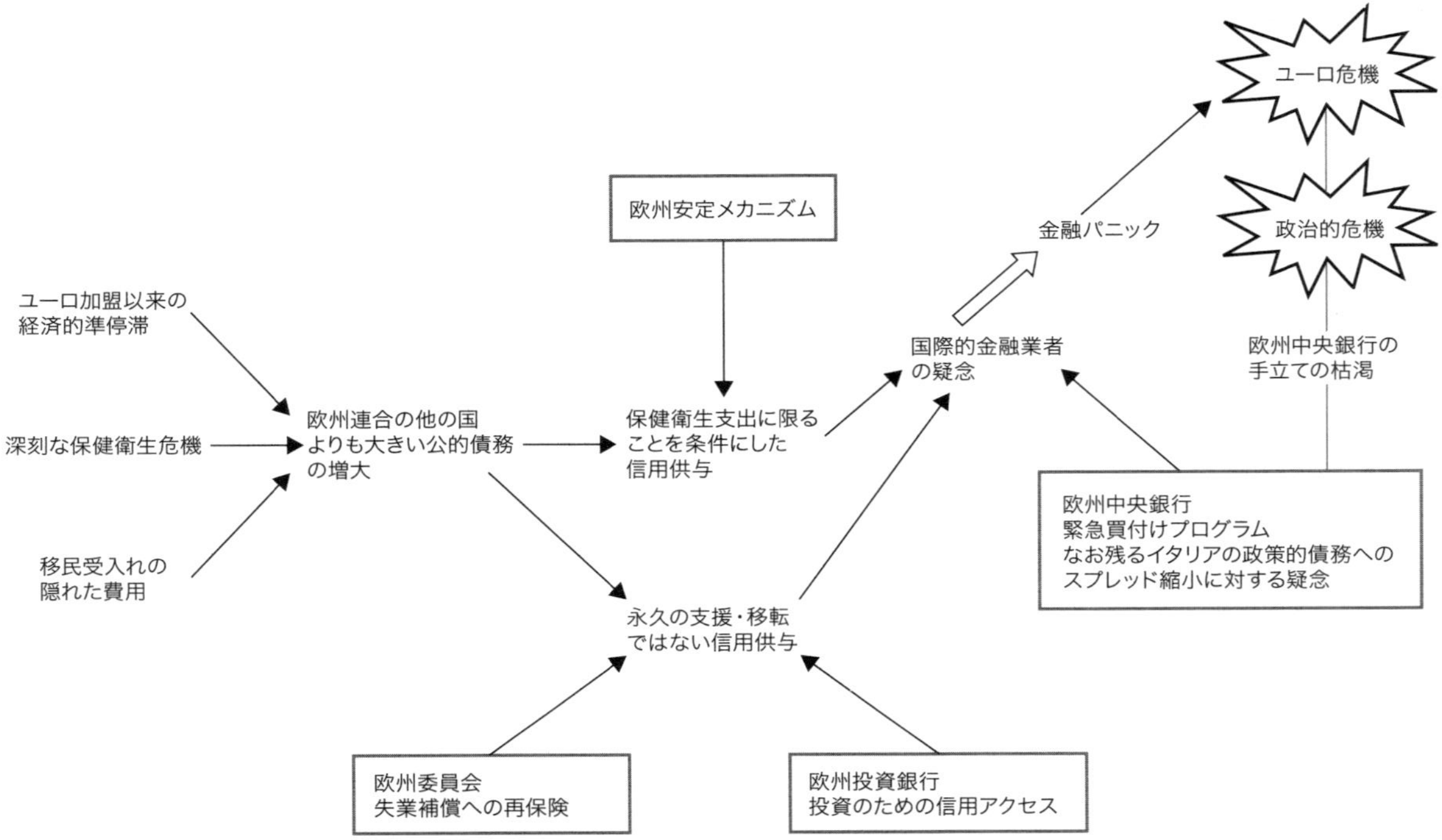

教訓：信用を対象とした機械的な制度は、加盟諸国間の連帯を創設した当初の妥協に代わるものではない

図 8–3　ユーロ危機にいたる一連の流れ——イタリア的状況の帰結

衛を最も重要な課題とした。

突然の自覚——単一市場は消滅しヨーロッパは沈滞に陥る

南欧諸国は繰り返し、国民的軌道の分岐を克服しうるような連帯基金の創設を提案してきた。けれども、北部の指導者たちは、社会的移転のヨーロッパを一貫して阻止してきた。北部の指導者たちにとっては、こうした社会的移転は、健全な経営という共通ルールの尊重に立脚した統合という考えとは無縁だと考えられていた。健全な経営ということのうちには、あらゆる外部性を、それゆえ加盟諸国間のコーディネーションの必要性を、排除しようという意図があった。二〇二〇年五月、仏独のイニシアティブによってこの論争が再開された。五〇〇〇億ユーロの基金があれば、各国がコロナウイルス危機を乗り越えられるはずだ、と。論争は欧州委員会へと引き継がれた。人命を守り、経済を再建し、社会の強靭性を高めるために、「欧州連合の将来世代」プログラムは各国政府と欧州議会に、あるヨーロッパ的装置を創設するよう提案した(European Commission 2020)。

そこには、かなり大きな新しい点が含まれていた。すなわち、返済義務のある信用でなく援助が、欧州共同債の発行によって資金調達されることになるはずであり、この証券はやがて共同体予算に直接つぎ込まれる税金によって返済されることになる。オルド自由主義という正統派的原理からのこうした逆転は、緊急事態の認識と関係がある。イニシアティブが不在なので、前述の劇的な連鎖は——単一市場の分割という展望を伴いつつ——新しいユーロ危機へとつながっていった。グローバリゼーションの後退と欧州空間への企業の復帰の時代にあって、ドイツはこの危機の最初の犠牲者の一つかもしれない。危機に固有なことはそれが偶然に左右されるという点である。というのは、現状への復帰は不可能だと思われるからであり、企業や個人の行動を麻痺させる根本的不確実性を克服するために革新していく必要があるからである。

欧州建設の不確実きわまる再スタート

欧州連邦主義を目ざした創設期が問題なのだろうか。この連邦主義がモデルとしたのは、アメリカ独立戦争の結果として、一七九〇年、アメリカの初代財務長官アレクサンダー・ハミルトンによってなされた、州債の買取りであった。だが用心が必要だ。これは行方知れずの本来的に不確実な過程のごく最初の局面にすぎないからだ。

というのも、ヨーロッパの計画はコロナウイルスへの一時的な対応であり、このエピソードとともに終わるとみなされているからである。この計画は、第一に、その世論が援助を許容するか疑わしい諸国の側から、共通ルールを尊重できなかった諸国への社会的移転について、この移転のヨーロッパへの反対を期待するために構想されたものである。第二に、開始された交渉過程のなかで、北部の「質素」な諸国は援助の原理を受け入れるかもしれないが、しかしその対価として、受益諸国に厳格な諸条件を課すであろう。だがこれはすでに、イタリア政府が欧州安定メカニズムからの貸与を拒否するに至った所以のものである。この点、二〇一一年以降、市民の欧州連合への賛同レベルはかなり低下したのであるが、この計画はそういった市民の意見を引き継ぐものである。ある意味でこれは、ギリシャに押しつけた処遇の再版であり、イタリアのナショナリズム政党なら決して見逃さないものだろう。

ユーロの欠陥を修復するために大いに期待されてきたことだが、緊急時に責任者は失われた時間を取り戻そうとする。だが残念なことに、およそ制度なるものの構築には時間がかかり、期待された効果は少なくとも一〇年の規模でしか出て来ない。この中間期の間、欧州連合が各国政府の矛盾した要求に応えうるかどうかははっきりしないし、新しい(よくない)思いがけない出来事――国際関係の解体とか別の国際金融危機の勃発とかを含む――に反応した政策を構想し決定しうるかどうかは、なおさらはっきりしない。もし再び金融の凝縮的な時間が、政治的なものの時間のうえに、またヨーロッパ結束のための長期的戦略を実行していく時間のうえに、のしかかって来るならば、これ以上悪いものはない。

結局、欧州連合の繁栄に期待がもてるとしたら、それはひとえに、二〇〇八年以来、南北ヨーロッパの間で見られる経済パフォーマンスや生活水準の分岐に終止符が打たれ、国内および諸国間でいっそう公平な分配がなされるような成長が促進される場合のみである。この点で、もし例えば野心的かつ辛抱強い産業政策によってイタリア人の生活水準が改善する展望が見えないならば、イタリアに好都合な大量的でさえある移転は一時的な解決策でしかない。だから問題はこうなる。つまり、欧州連合がもたらす保護と恩恵の評価にかんして、市民もまた忍耐強さを見せるだろうか、と。同じく中央ヨーロッパの諸政府は、欧州連合からの援助を享受しようとしているが、だからといって民主主義や法治国家という点での連合からの要請を満たそうとしていない。「ポピュリスト」と「進歩主義者《プログレシヴィスト》」の対立はヨーロッパ中に存在し、奇妙なことに共通の政治的アイデンティティを形成する蓋然性を低めている。

欧州連合を持続的に支える国内の政治連合――不可能なミッションか

欧州諸制度の改革にかんする議論はたいてい技術的角度からなされている。というわけで、議論は相変わらず創設期の機能主義的パラダイム――これは合理的解決を各国間調整という経済問題に結びつけている――の後追いをしている。例えば、ユーロが持続するためには、ユーロは財政権力や――欧州財務省に体現される――公的支出能力と結びつけられ、すべては全加盟国に共通の議会によってコントロールされねばならない、と。だが、もし市民たちが、自分たちの利益は国民レベルでの方がよく守られると思ったとしたら、この点どう考えるのか。右のことは、欧州レベルでなく国民レベルで選出された政治的意思決定者に置き換えることを意味する。あるいはさらに、欧州連合の危機からの出口が、国民主義的主権論者と進歩主義的連邦論者の間の論戦に――あたかもそれが唯一かつ特別な変数であるかのように――依存しているとしたら、どう考えるのか。

現代の政治経済学は現代社会についてもっと現実主義的なアプローチを発展させている（Amable et Palombarini 2018）。つまり、各国内部では、さまざまな社会職業的グループが、欧州統合のあれこれの前進――単一市場、ユーロ、ＥＵの新世代「プロジェクト」――が自分たちに利益、コスト、リスクをもたらすかどうかを検討している。しかし、ヨーロッパ内競争の激化、経済の金融化、社会的ネットワーク〔ＳＮＳ〕の躍進、政治的媒介の伝統的諸形態――政党、労働組合――の風化とともに、進路は個別化されてきた。その結果、一定の安定性があり、欧州統合の深化を支えうるような社会政治的連合を見出すのは格別に困難になってきた。イタリアやドイツ、フランスやハンガリー、ポルトガルやオランダのそれぞれにおいて連合があり、それらの結合が「ＥＵの新世代」プログラムを支える可能性があるということを思い描くために、読者の才能に訴えることになる。欧州連合の将来は、ひとえにこれら各国別妥協の同時性と持続性にかかっているわけである。

前例のないほどに複雑な――したがって多数の不確実性に襲われている――世界のなかで、経済理論が提供する合理的計算は自らの限界に突き当たる。これが最後の懸念事項だ。そういった文脈のなかでは、感情、物語、政治的コミュニケーション、一面的観念が、たとえそれらがどんなに間違っており危険なものであろうとも勝利する（Bronk et Jacobi 2020）。欧州統合の前進にとって何たるハンディキャップであることか。欧州統合にとって必要なのは、反対に、独自な社会経済レジームを創設する新たな妥協を探求していくに当たっての、プラグマティズムと機転なのである……。

世界という規模では、パンデミックが制圧されたと想定したとしても、現状への急速なる復帰を期待するのは、何はともあれますます幻想的なことである。実際、このエピソードは、二〇〇〇年代以降、社会を引き裂いている大いなる矛盾を例証し、また強化している。相互連結した世界のなかで、社会は経済的にも金融的にも極端に依存的なものになっているが、人口中の大きくなっていく一集団は国家主権という全属性を取り戻そうと熱望している。こうした矛盾を克服できないならば、国際関係が解体し、その結果、大部分の社会経済レジームは危機に陥ることになろう。こうした害悪は欧州連合にも降りかかる。というのも、特化、経済的利害、イデオロギーの対立が続いているので、このことが決定的瞬間――そこではユーロや単一市場の死や激変が起こる――における本来の意味での危機へと通じていくからである。各国経済の再活性化という難題の先にある争点は、技術的なこと以上に次のような問いである。つまり、居残る多くの不確実性を克服して登場しうるような、そのような政治連合や制度化された妥協とは何であるのか。

第9章　危機からの出口——経済・社会・政治を埋めこみなおすこと

経済学者の先入見ほど効果的にわれわれの社会ヴィジョンを曇らせるものはない。
(Karl Polanyi (1886-1964), *La Grande Transformation*, 1944; Gallimard, 1983)

経済学者は現在われわれの社会の運転手となっているが、本来は後部の座席にいるべきだ。
(John Maynard Keynes, *First Annual Report of the Art Council*, 1945-1946)

パンデミックの第一波が制御されたように見えるにつれて、アメリカをはじめとする金融市場が急速な経済的回復を期待していたことが背景となって、各国政府は漸次、封鎖を解いていった。とはいうものの、各国経済が再開したからといって、それは閉鎖と単純に対をなしているというわけではない。実際、封鎖期間中、マクロ経済の規則性はほとんど消滅し、その結果、民間でも政治面でも、意思決定者の課題は、きちんと機能する経済に復帰できるような過程を後押しすることにあった。そのための戦略を構想するのは容易なことではない。というのは、消費の差別化が進み、下請ネットワークが多分に切断され、支払能力のない企業が消滅したわけだが、こうしたことはそれだけ、正常な状態への急速な復帰を危うくする要因となったからである。正常状態は、大規模な公的支援計画が実行されたときに期待されていたことではあったのだが。

現状への復帰は不可能であり、もはや体系をなさないような変容が起こる

二〇二〇年三月、封鎖の決定に対応して各国政府は、企業および家計に対する前例のない規模での支援計画を開始した。例えばフランスで明示された目標は、急速な回復——失われた生産が同年後半には急速に埋め合わされるだろうことを意味する、いわゆるV字回復——が可能となるよう、生産能力やいまの専門能力を全体として保存することであった。三か月後、政府の計画によって援助を受けたのに、大企業は解雇通告を行った。これによって、コロナウイルスから抜け出るとしても生産構造や消費は変容を受けるだろうということが、いよいよはっきりしてきた。もっと根本的にいえば、経済活動の枠組みとなっているあらゆる制度諸形態は、巨大な——そしておそらく持続的な——変化をこうむることだろう（表9—1参照）。

もし政府の支援計画が準ゼロ金利で公債をリファイナンスするという恩恵に浴しているのならば、中短期的には政府による支援策は問題にならない。その代わり、経済循環の管理にかんして中央銀行に付与されていた優位性は限界に到達する。つまり今度は、政府が予算によって介入する番となる。援助や移転は信用保証を補わなければならないからである。まさにこれがアメリカやヨーロッパで見られたことであり、それは金融政策と財政政策の均衡における重大な変化である。

一九九〇年以降、現代国家はイノベーションへの積極的支援をもたらすと想定されてきた。国家は社会保障制度の後見役たるベヴァリッジ型ないしビスマルク型というよりも、シュンペーター型となった。コロナ

表 9–1　あらゆる制度諸形態がコロナウイルスの影響を受ける

制度諸形態	継続するもの	新規／変化するもの
通貨・金融体制	・金融化の上に築かれた体制の不安定性と再発する危機 ・非伝統的通貨政策からゼロ金利へ	・実体経済停止の結果としての株式市場崩壊 ・中央銀行処理能力が限界に達することの認識
競争形態	・国内レベルから国際レベルへ ・新興セクターにおける超国籍的独占の形成	・補助金、資本参加、さらには国有化によるものをも含むナショナルチャンピオンの防衛 ・保健医療部門を含む重要産業における国民的自律性喪失の認識
国家／経済関係	・賃労働者の要求に対抗する企業保護者としての国家 ・未来企業を惹きつけるネオシュンペーター的国家	・緊縮政策がエッセンシャルな公的サービスを貧しくした（保健医療、教育、基礎研究） ・保健衛生保障の責任者としての国家
賃労働関係	・全方位的な分権化とフレキシビリティにより労働契約が細分化される ・賃労働者の交渉力の喪失 ・生産手段と労働の関係の組み直し	・自宅待機が労働形態の多様性と補完性をあばき出した ・国民的ヒーローとしての医療従事者 ・テレワークの加速化
世界経済への参入	・産業と金融のレジームにおいてヒエラルキーを通して君臨する制度形態 ・2015年以後、貿易はもはや世界経済の成長を牽引しない	・エッセンシャルな公共財を国内で生産することが国家に課せられた ・国際的な産業資本・金融資本の要請の以前に国内的要求を満たすことが求められる

ウイルスとの闘いのなかで保健医療システムには各種欠乏が見られたが、そこから浮き彫りになったのは、こうしたことは、医療だけでなく教育・職業訓練・研究に対する公的インフラ支出の面での持続的な過少投資の結果だということであった。政府が持続的に、生政治を行ってきたということも排除できない。

賃労働者が新情報通信技術によって推進された新しい生産パラダイムに加わるか否かに応じて、雇用関係には、賃労働者の身分や報酬の両極化が観察されていた。反対に、素材加工や対人サービスの仕事をつづける人たちは、落伍者となっていった。コロナウイルス関連の死亡率を抑える点で病院や医師団が果たした決定的役割によって、もっと高い尊敬と報酬をという彼らの要求が妥当なことだと認められたように見える。こうして、「各人は自らの労働の社会的有用性に応じて報酬を受けなければならない」という原則が引合いに出されたことは、第二次世界大戦後の賃労働関係を承認したときの原点へと復帰したことを意味する。仮にこの原則が実施されたなら、それはとりわけ金融部門の報酬が爆発的に増加したことによる不平等の拡大と手を切ることになろう。これは将来を巻きこむ第二の転換をなす。外出制限によって停止に見舞われた部門は、前例なきテンポでテレワークを展開することができたが、それは賃労働関係の新しい転換の源泉である。最後に、緊急時に各国政府は無条件で所得支援を行ったが、これをきっかけにしてその延長上に、いくつかの国――例えばスペイン――では、市民に恒久的に与えるベーシックインカムのプロジェクトが展開された。こうして、二〇一七年のフランス大統領選挙を活性化した議論と結びついてくる。コロナウイルスは、ふだんは日々のルーティン的な行いのなかで阻止されているが、しかし積もり積もった各種対立の暴露者であり、大変動の加速者なのである。

封鎖は調整様式を支えていた取決めや慣行を浸食していった

既述のような行動や制度諸形態の変化を考慮するとき、二〇二〇年三月に生産、消費、移動はほとんど垂直的に低下したのだが、その分だけ経済の再開はごく漸次的なものでしかなかった。各種のメカニズムは履歴や不可逆性を含んでいるからである。

失業リスクやウイルス再来を前にして、強制貯蓄から予防貯蓄へ

貯蓄の推移はそのような非連続性のよい例である。実際、封鎖〔外出制限〕はエッセンシャルなもの――すなわち食糧や救急医療ケア――への消費を低下させた。消費が妨げられたので、家計や個人は強制された貯蓄を貨幣の形態で積み増すことになった。こうした備蓄積み増しの行く末には新しい不確実性が待っている（図9―1参照）。

消費しないことのフラストレーションが――あらゆる企業にその用意があるかぎり――爆買いとなって現われるとしよう。この場合、損失が完全には補償されないかもしれないが、早急なる回復を期待してもよい。もっとも損失の完全補償は、レストラン、観光、イベントといったサービス活動にとっては無理であるが。インフレ的緊張を伴った回復さえも想像しうるかもしれないが、しかしこれにも限りがある。というのは、名目賃金はもはや消費者物価に連動しておらず、労働組合の交渉力は大いに低下しているからである。

反対に、いくつかの企業が倒産することによって、〔休業補償を伴う〕部分的失業から完全失業へと転換していくとしよう。この場合、強制貯蓄に代わって予防貯蓄が登場し、活力ある回復はむずかしくなる。人び

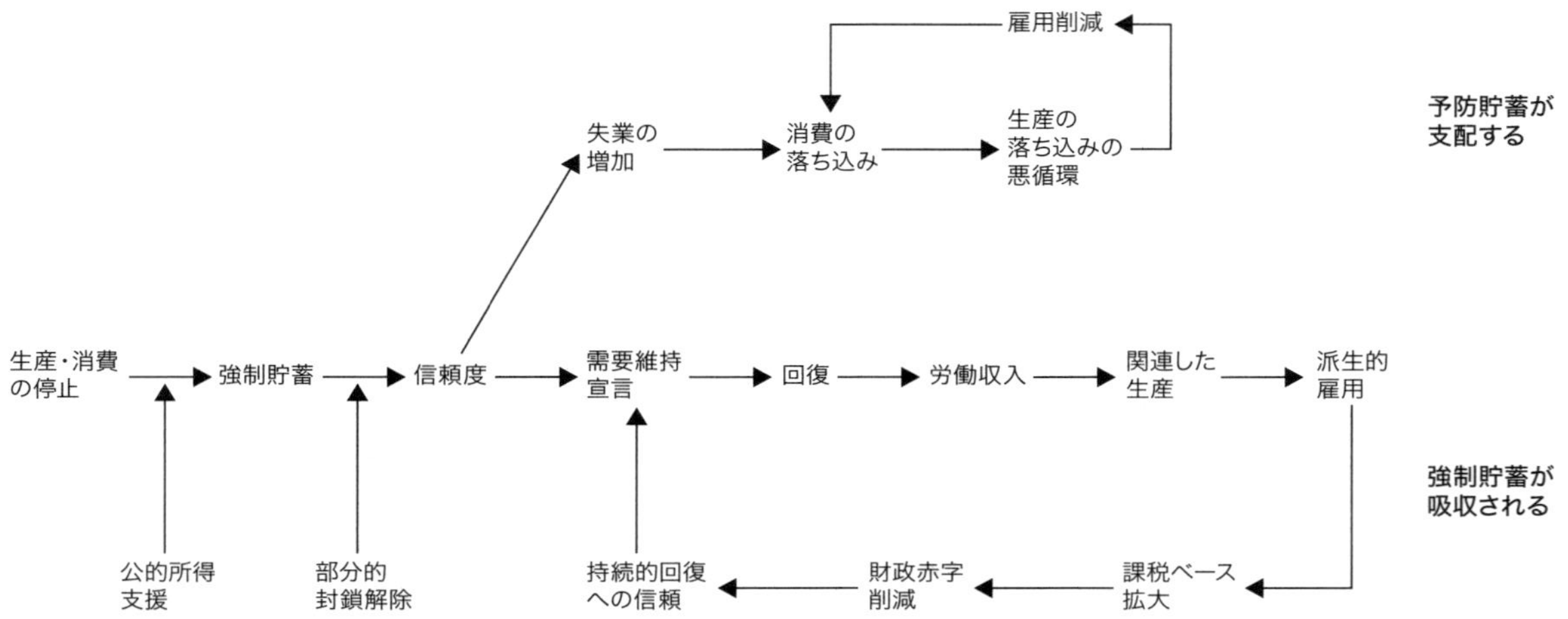

図 9–1　強制貯蓄か予防貯蓄か――新たな不確実性

とがパンデミックからの回復を疑っていれば、それだけいっそうこれが当てはまる。この第二の構図にあっては、むしろケインズ的失業に陥っているのであり、失業の持続化が明らかになるかもしれない。まさにここに貯蓄のパラドクスがある。というのも、貯蓄をして失業から身を守ろうとする賃労働者は消費を切り詰めるのだが、そのことが有効需要の不足を拡大し、それゆえに失業を増大させるからである。

当局内の制度的文脈や当局への信頼度が、右の進路のどちらに進むかという点で決定的な役割を演じることもある。例えばアメリカでは、市場メカニズムへの信頼や家計に直接移転された大量の流動性が、急速な回復を勢いづかせるかもしれない。かといって経済が、コロナウイルス以前の活動水準に戻ることはないが。反対にフランスは、将来にかんして世界中でいちばん悲観度の高い世論が示されている国なのだが、時短就労の後には失業の増加が確認され、それによって克服困難なケインズ的失業へと至る可能性がある。

もう一つの不確実性——顧客やサプライヤーはどうなったか

バリューチェーンの延伸は生産コストの低下という商業的論理によって先導されたものであり、その際、マクロ経済的ショックさらにはパンデミックの勃発——企業勘定はこれを絶対に考慮していなかった——に対応すべく、生産過程の安定性が問題とされることはなかった。同様に、企業に向けられた需要予測は、どちらかというと予見可能なグローバル市場の内部で、品質と価格の間で裁定するという戦略に立脚していた。コロナウイルスによって、これら二つの仮定は、生産停止の持続期間いかんで損なわれてしまいかねない社会構成に淵源していることが浮き彫りになった（図9—2参照）。

それゆえ、あらゆる企業は自らの中期的展望を見直さねばならず、以前よりも大きな不確実性に立ち向かうことになる。とりわけ、企業はたんに流動性制約——これは信用へのアクセスによって克服されうる——

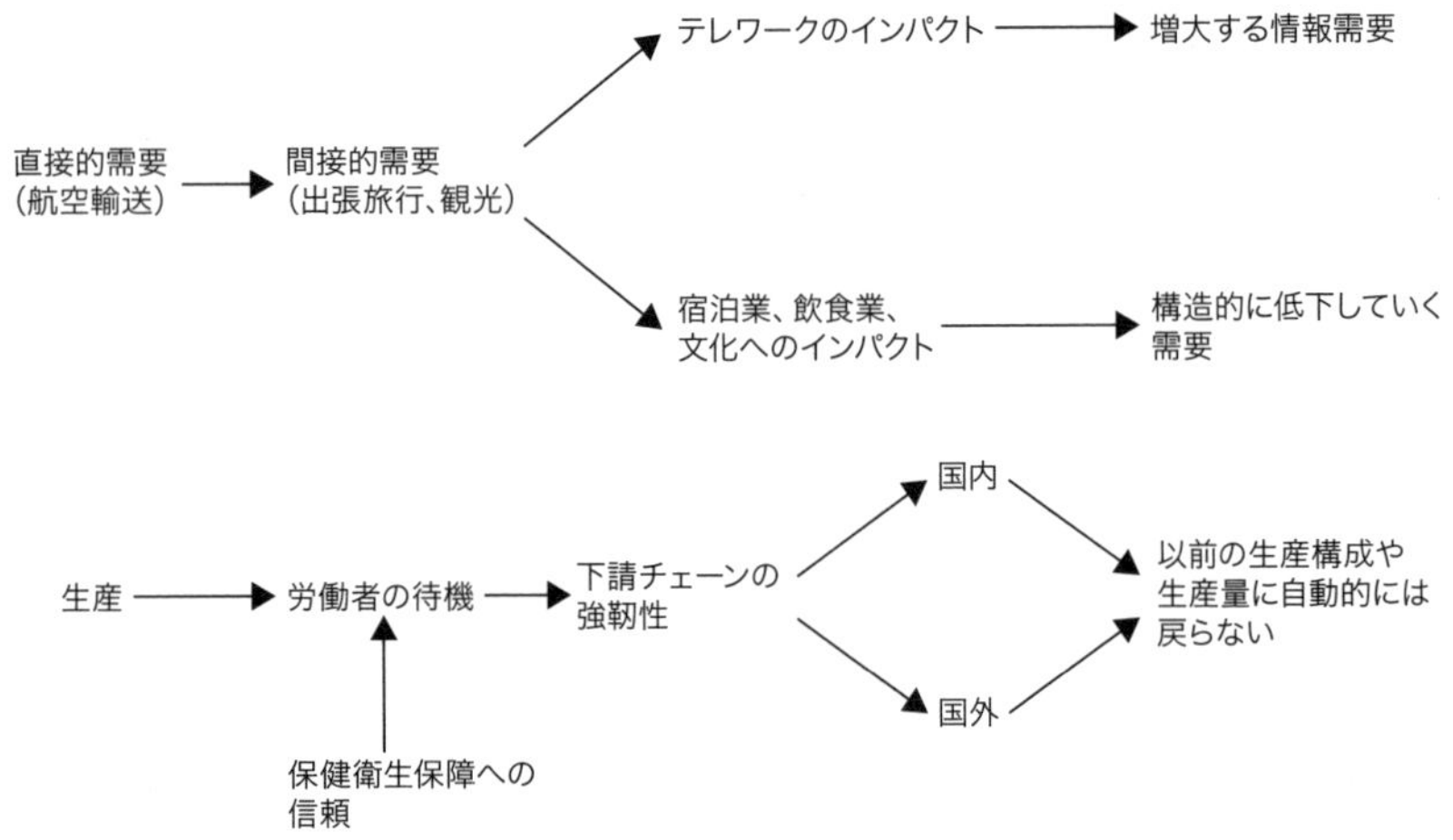

図 9–2　新しい不確実性――顧客とサプライヤーはどうなったのか

に向きあうのでなく、自らの収益性の源泉――例えば拡大する需要による収穫逓増の動員――が消滅することによる倒産のリスクに直面する。

ある意味で、下請けにかんする意思決定はさらにいっそう困難なものとなる。最終製品のための各種構成要素の調達レベルが増加してくるとともに、経済活動が再開されると、発注者は、顧客や収益がないので大切なサプライヤーがもういないということを知って驚くことがある。こうしたリスクは、バリューチェーンが国土を越えて国際分業にまで拡がっただけに、それだけ大きくなる。

部門間・地域間の極端な異質性に直面して伝統的政策は限界に達した

金融危機を含むほとんどの危機にあっては、経済活動再建のためには大きなマクロ経済変数に働きかければ十分だということが分かっている。企業支援計画の後、封鎖政策からの出口もまた、課税、公共支出、経済刺激策にかんする計画を含んでいた。だが、経済の各種部門間の接合が切れてしまっていることもまた考慮する必要がある。同じ治療法を一義的に適用することはできないからである。

部門間分岐の進展

製造業部門では、不確実であまり伸びない需要を前にして、規模の収益がその重要性を失うリスクにさらされている。だが、人工知能が大きな貢献をもたらすことが想像でき、この貢献は工業過程のロボット化の追求のうちに見られる。建設部門は、建築現場の作業停止や物理的〔身体的〕距離《フィジカル・ディスタンス》という措置によってとりわけ悪影響を受け、これによってむしろ生産性が低下するはずである。商業や物流はといえば、これらはeコマースというプラットフォームのおかげで規模にかんする収穫逓増の局面にあり、このプラットフォームは経済回復局面で互いに追いかけ合うチャンスに満ちている。企業向けサービスについてもよく似た展開があることが想像できる。というのは、テレワークが幅広くひろがり、やがて通勤費やオフィス賃借料の節約が可能となるからである。

これと反対に、対人サービスは大部分、提供者とユーザーが対面するという形での交換のうえに成り立っている。ウイルスの再発を抑えるための障壁を長く維持することは生産性の低下を意味し、そこから、例えば介護保険を賄うための資金調達という難問が生じてくることがある。医療部門は特別の位置にある（第5章参照）。医学は、いっそう大量の投資や投入機器の高度化と対をなして進歩していくからである。最後に教育は、パンデミックとともに質的な飛躍を経験した。パンデミックは、以前よりもはるかに大量にデジタル手段を利用するよう強いたが、だからといって、デジタル時代に適合した教育モデルが見つかったというわけではない。これらはどれも、危機からの出口について部門別アプローチが必要な理由であり、以前のほとんどの大危機とくらべて新しい点である（表9—2参照）。

表 9–2　生産性を規定する諸要因の部門別分化

中長期	規模の収益	組織の合理化	投　資	労働強化
製造業	成長がきわめて弱いと低減	すでに強力に進歩（AI）	量にかんしては不確実	すでに強化
建設	存在しない	容易ではない	職場の労働環境・個人の住環境にかんする新しいコンセプト	下請や派遣労働者を介して
商業・物流	デジタル配送においては相当程度	プラットフォームの集中を介して	e コマースにおける増加	進行中、困難な収益
専門的サービス	デジタル化を介して	時短就労の支配に向かう	設備とソフトウェアにおいて	暗黙裡にだが、ありうる
対人サービス	認められない	困難	過去には高い収益性 しかし顧客ニーズの現金化の課題がある	困難（ロボット化？）
保健医療	病院にはなし	過去には極端で反生産的であった	突発的事態に備えるための余裕能力を含む	すでに相当程度
教育	概念体系の再構成が起これば可能	官僚制の抑止	ソフトウェアおよびインフラに	可能

経済回復を阻害している不均衡をどのような順序で除去していくか

マクロ経済的問題を扱うに際して、理論家や政策遂行者は集計的モデルを構築し、経済総体を代表する一企業や一行為者が存在するという——大胆ではあるがきわめて安易な——仮説を採用した。こうした方法は、コロナウイルス危機からの脱出過程を解明するには完全に不適切である。というのも難題は、状況の異質性や、異なる諸部門の寄与の間の均衡回復を定式化する必要にかかわるからである。

その創設者の著作（Nelson et Winter 1985）以来、経済過程への進化論的アプローチが発展してきた。経済過程は、財市場や労働市場で相互に作用しあう異質の各種アクターの側での、競争による淘汰や模倣による学習のメカニズムを通して展開するという見解である。そこから分かるのは、短期的にも長期的にも、大きなマクロ経済的モデルがその上に築かれる規則性とは、事実上、旧企業消滅と新企業創出を含む対照的な各種進化の集計から引き出される、生成途上の諸特性のことだという点である。

これら諸研究は以下の点を明らかにした。すなわち、いくつかのボトルネックが経済全体の進化を条件づけており、その結果、公共当局の優先的課題はそのボトルネックを開けることであって、全方位的で大域的な介入——これでは経済活動阻害の核心に届かない——を増やすことではない（Auray et Eyquem 2020）。

よく機能する経済システムを再発見するために好循環の連鎖をつくること

ここでケインズ理論にかんする明快な解釈に戻ってみるのが有用だ。この解釈は、価格システムがもはや資源配分を効果的に道案内できなくなった経済において、これを行為者間のコーディネーションの失敗として説明している（Leijonhufvud 1968）。

ケインズ的メッセージの現実性——需要は生産および雇用の決定要因である

二〇〇〇年代以降、経済学者の間では激烈な論争が起こった。一方で古典派は供給の刺激を提案し、他方でケインズ派は需要喚起を主張した。けれども、コロナウイルスによる経済の停止によって光景は一変した。たしかに支援プログラムが目指したのは、企業が信用や収益の面で苦境にある時期を乗り切るのを援助し、それと同時に、家計の最低限所得を保証することであった。にもかかわらず、経済活動を漸次解放していったら、需要喚起が重要だということが浮き彫りになってきた。実際、固定費の大きさを考慮すると、落ちこんだ需要——部門によって三〇％から八〇％の落ちこみ——は収益の低下を意味し、もしこの低下があまりに長期間つづき信用のリファイナンスが底をつくならば、企業は倒産してしまう。解決策は、企業の代表者たちが要求しているように、いわゆる生産にかんする税率を下げることにあるのだろうか。残念ながら、こうした救済法は、企業に向けられた需要の再建に対するお粗末な代替品でしかない。なぜならこれは、企業がその生産能力の正常な稼働水準に達したあとで、収益を上げるために重要なメカニズムなのだからである。右は「ケインズ的供給ショック」の信奉者の提案であって、彼らは不均衡下の経済——そこでは非自発的失業が広く見られる——にあっては、供給に対して需要が先行するのだと再確認する。しかし需要に対する行動は、税制による供給政策にとって射程外のことである。なぜなら、セー法則とはちがって、いかなる企業もそれ自らの需要を生み出すことはできないからである。セー法則は、事後的均衡とこの均衡への到達過程を混同しているわけである。

一例を挙げよう。ほとんどの欧州諸国は、なぜ観光——国際観光がだめなら国内観光——の再開に向けて懸命に動いたのか。何よりもまず、多くの国にとって観光収入はＧＤＰの重要部分を代表しているからであり、また、これはきわめて労働集約的な部門だからである。加えて、公衆衛生上の安全が保証されるかぎり、つらい外出制限が解かれた後の需要が大いに見込まれる。だが観光部門の再開は戦略的な役割をもつ可能性がある。もし観光が回復すれば、航空輸送も同様な方向に向かって再開し、それによって、ほぼ八〇％の減便を余儀なくされた航空会社の大損失を食い止めることができよう。もしこの観光ブームが実現し時の経過とともに確固たるものになるならば、航空機製造の危機は克服されるとまでは言わないとしても、緩和されることになろう。航空機製造の大企業が活動を再開すれば、下請けの仕組みを通して今度は、下請業者のネットワークに波及効果が及ぶ。下請業者の復興は雇用の増加や賃労働者の購買力上昇につながる。一定期間の後、これによって再び、賃労働者の所得のかなりの部分が観光支出に振り向けられると想像しうる。こうして、よきスパイラル――正常な経済に復帰する前提――が始まる可能性があろう。もちろん以上は、単純化された表現でしかない。こうした結果が達成されるためには、さまざまなスパイラルを関連づけ、あらゆる部門間相互依存を動員しなければならないからである。

比喩的にいえば、経済活動はつねにパンデミックの再発という脅威のもとにあるのであり、危機脱出政策は、そういった経済活動が再開されるような好循環を連結させていく技となるのである。

各種取決めの補完性と制度諸形態を再調整すること

こうした好連鎖の探究は、個人としてのアクターの能力を超えている。なぜならこの探究は、各種期待を社会化し各種戦略を方向づけるような、そのようなコーディネーション手続きが構築されることを意味するからである。この戦略は部門／地方と一国という、二重のレベルに適用される。

情報の共有は、部門別ないし地方別の取決め——これは正の外部性を考慮し内部化することを保証する——を交渉するための出発点として役立ちうる。部門レベルでは、企業家の事業団体や賃労働者の代表者が、雇用や——部門活動の推移に合わせて調節される——労働時間の管理について理解しあうことができる。こうして、生産の再編成や需要構成の変化に対して労働契約を適合させていくことが受容されるのを保証するような、そのような一定の予見可能性が促進されうる。地方レベルでは、農業生産者と消費者を直接に関係させることによって、部分的に、コーディネーションの失敗——これが大きな分配回路へのアクセスを阻んでいる——が克服されうる。もっと一般的には、地域通貨の属性とは、地域密着型生産システムと共同体の必要物との整合性を推進することにある。このような各種タイプの取決めは、それだけ不確実性を縮減させていく。それらは経済の回復がぶつかる困難に対して根拠のある対応を可能にするからである。

一国経済のレベルでは、危機からの出口の力強さは相異なる活動領域の相互調節にかかわっており、各種領域が再び整合性のある総体を形成するようになる点にある。例えば、健康へのリスクが減少するにつれて学校を再編することは、子どもの復帰を促進し、時短就労は別にして、働くことができなかった両親を解放するはずである。だが、企業内での労働への復帰は、今度は、自宅・職場間の移動時と同じく職場でも健康上の安全が保証されることを想定している。結果として、集合的サービスもまた含まれる。というのも集合的サービスは、私的活動の再開にとっての障害を除去しなければならないからである。アクターをしてこうした構造的困難に何度もぶつからせるのでなく、前例なき経済情勢に反応して、予見可能で敏速な調節を再度もたらすようなルールを作ることは、公権力の仕事なのである。

社会的諸時間を再び同期化すること

コロナウイルスはあまりにも長きにわたって忘れられていた自明なことを、不意に浮き彫りにした。社会というものは、あらゆる活動の時間的同期化のおかげで機能するのだ、ということを。封鎖はパンデミックの時間のうえに経済の時間を連結した。物理的距離を確保するという措置が緩和されて、各種時間軸の対立が現われてきた。経済の時間が再びコロナウイルスの時間よりも優位を占めることになるのか、それとも逆に、経済回復はワクチンについての医学研究の進展のうえになされるべきなのか、と。

教育制度、企業組織、輸送・公共サービスの管理を整合性あるものにするという、先の例は、公共の時計の同期化という問題をも提起しており、これは生まれるかもしれない補完性のある取決めが有効性をもったために必要不可欠の条件である。実際、比較分析が示すところでは、この点は特別な変数となりうるということだ。つまり各社会において、創成期の制度化された妥協は、特定の社会的時間――巨大産業の時間、次いで大量消費の時間、最後に金融の時間――が経過するにつれて衰退していく。

さて、金融の時間はパンデミックの時間に席を譲らなかった。それというのも、アメリカの株式市場は依然として残り世界にとってのフォーカル・ポイントたる役目をはたしているのだが、二〇二〇年六月、この株式市場は大量失業やアフリカ系アメリカ人の権利を守る社会運動に対して、無関心のままであった。金融関係者は、いくつかのワクチンが発見される見込みがあり、それゆえ、危機は克服されると考えているようだった。だが彼らは、アメリカの中央銀行による大々的な金融緩和がこの熱狂的株価の源泉だったということを忘れており、それによって、二〇二〇年三月に広がっていた根本的不確実性への反応における、相場のヨーヨー的な値動きが中断された（第3章参照）。

経済再編の設計者としての国家

将来ヴィジョンが必要であり、それは通例、行為者たちのコーディネーション能力を超える、ある程度の一般性を想定している。第二次世界大戦の終了時、少なくともフランスでは、誘導的計画化がこの機能を果たした。つまり国家に守られながら、企業・賃労働者・公共行政の展望を、核心となる発展経路を軸にしつつ社会化することであり、その際、国内的および国際的な偶然事に対応する装置が、これを補完することになるかもしれないが。

当時とくらべて時代の文脈はたしかに変化した。だがこの戦略は、コロナウイルス危機からの脱出にとって、先導者とはいわないまでも、同伴者として置き換えてみることができる。広範な協議をへて国家はその優先事項を以下のように告知する。すなわち、中小企業部門でのデジタル経済の促進、二〇三五年を目途に脱炭素経済という目標の追求、高齢化およびパンデミック再発に対処しうる保健医療システムの準備、がそれである。これらを告知することによって、たんなる可能性にとどまる分野が減り、私的行為者のリスクテイクが容易となる。このことは、パンデミックのせいで利益が上がらなくなったり販路がなくなったりした企業が閉鎖されることにより、自らの雇用を失うであろう人びとみなへの雇用提供を目ざした新しい経済活動を生み出すのに貢献する。生産システムが過去のそれとはちがうものとなるという告知は、情報と管理の資本主義から人間形成型発展様式に至るまで、事実上、可能性の分野を開くことになる。このとき「グリーン経済」という、何度も語られる約束が、投資によって具体化されてくるであろう。その対価として、こうした新しい仕事に向けての熟練再形成や職業教育の努力が要請されることになろう。こうした対価は、社会保障分担金免除のおかげで——もはや低熟練雇用の防衛のうえにでなく——職業教育や能力刷新のうえに立った賃労働関係の重要な構成要素なのである。だが、これらすべての展望のためには、信頼の復帰という前提条件が必要である。

信頼の復帰——不可欠だが簡単でない

物理的距離をとるという時代に社会的紐帯はどうなるのか

各国政府が経済活動の再開を決定したのちにも、ウイルスが社会中に蔓延しているからには、標記の問いは二次的なものではない。したがって人間同士の接触は、パンデミックの新しい波——疫学者によればありうるシナリオ——を阻止するために、距離を取ったものでなければならない。各人は緊密すぎる接触を避けながら全員から自己防衛をすべきだという、こうした態度が意味するちぐはぐな認識を、過小評価することはできなかろう。この外出禁止措置は対面行為を前提するサービス業にとっては大きな損害をもたらす。レストラン、ホテル、観光、興行などの活動再開が遅れているのは、多分に、ウイルス感染の怖れから説明される。ところでこれらは雇用集約部門であり、失業を吸収するために重要な部門なのである。

もっと根本的なレベルでは、コロナウイルスはある逆説的な構図を明らかにした。その構図は、ウイルス伝播をブロックすることにより世界的な連帯をいっそう保証するためには、周りの他人を信じないという逆説的な特徴を示している（**図9—3参照**）。実際、社会経済的分析から浮かび上がるのは、反対に、個人間信頼と組織・社会内の信頼とは一般に歩調を共にするということだ（Algan et Cahuc 2008）。フランスのような不信の社会では、パンデミックの管理はむしろ、政府による意思決定の有効性——そして時には正統性——にかんする疑念を深めてしまった。不満をもつ市民は、政府がその約束を守ることができていないと不平をこぼす。例えば、マスクを早急に入手できるようにするという約束についてだが、最初はマスクなど不

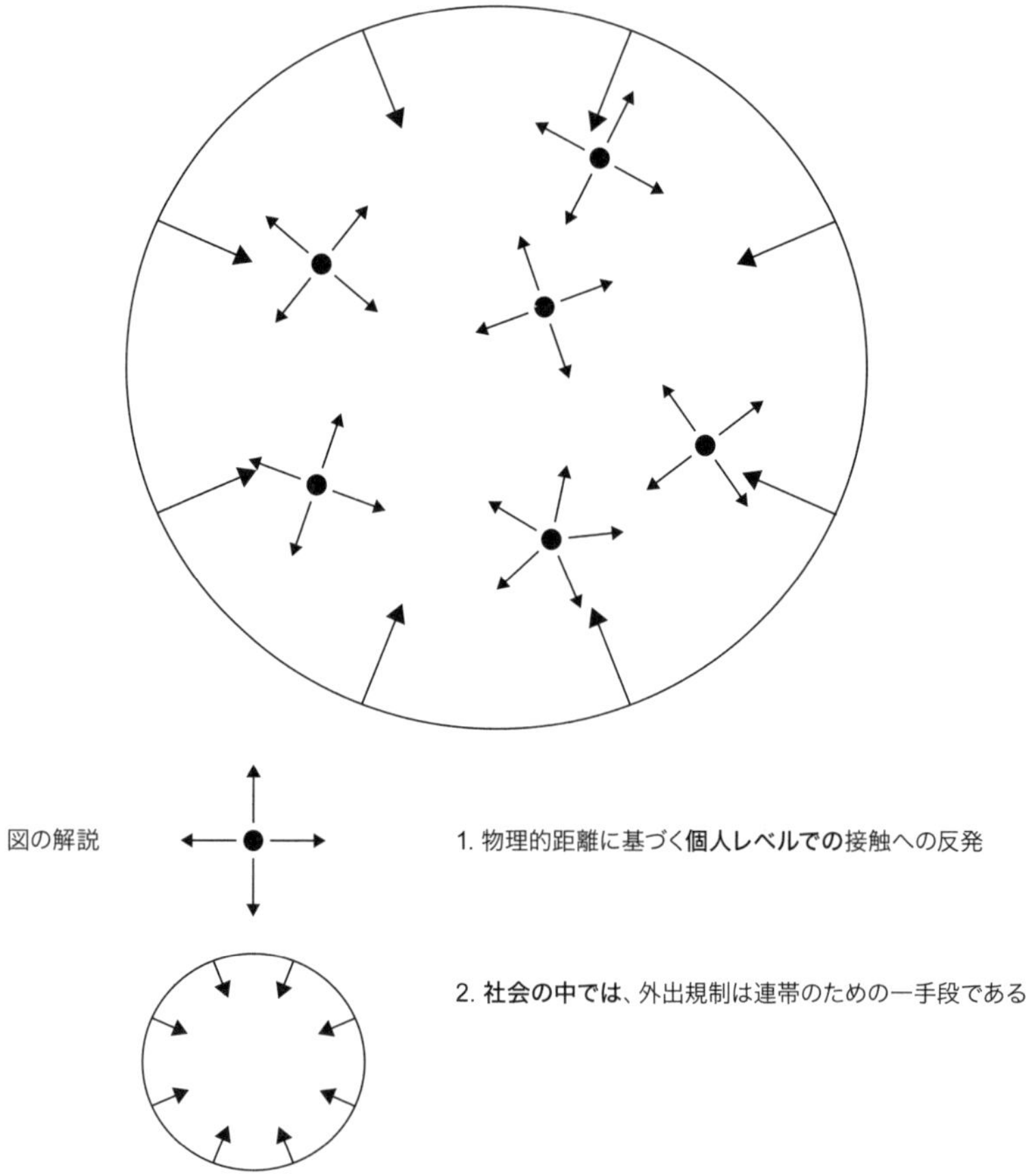
図の解説
1. 物理的距離に基づく**個人レベルでの**接触への反発
2. **社会の中では**、外出規制は連帯のための一手段である

図 9–3　物理的距離のパラドクス
——他人は脅威になりかねないが、物理的距離はパンデミックに対する集団的な防御戦略となる——

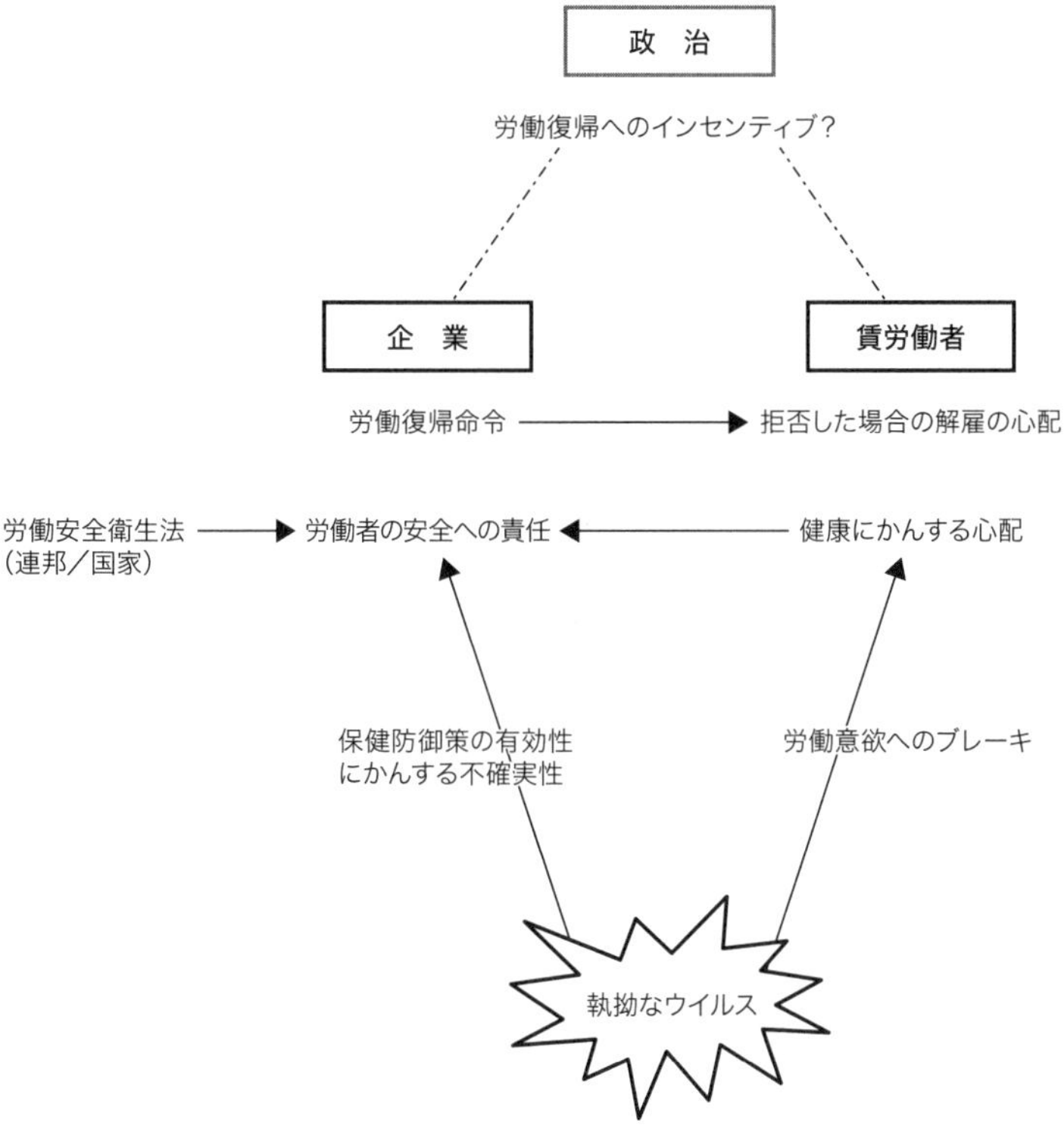

図 9–4　政治・企業・労働者間の責任分担の組換え
——社会的紛争の源泉——

要だと言われ、次いで交通機関や密閉空間では推奨され、さらには義務だとさえ言われた。同じく、公権力の科学顧問に付与された信頼は、専門家、病院医、ウイルス学研究者、感染症波及モデルの計算者の間で評価の食いちがいが出てくるとともに、次第に崩れていった。政府は、科学的決定論という外観のもとでの政策決定を隠せなくなるだろうか。それは最後には、政治的行政的責任者に逆らって、プロセスの多様性を引き起こすまでになる（第4章参照）。

市民権《シティズンシップ》〔市民的関係性〕や独特の資本主義を構築するに当たっては、国家が歴史的役割を果たしたことは知られている。その国家への信頼がこうして失われるということは、ポスト・コロナウイルス経済への再編プラン全体の有効性を危うくしかねない（図9―4参照）。

デジタル化は社会的紐帯の脱物質化に貢献する

テレワーク、テレビ会議、ウェブセミナー、さらにはリモート試験の時代において、人間関係はどうなるのか。労働現場での接触が中心となるということは消滅し、このことは社会的アイデンティティ――集団への個人の帰属の優位――の形成に影響なしではすまないであろう。次に、雇い主のための労働、家庭内活動、さらには余暇の間の境界線がはっきりしなくなる。その結果、もはやパノプチコン的で人的なコントロールでなく、デジタル化され自動化されたコントロールにおいて、追加の一歩が踏み出されることになろう。部下に対する雇い主の権限の行使は、私生活への侵害だと必ずしも思われることなく、いっそう完璧になされる。最後に何よりも、同一の製品やプロジェクトに対してさまざまな貢献者が時間的に切断される可能性があるが、このことは、もはや同期化される必要のない一連の課業へと労働を分解していく方向へとさらに一歩押し進めることになる。デジタル技術は二一世紀のテイラー主義に対して、思いがけない領野を提供しているわけである。

外見的には無償のサービスの対価として、個人データの商業的利用を受け入れることは、社会的ネットワークに固有なことであった。しかしそれが今や、たんに余暇にだけでなく、生産活動にまで広がった。デジタル化によってこれらあらゆる遠隔的プロセスが結合された結果、領土上での、さらには都市や都市計画の考え方のうえでの、活動の空間的分布が変わろうとしている。ホモ・ヌメリクス〔デジタル人間〕は見えざる手によって並べられた個人――つまり理論家のいうホモ・エコノミクス〔経済人〕――のトロイの木馬となるのであろうか。

労働紛争の復帰――コロナウイルス面での保護と雇用への脅威

アメリカよりもヨーロッパ社会では、労働者の闘いによって最終的に、労働組合、労使間の勢力不均衡を抑制するための労働法、社会保障制度が形成された。数十年にわたる規制緩和や雇用フレキシブル化によって、これらの獲得物が削り取られたにもかかわらず、こうした法的土台は依然として、自分たちの保障や所得の削減に反対して賃労働者が利用できるテコとなっている。

こうした枠組みのなかで、パンデミックは独自な資本／労働対立を登場させた（図9―4参照）。二〇二〇年五月以来、ヨーロッパ企業はウイルス伝播に対する障壁をゆるめるよう、政府に圧力をかけた。感染者が出たいくつかの企業では、労働者のなかには労働現場に戻ることを拒否した者もいた。保健衛生上の予防措置が不十分なので、自分たちの健康が危険にさらされていたからである。それゆえ裁判所は対立している二つの権利の間で裁定をしなければならなかった。経営陣は、労働復帰命令に従わない者は全員解雇する権利があると言い、賃労働者は、自分たちが企業内で働くときには、経営陣は労働者の――保健衛生面を含む

――安全を守るよう法律によって義務づけられており、だから労働辞退の権利が正当化されるのだと主張した。各事例ごと各国ごと、裁判官たちはこの対立に異なった解決を示すことになった。というのは、フランスの法学者モーリス・オーリュー（一八五六～一九二九年）の言葉によれば、「法とは諸勢力間の媒介物であり」、この諸勢力は各国民国家ごとに違っているからである。

来たるべき対立のもう一つの源泉は雇用の防衛にかかわる。フランスでは、部分的失業への補償が時短就労への補償に取って替わられていくにつれて、十分な需要水準が戻ってこなかった企業は、なかには国家から大きな支援を受けてさえいた企業もあったのに、解雇をしはじめた。だから賃労働者の代表者は、雇用維持は公的援助を受けるための条件であるはずだと主張し、個人および集団の能力の保存ということを持ち出してきた。対立は政治領域へと移ることになり、政府は先に見たトリレンマに向きあわねばならなくなった。どうしたら、これ以上財政赤字を深刻化することなく、経済的再建と社会的平和を和解させることができるか、と。

ポスト・コロナウイルスの政治同盟――不可能なミッションか

こうした対立を克服しうる政策を構築することはできるのか。いくつかの歴史的先例が示すところでは、デンマークの「フレキシキュリティ」のように、社会のイノベーションによって企業の適応と賃労働者の安全維持は両立させることができる。だがしかしパンデミックが生み出した状況には、ある切断が刻まれている。新しい時代を創設する制度的妥協を追求することのうちには、これ以降、三つの障害が立ちはだかるからである。

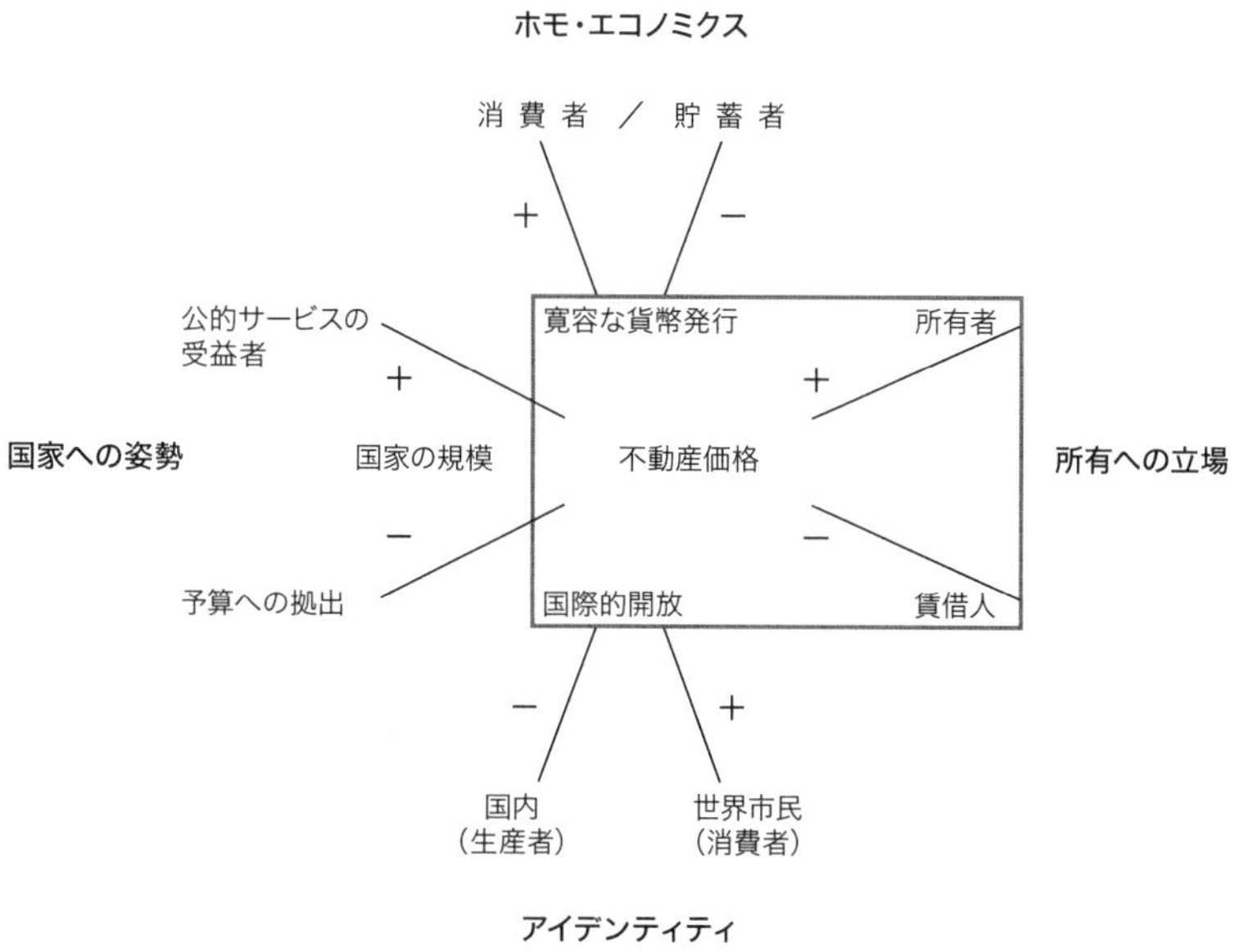

図9–5　分裂するアイデンティティ、ヘゲモニー・ブロック形成への最初の障害

分裂したアイデンティティをもつ諸個人をうまく並べなおす

長期的な歴史のなかでは、社会経済レジームは、以下のような教科書的対立によって定義された社会諸階級とのかかわりのなかで構造化されうるものだった。つまり、先資本主義的レジームにあっては土地所有者が農民と対峙し、産業資本主義では労働者が資本と対立し、金融資本主義では企業家対金融家というもう一つの区別が入ってくる、と。第二次世界大戦後、国家の役割が増大し社会保障制度が形成されるとともに、社会諸関係は著しく複雑化した。というのは。その分だけのアイデンティティを定義するいくつかの社会関係が共存していたからである（**図9—5**参照）。

例えば、二〇〇八年危機の克服を可能にした寛容な貨幣政策を前にしたとき、経済の行為者たちは、貯蓄者としては自分たちの資本がわずかな報酬しかあげないことを嘆いたのであるが、消費者としては容易な信用機会があったことを評価した。アメリカでは消費者が貯蓄者にまさっていたとすれば、例えばドイツでは逆のことが見られる。第二の区切りは住宅所有にかかわる。低金利によって刺激された需要に直面して、所有者は値上がりを喜んだが、賃借人は、家賃が高くなりすぎたので都心を離れざるを得なかった。

おまけに、現代国家はまことに多様な公共サービスや社会的移転を組織しており、課税によってこれに資金調達できるような収入を徴収している。市民は良質な公共サービスの要求者であり、同時に、税制がきわめて重たく自らにのしかかっていると考えている。フランスでは、こうした矛盾が黄色いベスト《ジレ・ジョーヌ》の要求のなかにも見られるが、こうしたちぐはぐな認識はこの国ではかなり一般的であるように見える。他所で以上に、各人は他人が支払ったであろう公共サービスの利益を受けようとしているかに見える。

最後に、経済の国際的開放への立場をめぐっては、矛盾した評価があちこちに見られる。つまり賃労働者は、自分たちの所得の上昇を抑える国際競争について危惧をいだきかねないが、消費者としては、低賃金諸国由来の輸入品による相対価格の低下の利益にあずかれることを評価している。

こうした矛盾した推移のゆえに、政府の経済政策は確実に複雑性を獲得することになる。選挙民の大多数を満足させることはますます困難になるからである。こうして、いったん人びとへの予想外でネガティブな効果が確認されるや、ある意思決定がたびたび再調整されたり、時には中止されたりすることが説明できる。それゆえにこうした複雑性は、個人による国家行動の評価を攪乱し、政府の大いなる日和見主義——これは経済政策にかんするイノベーションよりも現状を優先する——を引き起こすことがある。というわけで、特定のグループに悪影響を与える措置を標的に据えて政治連合を構築し維持することは、ますます困難になる。

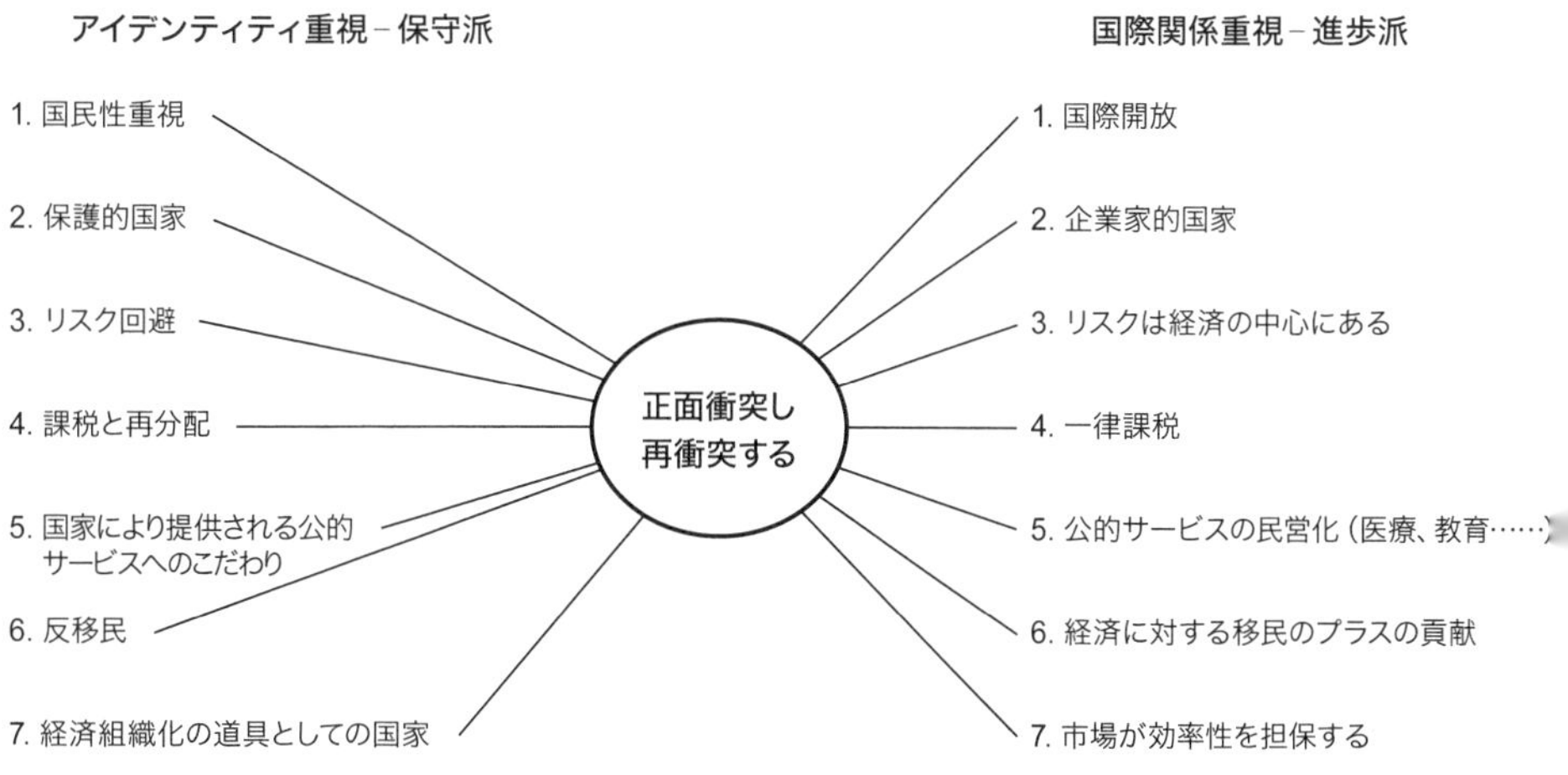

図 9–6　不可能なヘゲモニー・ブロックの探求
——同一国に存在する社会の 2 つの相反する見方——

二つのイデオロギー／政治ブロックの間の対立の反復

すでに見たように、ヘゲモニー・ブロックの形成は社会経済レジームが持続するための条件である（Amable et Palombarini 2018）。合理的計算なるものは無力であるからには、発見的方法《ヒューリスティック》に訴え、諸個人がそのもとで自らの位置を定めていくような物語を提起しなければならない。

二〇〇〇年代以来、アイデンティティ重視‐保守派的な物語が、ますます多くの国で多数の者を集めるようになった。ポピュリストの運動や政権はその基盤において、経済的社会的プロセスの複雑性——不確実性の一形態の源泉——を、単純——しかも単純主義的——だが動員力のある言説によって乗りこえようと提案した（Bronk et Jacoby 2020）。こうした言説は国際主義‐進歩派と形容されるブロックの言説への返答であり、この派は、経済的繁栄をもたらす不可抗的なグローバリゼーションという考えを守ろうとする。こうして現代社会のなかには、互いに応酬しあう二つのイデオロギーの間に亀裂の線が走っているのである（**図9—6参照**）。

それゆえ、連帯の空間としての国民を守る者に対しては、世界経済――これは近代性をもたらすと考えられている――への統合の支持者が対峙している。国民重視派の多くにとっては、国家はいちばん弱い者を保護する役割を果たし、他方、世界経済重視派の多くにとっては、国家は新しい世界を構築してゆく企業家の味方でなければならない。経済的リスクは、アイデンティティ重視派には脅威として、国際派には進歩の源泉として、まったく異なったかたちで認識されている。税制を通じての再分配のためには累進課税が実施されなければならないが、他方、国際化の信奉者たちは利潤や経済的ダイナミズムを鼓舞すべく、単一税率のために闘う。アイデンティティ重視論者は国家によって保証された公共サービスに執着するが、進歩主義者はそこに非効率の源泉を見て、これを民営化や官民パートナーシップによって乗りこえようとする。同じように移民についての見方も正反対である。一方にとっては移民は脅威であり、他方にとっては国民経済にとって利益だという。

これらすべての対立は、まったく異なった経済の考え方へと分極化していく。一方にとっては、国家は経済の調整者にして後見人たる義務があり、他方は、市場競争のみが経済のダイナミズムと生活水準の改善を促進することができるのだという。

国民レベルでの政治的媒介の停止

こういった文脈では、政党、労働組合、メディアが政治生活において増大する役割を演じるようになると想像できよう。だがフランスでは、最大の称賛を得ているのは病院、中小企業、軍隊、警察、学校なのである。ここではコロナウイルス危機によって、市区長や病院が主要な位置に躍り出たのであり、他方、中央の行政機関は市民の期待に応えられなかった（図9―7参照）。このように地方当局の方が、あれほど待ち焦がれたマスクの生産や購入を組織しえたのであり、これが中央国家の欠陥を部分的に埋め合わせたのである。

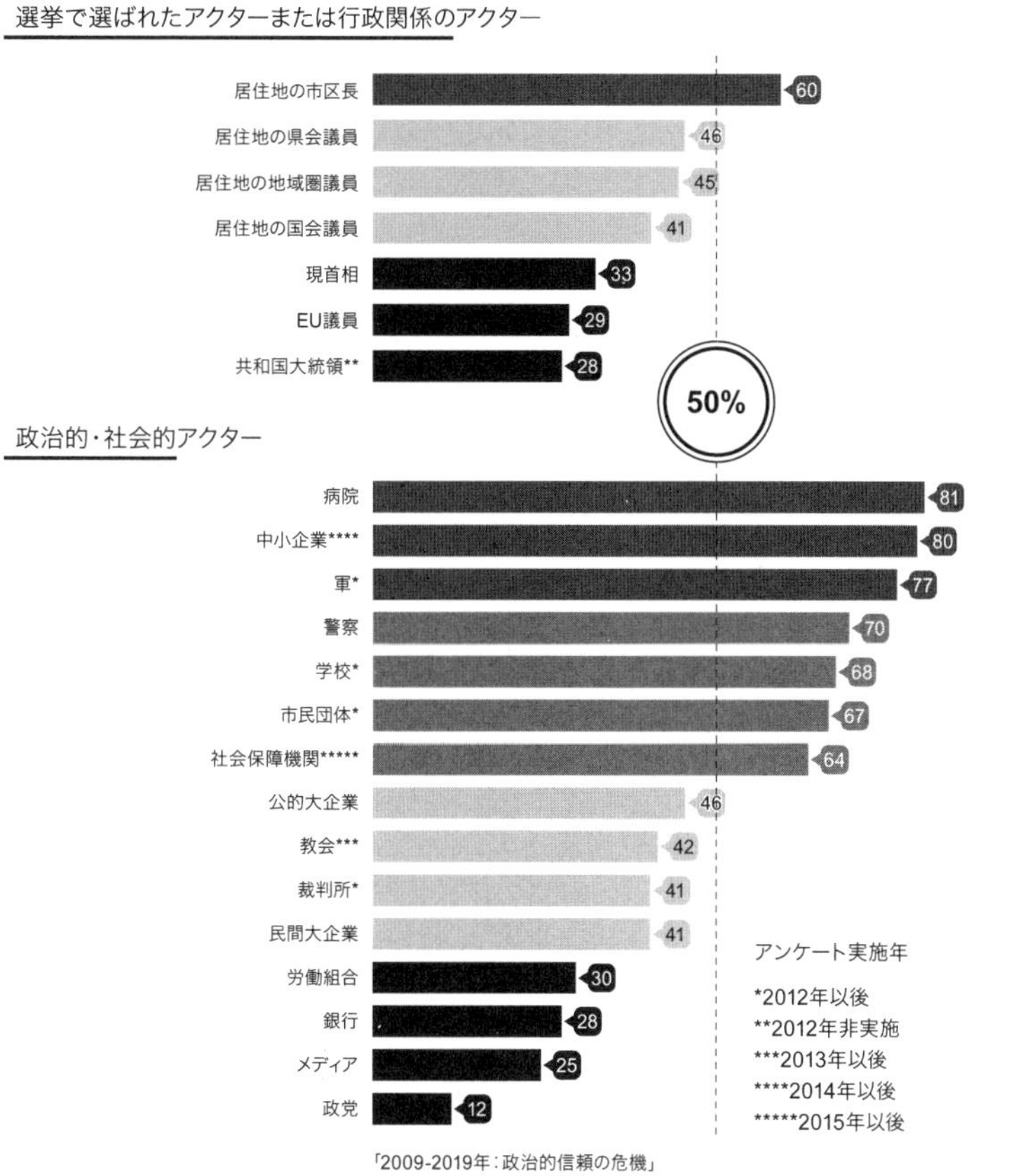

出典）MADANI Cheurfa et CHANVRIL Flora (2020), « 2009-2019 : la crise de la confiance politique », Cevipof Sciences-Po, Paris.

図 9–7　フランスではコロナウイルス危機により、市民の信頼を得ている２つのアクターがはっきりとした──病院と市区長である

同じく病院は、これまで公的な政策決定者の眼には組織的に非効率なものとみなされていたのだが、緊急事態のなかで、驚くべき適応能力を示した。

このように、劇的な事件に対応するなかで、地方のレベルはコーディネーションの創出にうまく適合し、他方、他の各種レベル（県、地域、国）は、結局はあやふやな責任の重複によって麻痺してしまったように見える。残念ながら、こうした地方レベルの肯定的役割は新しい発展様式を出現させるには十分でない。新しい発展様式は必然的に、国民国家の全特権を含むからである。経済回復を刺激する効果的な様態についての研究が示すところでは、産業政策型ないし部門政策型の手段は大企業にはうまく適用されうるが、しかし、それは――それがかかえる問題に焦点を当てた介入がないと倒産のリスクがある――中小企業を支援するためには動員されえない。こうした袋小路から次のような革新的な提案が引き出される。つまり、短期の名での国家援助が中小企業の経済活動と雇用を効果的に救いうるかどうかを決定する配慮は、これを商業銀行に任せるという提案だ（Blanchard, Pisani-Ferry et Philippon 2020）。企業発の情報を処理する点で、銀行をこのように復権させることは歓迎されよう。なぜなら、これと反対に、株式市場のみが資本の効果的な配分を可能にするという考えは、もう過去のものだからである。不確実性効果のもとでの株式相場の投機的暴走のゆえであったり、さらには、株式市場にアクセスできない中小企業の信用を管理することができないからであったりして、それは過去のものとなった。

最後に、国家への信頼の欠如は国家の有効性の喪失ともかかわっているのであって、たんに市民に対する国家の垂直的関係だけのゆえではない。地方というレベルは、劇的事件への対応に際してコーディネーションを創出するのに適しているが、コロナウイルス危機からの脱出を先導することができるためには、地方レベルは、これに匹敵するものが中央国家レベルでも存在することを必要としているのである。

大幅な財政赤字は出現しつつあるレジームの持続可能性を危うくするか

二〇二〇年秋、あと二つの経済的脅威が危機脱出戦略に迫っていた。戦時期以来前例のないほどの国家支出と国家補償の爆発的増大によって、以下の二つの破局的事態のどれかに至ってしまうリスクはないのだろうか、と。二つの破局とは、あるいは貨幣秩序を脅かしかねないインフレの再来であり、あるいは債務返済を履行できないという国家の欠陥である。この問題についてもまた、議論は二つの党派間で対立している。すなわち、市場経済の信奉者やオルド自由主義の賛同者は、国家は徴収総額以上には支出できないということを再確認する。他方、これと反対に介入主義者は、諸国家のなかで最強の国家がドルという国際通貨をも発行しているのだから、国家は決して債務返済する必要のない能力を有すると主張する。

これまでの諸章全般にわたって展開してきたアプローチにしたがって、反対に、二〇二〇年の保健衛生危機がつくりだした構図は絶対的に新規なものであったが、この点にかかわる不確実性を強調しておく必要がある。この問題は、大きなイノベーションのみがこれら二つの危険性を克服できるだろうということを想定している。それらは決定論的なものではありえず、さまざまなシナリオを明らかにすることにならざるをえない。

インフレかデフレか――将来的な諸戦略の対立に開かれた予測

マネタリストは「インフレとはどこでもつねに貨幣的現象である」と考える。そのマネタリストはインフレへの回帰、さらにはハイパーインフレの局面を予想することしかできない。ハイパーインフレは、一九二三年のドイツのケースがそうであったように、貨幣レジームを破壊しかねないものである。実際、中央銀行によるあらゆる資産――品質が最悪の資産でさえ――への融資《リファイナンス》や公債の直接購入《マネタリゼーション》は、理論上は、インフレを導くほかありえない。だがこうした見通しは、すでに二〇〇八年危機に際して否定されたのであり、一九六〇年代および一九七〇年代のマネタリズムは、金融資産、株式、不動産の価格――消費者物価指数が考慮にいれないもの――の暴騰に眼をつぶったままであった。金融化された経済にあっては、もはや貨幣と財の間で裁定がなされるのではなく、貨幣／金融資産と生産的資本の間で裁定がなされるのである（図9―8参照）。

しかしながら、インフレは他のメカニズムからも同様に生じうる。すなわち、需要――特に保健医療関連の需要――の再編に対応するための生産能力の欠如からも生じうる。すべては各々の国民経済の開放度に依存している。というのも、多くの部門における中国の過剰能力を考慮すると、中国製品の輸入諸国において工業品価格が暴騰するリスクは限定的であるからだ。これと並行して、新興諸国にあっては通貨戦争によってドルに対して大きな平価切下げとなっていくことが想像でき、そこから輸入インフレのリスクが生まれる。けれどもこれら諸国は、一般に国際通貨で借金をしており、その借金返済が重荷となって深刻な失業に襲われ、その結果、インフレの持続的復活はあまりありそうにない。国際経済の解体というシナリオにあっては（第7章参照）、保護主義の一般化はたしかに国内的コストを高めるかもしれないが、これはインフレとしてでなく、所得分配における緊張となって表されるリスクとなる。

それゆえここでもまた、大きな不確実性が支配している。それというのも、日本のケースに見られるように、長期デフレへの逆転もまたありうるからである。何はともあれ、公債の持続的増加はインフレ要因ではない。公債の狙いは、著しい不完全雇用という文脈のもと、投資に対する貯蓄の過剰ゆえに反復するデフレ

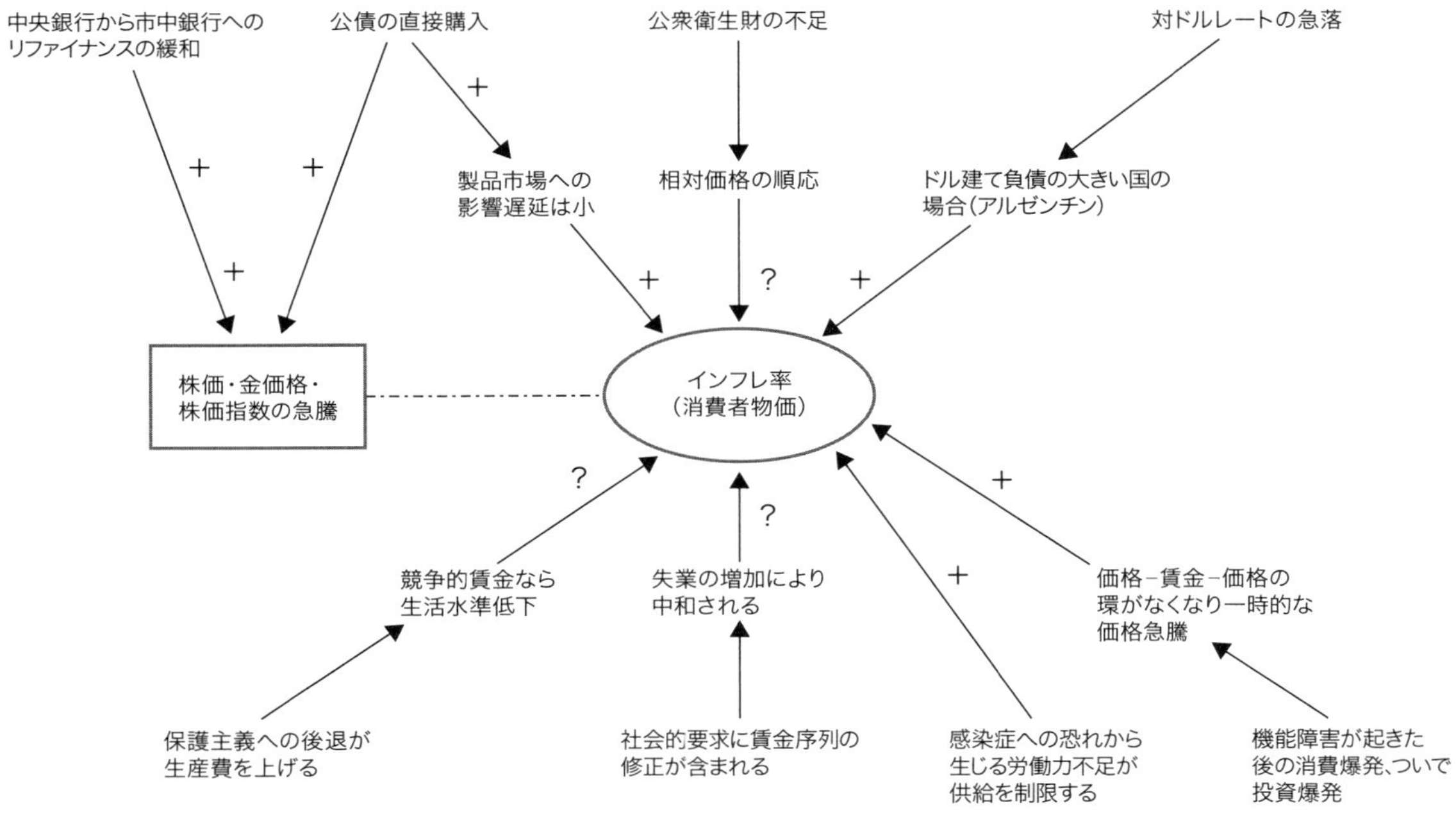

図 9–8　新型コロナ危機はインフレを呼び起こすのか、反対にデフレを強めるのか

にブレーキをかけることにあるからである。同じように、各々の封鎖からの脱出過程がそれぞれに特異な性格をもっていることを考慮すると、二〇二〇年以降、米欧間で、さらには仏独間で、またさらには日韓間で――プラス成長の希望がありうる唯一の国たる中国は言うに及ばず――きわめて異なった進路が観察されうるだろう。二〇〇〇年以来観察された調整様式の差異化は、こうしてコロナウイルス危機の後にまで延長されていく機会に満ちている。

財政危機に向かうのか――未来の運命は決まっていない

同じことが、ポスト・コロナウイルス期における公債の持続可能性という問題についても当てはまる。財政の世界史が示すところでは、四つの戦略が過剰債務局面からの脱出を可能にした(図9―9)。

第一は、債務再編を通しての全面的ないし部分的な債務不履行《デフォルト》である。この解決法は過去のものではなく、現にアルゼンチンは周期的な債務不履行の例を提供しているし、ギリシャ危機はこの危険が欧州連合内部に存在していたことを示した。正統的予算の信奉者は欧州経済のなかでいちばん弱い国々について懸念していたが、それは仕方ないことだろう。

第二の戦略は、成長がたくましく回復することのうえに立つものであり、この成長が利子負担を支払い、さらにはGDPにのしかかっていた公的債務を次第に削減さえしていきうるような課税ベースをつくりだすというものである。これは第二次世界大戦後に登場したものであるが、その時には、軍需産業が大量生産・大量消費に切り替えられることによって、課税ベースが急速に拡大しながら、予算制約が緩和されたのである。けれどもこのオプションは、ケインズ派やシュンペーター派の経済学者たちが検知した長期的停滞を前にすると、問題含みなものに見える。

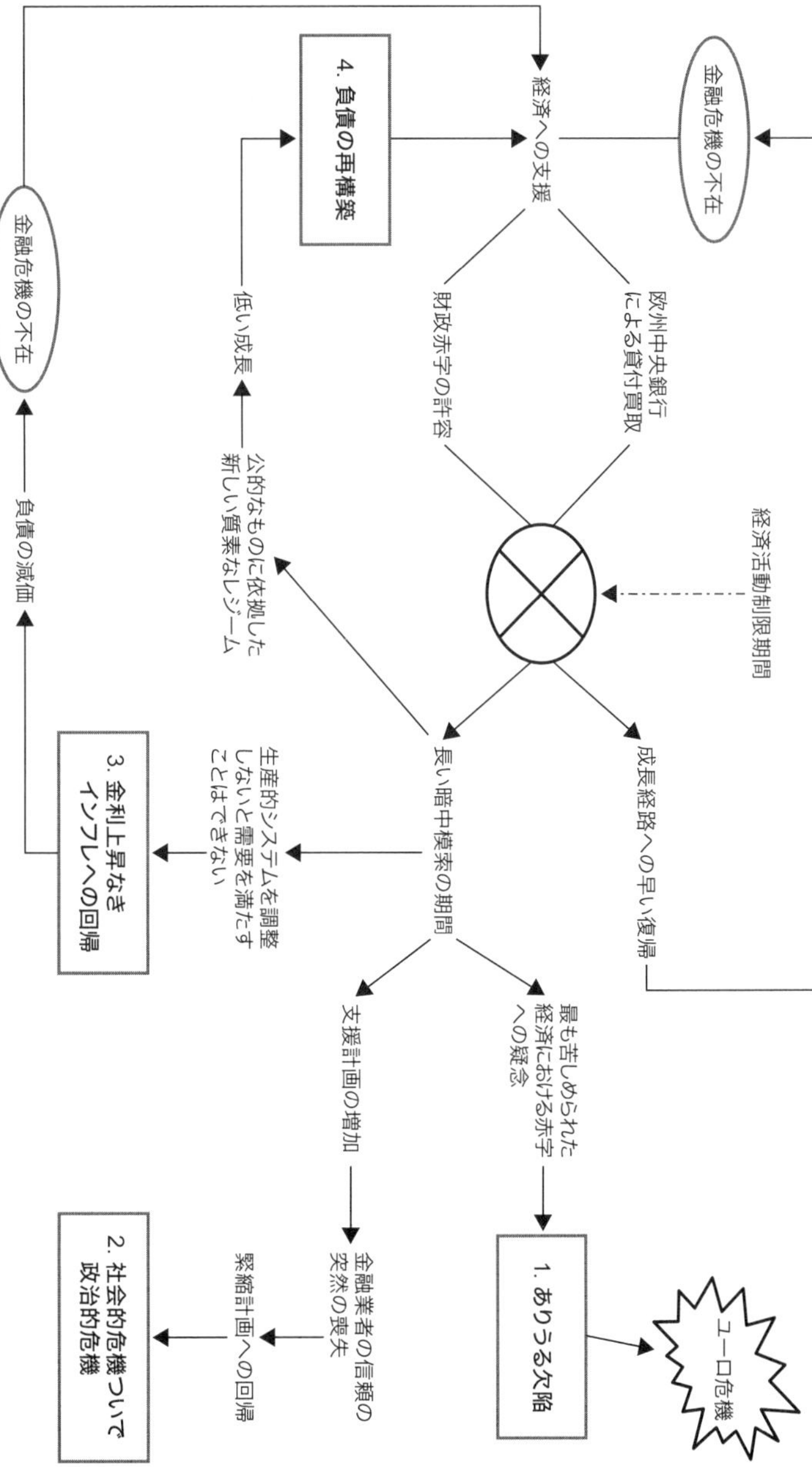
欧州中央銀行の資産と財政赤字の段階的再吸収
金融危機の不在
経済への支援
4. 負債の再構築
欧州中央銀行による貸付買取
財政赤字の許容
経済活動制限期間
成長経路への早い復帰
長い暗中模索の期間
公的なものに依拠した新しい質素なレジーム
低い成長
生産的システムを調整しないと需要を満たすことはできない
3. 金利上昇なきインフレへの回帰
負債の減価
金融危機の不在
最も苦しめられた経済における赤字への疑念
支援計画の増加
1. ありうる欠陥
ユーロ危機
金融業者の信頼の突然の喪失
緊縮計画への回帰
2. 社会的危機ついで政治的危機

図 9–9　経済への大量支援政策が財政の持続性に与える効果

ここで、名目利子率に影響しないようなインフレを加速することによって、金利生活者を安楽死させるという、ケインズの提案を思い起こす必要がある。そのようなインフレの結果、マイナスの利子率によって所得が債権者から債務者に移転され、これが生産的資本および成長のダイナミズムを促進する。第二次世界大戦直後、この第三の戦略は第二の戦略——成長復帰戦略——と結びついていた。この戦略は、金融資本の権力喪失によって可能となっていた。金融資本は金融不安定性の、次いで一九二九年大恐慌の責任者だと判定されていたのである。しかしこの戦略は、金融イノベーションに主導された蓄積の時代にいまなお当てはまるかどうか、疑ってもよい。完全雇用下におけるインフレの復活は、名目利子率に影響を与えずにはおかないだろう。

第四の戦略は、二〇一一年の公債危機のあと欧州連合がすでに経験したものである。危機脱出の条件としての財政均衡というドグマに影響されて、税収増加と財政抑制によって特徴づけられる緊縮政策が決定された。緊縮政策は期待に反するものを生み出した。成長は止まり、高失業はそのまま続き、社会的緊張が高まったからである。そして最終的に、公共サービスへの資金配分が調整変数としての役目をつとめることになった。その教訓は生かされたように見える。というのも二〇二〇年、ドイツを筆頭とする欧州諸政府は力強い公的介入を受け入れ、また、経済的回復——これは世界的文脈がよくないなかでは困難な兆しにあるが——を早まって封殺してしまわないための長期的な調節を受け入れた。

というわけで、これら四つのメカニズムは、その数だけの危機脱出や各国政府が開拓していくべきシナリオを描写している。これら諸戦略のあれこれを採用することは、政治的選択に任されており、どれを採択するかはパンデミックの推移によって条件づけられている。もしパンデミックが急速に終息するならば、またもし医学によって再来を避ける手段が発見されるならば、ほどほどのものではあっても成長への復帰によって、負債を返せないという不安を鎮めることができよう。最後に、ある楽観主義の源泉があるのであるが、その起源は逆説的だ。つまり、貨幣創造を完全に緩和すれば、その埋合わせとして、極端な低金利――国によってはわずかながらのマイナス金利もある――を維持することになる。結果として、数十年の幅で出資された負債の利子支払いは持続的に安定し、これが財政の持続性を支える。いわば、正統派経済学への二つの侵害――中央銀行による公債の直接買取りと中期的な構造的赤字の受容――が経済を安定化させるのであり、これは標準的経済理論にとっての未開地を開拓することになる。本当をいうと、今日、こうした冒険がどのようにして終わるのか誰にも分からない。コロナウイルスの突然の出現がそうであったように、それと同じくらい大きいサプライズを待つ必要がある。

さまざまな新興レジームのチャンス――一つの予測

大恐慌からの脱出に際して、そこで作用した偶然事の寄与を無視することはできなかろう。思い起こされるように、一九二九年大恐慌は、第二次世界大戦に続いて生じた多数の転換の後にしか、またその後、経済の復興と近代化の時期を通してしか、完全には克服されなかった。にもかかわらず、過去の大危機を回顧的に分析してみると、資本主義の新しい構図が開花したおかげで危機を脱出できたという点について、それが多少とも大きな蓋然性をもっていることをはっきりさせるに際して、少なくとも三つの要因が介在していることが示唆される（**表9―3**）。

第一に、危機は、出現途上にある発展様式の各構成要素の一つが欠如していることを浮かび上がらせることがある。それは人間形成型発展様式の力である。というのもこの発展様式は以下の至上命令に応えるもの

表 9–3　異なった社会経済レジームでは、コロナ後にどのようなことが起こりうるのか

	過去への回帰	人間形成型モデル	プラットフォーム資本主義	国家資本主義	
				中　国	「民主主義的」ポピュリズム
1. **危機は**、新しいレジームのキーとなる構成要素**の不在と結びつくのか？**	否	諾。健康という中心的特質が明らかに忘れられていた	諾。健康を管理する道具であるビッグデータと人工知能	諾。生政治の基礎としての保健医療システムが不十分	部分的には諾。移民からのひいてはウイルスからの人びとの防御における国家の失敗
2. 危機は何も書き込まれていない空間**「タブラ・ラサ」**を作り出したのか？	否	否。病院への過少投資が習慣的に続くことおよび保健における組織化の問題が続いている	否。逆に、e コマース、テレワーク、経済的ひいては政治的権力の集中が加速化していること	否。社会的な事柄への支配における国家の役割が保健医療分野にまで拡張された	否。危機は国際化に対応したナショナリズム的権威主義の台頭を強固なものにしている
3. 危機はこれら新しいレジームをもたらした社会集団間の**力関係**を移動させるのか？	否	政治による象徴的な承認をもたらしたが、予算の制約もある	否。デジタル化による賃労働者の分断化、国家の専門的能力の喪失、生産的システムの超国籍化を進める	否。逆に、政治的経済的レジームの硬直化を進める	諾。国際的開放と民主主義を擁護するグループを犠牲にする
全体的評価	パンデミックとその謎とともに消えていく幻想である	ロジックに合った脱出口ではあるが、このレジームをもたらす広範な政治同盟がない	国民国家が十分な自治を回復するための社会的な反対運動に制約されないかぎり大いにありうる	中国式社会経済レジームが強まることはありうるが、そのただ中に不均衡と緊張が増大することもありうる	新興国に拡大することはありうるが、公衆衛生が貧弱に管理されていることにより中和されることもありうる（アメリカ、ブラジル、ロシア……）

だからである。つまり、人間労働による人間の生産への支出がひそかに経済活動のうちで増大してゆく部分を占めていたが、しかしこの支出は民間の工業イノベーションを阻害するコストとして認識されていた。もっとも、ある不確実性がこのシナリオを危うくする。生者に認められた優先性は、緊急事態——これはパンデミックが制圧されるとかすんでいく——における反動なのか、それとも、それは社会の歴史のなかで新しい時代への糸口となるものなのか。市民たちの要求は、こうした幸福《ビアン・エートル》と安寧《ビアン・ヴィーヴル》の経済——それはもはや消費財の蓄積を中軸に置いたものでは必ずしもなかろう——を持続的に守っていくのだろうか。

第二に、コロナウイルス危機は、社会はゼロから再出発しなければならないと考えられるような、そのような破壊を引き起こしたか。ある意味では白紙状態《タブラ・ラサ》であって、これをもとにあらゆる転換プロジェクトが発展していくのであり、しかもそのプロジェクトは、金融化によって——支配されたとまでは言わなくても——変形されたレジームのなかでは居場所のなかったものである。エコロジーの尊重と社会的諸権利の向上を組み合わせた発展様式のなかに、人新世《アントロポセン》〔近年提唱された地質学上の最新の一時代であり、近代工業文明がもたらした環境的・地球的大変化を重視する〕を考慮に入れることになるか。あらゆる分野（経済、政治、文化、健康）において、平等のための闘いを通して、民主主義的社会の基礎を回復することになるか。資本主義の破壊と不安定性の代替物として、連帯的な社会的経済を実現してゆくことになるのか。超国籍的プラットフォーム資本主義——これが監視社会を促進し可能にした——において経済的権力の集中がかつてないほど強化されており、右のような豊かなユートピアはこれと衝突すると見込まれている。監視社会の躍進は二〇一〇年代に始まり、パンデミックは先進社会における監視社会の足跡をさらに強化した。このシナリオは生産力躍進の最も顕著な形態であって、それはあらゆる点で、国境を越え利潤の論理によって支配され統合された世界を創造するという、資本主義の能力にかんするマルクスの予測に合致している。今日、資本主義はもはや本質的に機械から成っているのでなく、非物質的な資本――その価格付けは株式市場や金融市場の核心部でなされる――から成っている。おまけにこれは、この新しいレジームのアキレス腱である。ますます深刻となる金融危機やこれに継ぐ経済危機の再発を早めること、それが金融市場なのである。

最後に、以上の分析から分かるのは、経済的権力の集中は政治的権力へと転化するのであり、この政治的権力によって、あるヘゲモニー・ブロック――イデオロギー分野におけるそれを含む――の支配を強固なものにする発展様式をもたらすような、そのような制度や組織が形成されるということである。二〇一〇年代にはこのように、国家資本主義という形態のもと、超国籍的資本主義の反対物が出現するのが見られた。この国家資本主義は、経済主権――政治主権を行使するための必要条件――を促進するために、国内の諸勢力と手を結ぶ。おそらく中国はこうした構図のいちばん完成された例であって、そこでは、競争によって促迫された経済の力学が政治的目標に奉仕しているのである。内部における社会的緊張や経済的不均衡はあるものの、それ以上にこの発展様式は今は亡きワシントン・コンセンサスに代わるものと考えられる。中国ほどの力のない他の諸国は、超国籍的資本主義――これは依然として国際経済関係に活気を与えている――の要求から身を守る試みとして、別の形態の国家資本主義を発展させている。それゆえ、この二つの国家本主義モデルは、さきの超国籍的資本主義とともに、永らく共存していきそうである。しかしながら、すべては国際関係の行く末にかかっている。すなわち解体か（第7章参照）、それとも、ブリコラージュか。ブリコラージュの場合は、各種の異質な国民的経済レジームの最小限の国際的開放を引き延ばすことができる。国際関係いかんで、各種の社会経済レジームの強靭性は一変する可能性がある。

理論家はマクロ経済的規則性を単純かつ集計的なモデルのうちに捕捉したと考えているが、アクターの意思決定を容易にするそのマクロ経済的規則性が価格メカニズムによって提供されるとき、安定したレジーム内部での経済の運行の仕方は、ほぼ自動的な――いわばサイバネテクス的な――調節がなされているような印象を与える。この点、コロナウイルスとの闘いのため経済を停止したことは、長期的歴史のなかであまり起こらないような実験室の経験を提供した。というのも、この停止によって、経済の衝撃なき運行を可能にするあらゆる条件が一つひとつ明らかになってきたからである。すなわち、正しい期待の可能性、制度的秩序の安定性への信頼、経済の構造的安定性や強靭性という印象、がそれである。反対に、試行錯誤のあらゆる過程を通して、異なる部門や地域空間で行動している無数の企業、賃労働者、消費者の間に効果的なコーディネーションが組織されていくわけであるが、封鎖からの脱出によってその過程をリアルタイムで分析できるようになる。

望むらくは、経済回復の折りには、コロナウイルスの新奇性や経済停止の前代未聞性ゆえの根本的不確実性が、たんなるリスクに転換していることである。一見したところ、そうはなりそうにない。というのは、生産能力と部門別需要の間に生まれた不均衡は、変化における極端な異質性となって表されており、このことがバリューチェーンの再編や――依然として物理的距離をとる措置が優位を占めているので――プレ・コロナウイルス時代の水準に戻らない需要回復を問題含みのものとしているからである。そしてまた、この時期がもつ危険性の一つはパンデミックの新しい波が再来することにかかわる。パンデミックは経済活動と公衆衛生の間での裁定というむずかしい問題を再び投げかけることになる。

まさにこの文脈において、パンデミックから強くなって抜け出すことのできる三つの主要レジームについて、そのチャンスを比較しながら評価することができる。人間形成型発展様式は、各国政府がパンデミックからの可能かつ頻繁な復帰を真剣に考慮しているだけに、また、各国政府が不平等――コロナウイルスは不平等の進展を加速した――に対して闘おうとしているだけに、それだけますます支持を受けている。もしナショナリズムというウイルスの蔓延が意味する解体に世界経済が抗うとすれば、超国籍的情報資本主義は、あらゆる経済にのしかかり、その際、弱小国家にはこれに反対する術がない。二一世紀の最初の二〇年間における進展に照らしてみると、むしろ強力な国家主導型資本主義の方が、「ポピュリズム」の運動や政府に対する回答において追い風に乗っているようだ。

以上、三つのうち二つのケースでは、コロナウイルスは二〇一〇年代の経過の中ですでに存在していた構造的転換を加速させているようだ。理想的な発展様式を無から《エクス・ニヒロ》創造しうるような白紙状態《タブラ・ラサ》など存在しない。これら三つの将来性の各々には、相異なる政治同盟や制度化された妥協が照応しているはずである。コロナウイルス危機というこの劇的なエピソードが、経済学という学問における新潮流を助長してくれるよう願おう。新潮流は、数々の大危機とともに次々と概念的な前進を遂げてきたことのうえに構築されているがゆえに、歴史の娘であり、社会や政治のうちに埋めこまれているがゆえに、慎ましやかである。

結論　未来は開かれている

人間は世界を変形しながらこれを認識し、世界を認識しながらこれを変形する。
(Karl Marx; Henri Lefebvre, *Le Matérialisme dialectique*, PUF, Paris, 1940 より引用)

以上、社会諸科学やレギュラシオン理論の各種アプローチや用具を動員しながら、知的な歩みをつづけてきた。今やそこからいくつかの一般的教訓を引き出し、次いで、政治経済学にもとづくストーリー展開を構想することで、新型コロナが開いた状況に固有な予見不可能性を克服するときである。

パンデミック――資本主義変容の分解者にして加速者

要するに新型コロナは、マルセル・モースのいう意味での「全体的社会的事象」として現れた。彼はその『贈与論』でこう言った。「それはある場合には社会や制度の全体を動かし……他の場合にはひとえに多数の制度を動かす」。

統治なきグローバリゼーション——突然の自覚

最近数十年の経過のなかで、多数の出来事から、国際規模での相互依存という新しい時代に入ったことが明らかになっていた。世界全体に広がった相継ぐ金融危機（一九九七年のアジア、二〇〇〇年のインターネット・バブルの炸裂、二〇〇八年のアメリカの大危機）は、自国経済を安定させるのにますます困難を抱えた多数の諸国を弱体化させていった。不均等発展や対立は移民の流れを増加させ、このことが別の形態の相互依存を証していくとともに、外国人嫌いやナショナリズムの運動の出現を引き起こしてもいる。気候温暖化にかかわるリスクは気候の専門家によって強調されており、とりわけ若者の自覚を引き起こしはじめた。

パンデミックは、こうした運動において決定的な一段階を画している。新型コロナ伝播の速さ、封鎖措置の一般化、この新型ウイルス解読のための研究者たちの協力、——これらはあらゆる国の市民たちに、その本性からして世界的な危険性が問題となっているのだと自覚させた。共通の運命にあるということの認識がこれほどまで強烈であったことは、かつてなかったことであり、そこから遂には、気候変動に対してもまた闘い、種の多様性を守ることとの必要性についての言説にもっと耳を傾けるようになった。

だが残念ながら、ＩＭＦは金融危機に対応すべく準備万端整えており、多数の介入手段を手にしているが、ＷＨＯの方は、パンデミックとの闘いにおいてＩＭＦのそれに匹敵するほどのものを備えていない。ＷＨＯは、各国から伝わってくるデータを集約し、各国の政策責任者によき対処法を助言するに終わっている。もっと根本的なところでは、ＷＨＯのこの弱体性は、各種国際制度のゆっくりとした形骸化の一環をなしており、これは二〇一七年以来、多国間主義からのアメリカの撤退ないしその妨害という政策によって強化されたものである。

こうした国際的コーディネーションの阻害は、ひるがえって、各国は自分のためにとか、自国空間——主権表現の場――への内向化とかの戦略に力を与える。例えば社会は、これ以後、アイデンティティや自国利害を守ろうとする人びとと、抗いえないとされる国際化の信奉者との間の対立によって覆われる。新型コロナは、その蔓延予防のために国境を一時的に閉鎖するという動機に、第一級の位置を与えた。新型コロナは、こうした内向き指向の原因というよりも、その暴露者であった。

金融による不確実性を制御すること――幻想の終わり

金融数学の発展のおかげで、収益とリスクの間のうまい裁定を保証するような複雑な諸手段が生まれたが、それら諸手段を考案し、さらには商品化を促したのは、金融システムの自由化であった。これら諸手段の科学性への信頼によって激しい投機が起こったが、それは二〇〇八年危機へとつながっていった。ここに、リスクは制御できるものなのだという希望は劇的に裏切られ、金融業者たちは、自分たちの不良商品や自らの自律性を制限する規制を受容することによって、ようやく生き延びることができた。

パンデミックは金融市場の情報的効率性という仮説に対して、また別の印象的な反証を突きつけた。というのも、適切な発表をするのは公共当局に属する仕事であり、それに続いて民間の評価がうまく機能するからである。例えば、準ゼロ金利の維持と中央銀行による経済への豊富なリファイナンスによって、株式相場の回復が可能になった。しかし、大量失業の脅威は存在するのではあるが。金融の楽観主義、経済の不振、健康の脅威の間の切断がこのように明らかになったのは、現代経済の分解者たる新型コロナの結果なのである。

危機に学び緊急事態に応急措置をする

ウイルスの蔓延が世界的なものだとしても、ウイルスの脅威の強さや保健医療政策は各社会ごと大いに異なる。ＳＡＲＳ感染症の終わりがけ、中国近隣の諸国は、次に来るウイルスがまた危険なものとなるのを避けるための準備を始めた。これら諸国は情報や行動手段を、感染症管理の任務をもったセンターに集約した。新型コロナ発生の通知を受けるとこの装置は迅速に動きだした。こうしてウイルスの拡散はごく限定的となり、経済活動はその動きを続行することができた。

他の諸国政府はこれと反対に、感染症はもっぱら遠方の諸国を襲っているのであり、何はともあれ自分たちの国の保健医療システムの質はこれに対応できるだろうと考えていた。さらにはまた、感染症――それも大部分の人にとっては所詮は軽症に終わる感染症――と闘うための手段をストックしておくのは、あまりにコスト高だと考えていた。新型コロナは直接には深刻な脅威だとは認識されておらず、意思決定が遅れ、マスク・人工呼吸器・薬剤が不足していた。死亡者数の激増という脅威に直面してやっと、最高度に厳しい措置が、つまり非エッセンシャルな全活動を麻痺させる厳格な封鎖措置が、取られるに至った。その人的、経済的、社会的、そして最終的には政治的なコストは甚大なものであった。

パンデミックを含む偶然事に対して最も有効な武器は何なのか。それは、あれこれの洗練された金融商品などではなく、経験の光に照らしてみればむしろ、一定数の手段を動員することによって可能となる予測と準備である。それは普段は利用されないでいるかもしれないが、これをストックしておくと大きな破局が避けられうるのであり、そのコストは予防支出と同じ尺度で測れるものではない。

科学と政治——その解明

新型コロナは、政策決定者が科学者たちと結ぶ関係の問題を刷新した。経済分析とマクロ経済学の登場以来、君主の最初の顧問たちの一つは経済学者であり、彼らは自然科学に近い科学性の度合いというオーラに包まれていた。だが、二〇〇八年の金融危機の炸裂は、イギリス女王をして経済学者がもつ知識の妥当性について疑念を抱かせるに至った。各人はこうして最善を尽くしているのに、これほど巨大な事件を予想できなかった、と。これへの返答は混乱をきわめた。

さて二〇二〇年三月には、保健医療危機が喫緊の課題となり、その結果、経済的予測は疫学者、ウイルス専門の生物学者、病院医の知識に支えられねばならなかった。政府は予測を必要とするので、感染症のモデル化をする人が前面に躍り出てきた。ごく早期に、ある特定のモデル——インペリアル・カレッジ・ロンドンのそれ——が参照基準となり、ライバルとなるモデルも現われたが、その成果から封鎖という意思決定が通知された。こうした意思決定はフランス政府によって、科学的分析の結果を実行に移すものだとして紹介された。

これら多数のモデルから生まれた無数の研究から、それらモデルが極端に脆弱なことが分かってきた。その方程式を決めるに必要な情報の不足、ウイルスが伝播する諸経路の異質性を考慮に入れない仮説の不適切性、最後に何よりも、予測の極端なる不正確性などである。おまけに、いちばん致命的な批判は、これら科学界の一人たるアレッサンドロ・ヴェスピニャーニによってなされた。緊急の必要のもと、研究者たちは以前の感染症の代表的モデルをその周縁部で修正したが、しかし彼らは、いったんウイルスが制圧され全データが利用可能になって初めて、もっとよいモデルを手にすることになろう。完成された教科書的な科学と、目下形成途上の研究とを混同すべきでない。

最後に、経済学者だけが、自分たちのモデルの不適合性に苦しんだり、事後的にしか多少とも根拠ある説明を入手することができなかったりしているわけではない。いわば、これらのモデルは、たとえ間違っていたとしても——根本的不確実性によって麻痺された——政治家の不決断を取り除くことができたのである。

金融、経済、健康——ヒエラルキーと時間軸の逆転

アメリカやイギリスで金融に支配された社会経済レジームが樹立され、これが他の各種レジームにインパクトを与えたのであるが、それ以来、経済の運営はある特定のヒエラルキーに立脚してなされるようになった。つまり、まず金融システムが企業を評価する、次いで政府は企業のダイナミズム（それゆえその株価）を促進するような政策を決定する必要がある、そして最後に、公共支出はこうした優先順位に合わせてなされねばならない、というものである。こうした事の順序のうちにあって、公的な保健医療システムはしばしば調整変数としての役目を果たす。新型コロナはその準備ができていなかったことを暴露したが、治療看護に当たる人たちの適応能力が政治的責任者によって認知されたはずであり、その結果、彼らの報酬や装備を見直そうという提案がなされるまでになった。株式市場はといえば、保健医療危機からの出口の蓋然性によって相変わらず動かされている。つまり株価は、ワクチンが将来できるという通知を聞いて上がり、パンデミックの新しい波のリスクが高まると下がる。

ヒエラルキーのこうした逆転には目を見張るものがある。つまり、ウイルスとの闘いにおける進歩は経済回復の展望を告げ知らせ、ひるがえって金融がその評価を現実のものとする。これは過渡的なことなのか、それともこれは、教育・健康・文化を社会の導きの軸とするような、また、そこでは標準財の生産がこれら

三つの活動に資することを最終目的とするような、そのような独自な発展様式の認知を告げるものなのだろうか。たしかにこれは、これら三活動の相対的増大に向けた長期的趨勢と合致している。このことは、これらサービスの生産者の要求に応えるものであり、また陳腐化を運命づけられた財の消費に永続的に追い回されている市民の期待に応えるものであろう。だがしかし、準停滞という文脈のもと、失業との闘い、企業の支援、経済のグリーン化の間でのむずかしい舵取りが予想されるなかにあっては、右のことはユートピアではなかろうか。

超国籍的情報資本主義と国家資本主義はパンデミックによって強化される

二〇一〇年代には、陰と陽といった二つの錯綜した傾向の出現が見られる。北米の情報関係の大企業たるGAFAMは、ある組織モデルや戦略を遂に発見したのであり、つまりそれは、情報通信技術を利用したアプリの開発によって可能となった規模の収益を動員することであった。これら大企業にとって、自分たちの市場を、競争相手を育てることができていない諸経済――すなわち中国を除くほとんどの国――のアプリにまで広げることは容易である。中国は自国領土内に、情報や監視にかかわる恐るべき大企業を出現させえた。

このような多国籍企業の攻勢は、その対極に、国民的生産システムを解体し、また、テリトリー獲得競争のなかで繁栄する社会グループや職業と、その生活水準が停滞しさらには低下していく他の社会グループや職業と、――この二つの間の亀裂線に沿って社会を両極化していくことを含んでいる。こういったことが土壌となって、国民的アイデンティティを守り、自分では立ち向かう術もない国際競争の大嵐から保護してくれる盾となるよう国家に要求するという運動が勢いを得たのである。

逆説的にも、パンデミックはこれら二類型の資本主義〔超国籍的情報資本主義と国家資本主義〕を強固にした。

超国籍的情報資本主義は長らくeコマースやテレワークを統御し、eコマースのなかでうまく調整された物流を構築した。その生産モデルの核心には物理的距離の維持ということが存在し、また封鎖措置によって、顧客を急速に征服することができ、医学・遠隔教育・労働者集会運営のための新しいアプリを開発することができた。金融業者は、パンデミックから強くなって抜け出す数少ない部門を、情報や医学研究のうちに見ている。

ポピュリスト政権はイデオロギー分野で領地を拡大している。というのも、外来のウイルスの脅威によって、国境の管理、国民主権の防衛、経済領域における国家の強化が正当化されたからである。国家資本主義は超国籍的資本主義と経済的に競争しようとは思っておらず、ただ単純に──たとえ生活水準を犠牲にして得たものであっても──経済的主権を主張しているにすぎない。GAFAMを抑えこむために各国政府は中国寄りになるかもしれず、その結果、必ずしもどちらかが勝利するという意味ではないが、二大勢力圏の間で世界空間の新しい分割がありうるであろう。

経済を社会および環境のなかに再び埋めこむこと──どのような政治同盟が必要か

物理的距離の維持という措置が長引けば長引くほど、経済にとって正常性を再発見することはますます問題含みなことになるであろう。巨額な援助にもかかわらず、倒産によって生産能力や雇用が失われていき、いちばん不遇な人びとが貧困化し、若者たちが労働生活に統合されにくくなっていつまでも不利益をこうむる恐れがある。投資の低下が未来の成長を危険にさらすことも忘れるべきでない。経済の停止とその再開の間にある非対称性は、不可逆性の一大要因である。

結果として、経済の回復は市場経済の諸条件が復元されることを想定している。つまり、信頼の回復、学校・企業・輸送・公共サービスの整合性の回復、社会的諸時間の同期化、需要および公共政策の予見可能性といった条件である。そのためには、市場では保証できないコーディネーションの諸形態や、地方別・部門別状況の異質性を一致させることが前提となる。後者は中央国家の能力を超えるものであり、そもそもその国家は、公共投資を介して将来への見方を社会化するといったような、自らの特権のいくつかを民間部門や市場に移管して弱体化してしまっているのである。

こうした陰鬱な雰囲気のなかにあっては、失われた雇用が将来的部門で生み出される雇用よりも多数にのぼる恐れがあるだけに、それだけいっそう、近年において克服されなかった社会的紛争が再現するリスクがある。資本主義においては、ある社会経済レジームが生命力あるものとなるのは、ひとえにそれが創設期の妥協――これによって制度諸形態の設計が編成され、蓄積が先導され、資本／労働の対立が方向づけられる――に立脚している場合のみである。社会の両極化はこの点の実行を著しく困難にしているが、新しい妥協の構築に際して、どんなに革新的であろうとも、技術的手段が政治的なものの役割に取って替わると考えるのは幻想であろう。

政治経済学にもとづくストーリー展開の試み

技術・経済秩序決定論のうちに将来予測を探究するのは虚しいことであるからには、新型コロナ後の社会に影響を与える諸力がどのようにして一定の整合性をもった構図に到達しうるかについて、想像してみない手はないだろう。

第一の未来は、デジタル技術と生物学の進歩との同盟から生まれ、結果的に、一般化された監視社会に至

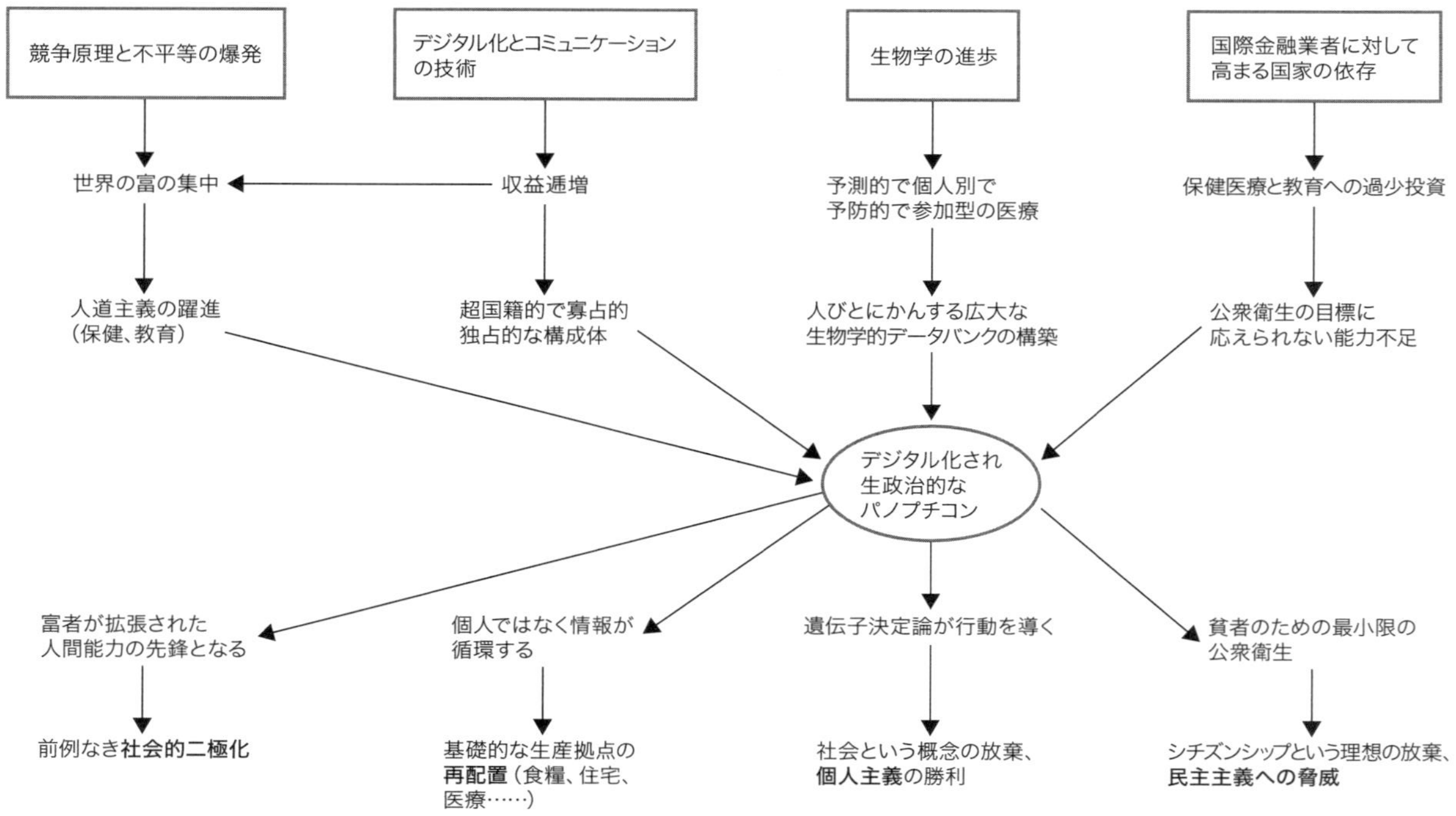
競争原理と不平等の爆発
デジタル化とコミュニケーションの技術
生物学の進歩
国際金融業者に対して高まる国家の依存
世界の富の集中
収益逓増
予測的で個人別で予防的で参加型の医療
保健医療と教育への過少投資
人道主義の躍進（保健、教育）
超国籍的で寡占的独占的な構成体
人びとにかんする広大な生物学的データバンクの構築
公衆衛生の目標に応えられない能力不足
デジタル化され生政治的なパノプチコン
富者が拡張された人間能力の先鋒となる
個人ではなく情報が循環する
遺伝子決定論が行動を導く
貧者のための最小限の公衆衛生
前例なき**社会的二極化**
基礎的な生産拠点の**再配置**（食糧、住宅、医療……）
社会という概念の放棄、**個人主義**の勝利
シチズンシップという理想の放棄、**民主主義への脅威**

図 10–1　パンデミックの再来によりディストピアが強まるのか

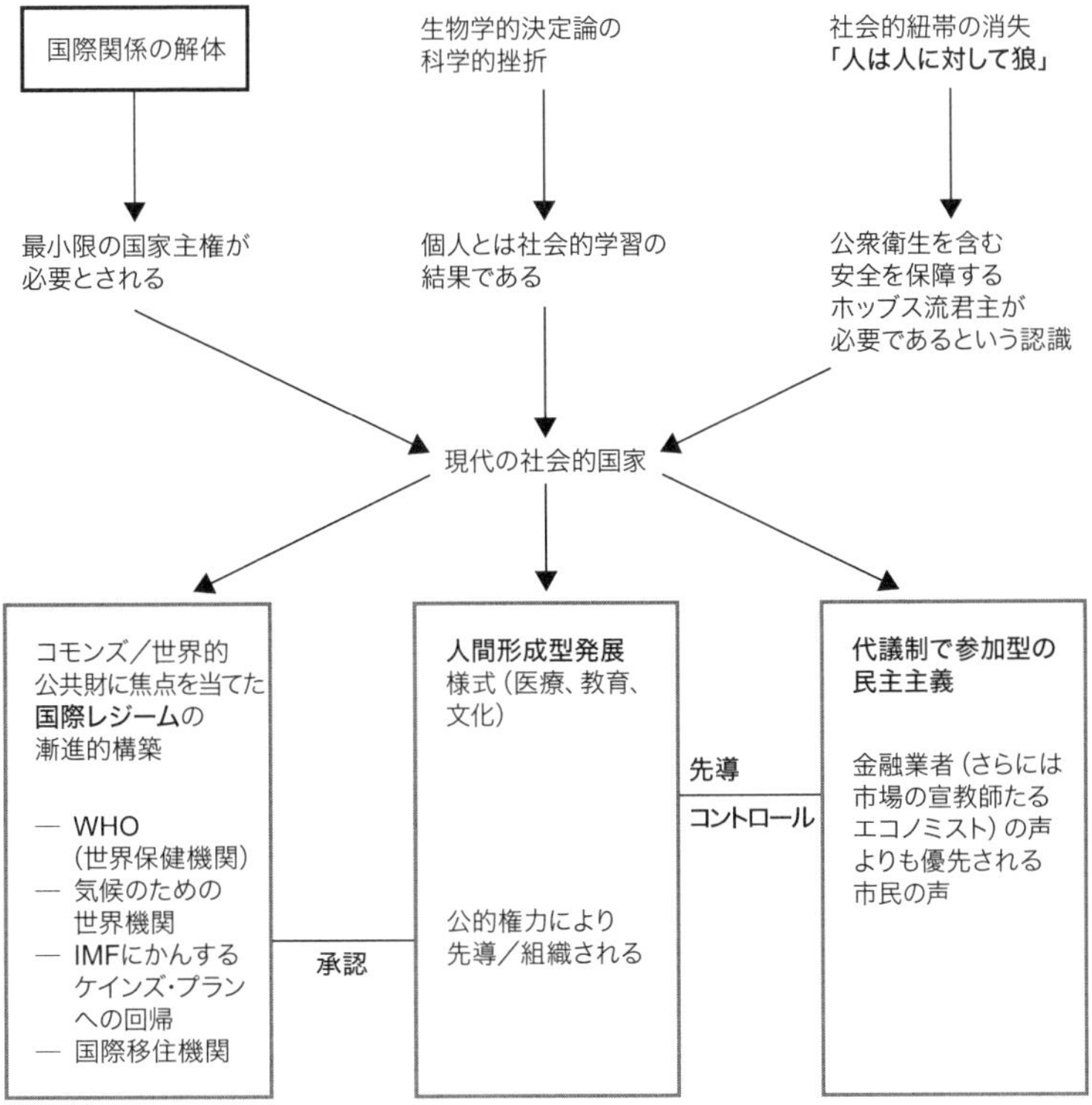

図 10–2　ひとつのユートピア
——民主主義的飛躍と新国際秩序？——

りつくものとなるかもしれない。この監視社会は人びとの両極化を生み出し、またこれを可能とするものであって、そこでは少数の富者と民主主義的理想の放棄によって無力化された多数の主体が対立している（図10―1参照）。

第二の未来は、そのような社会の崩壊から生まれるのかもしれない。国際関係の解体や生物学決定論の実践の失敗から、経済にまで拡延された民主主義の後見役となる社会的国家が必要なことがわかった。各国の経験が成功して、やがて再び、世界的公共財やコモンズを中心とした国際レジームの建設が可能となるのであり、またこれら公共財なしにはそれぞれの国民的レジームも繁栄することができないのである（図10―2参照）。

歴史は変化していき、二つのヴィジョンを無効化するかもしれないし、そうでないかもしれない。また新型コロナがそうであったように、歴史は驚きのなかに変化していくのであろう。

補　章　歴史的出来事をリアルタイムで分析することは可能か

はじめに

安定的な調整様式と成長体制をもつ平穏な時代には、あらゆる思想潮流は、真理を備えていると納得したり、あるいは少なくとも、観察される進化についての満足いく説明をえていると納得したりしている。不意の出来事が突発すると、理論の無力さが突如、観察者の眼に現れる。各国政府は痙攣する。アメリカで一九二九～一九三二年に観察された大不況と同タイプの累積的大不況に落ちこみかねないような、そのような劇的な出来事の連鎖が起こっていることを理解できないとき、どのような決定ができるのか。レギュラシオン理論の研究者にとって、新型コロナのパンデミックが伝播していることは、大いなる関心の的である。この理論は、新しい古典派のマクロ経済学の説明力に疑問を呈し、経済学の教義が他の社会諸科学から独立していることの危険性を指摘してきた。

逆に、公衆衛生、経済、金融に影響を及ぼす各種プロセス間の相互作用に力点を置くと、新型コロナの発見と増殖により明らかとなった歴史的時代の明白に独自な特徴が浮かび上がる。この分析枠組みこそは、二〇二〇年一月から六月まで観察された推移を説明するこの本を書くために動員したものである。この文章の第1節は、このことに言及する。この本のフランス語版が出た二〇二〇年一〇月以来、いくつかの主要な教訓が確認され、さらに強固なものになった。とくに日本の読者のため書かれたこの文章で、それを紹介することは有益であろう。これが、読者に提示する第二段階の、しかも核心的なものである〔第2節〕。とはいえ、われわれは、この依然として不確実な過程を制御するには程遠い。この過程は、健康上の安全、社会的連帯、経済的繁栄への回帰の三つを再びつなげられるかもしれないのである。それゆえ、第3節では、もともと第二次世界大戦後の成長様式の危機の理由を理解するために構想された理論〔レギュラシオン理論〕について、これを一般化していく新たな段階にかんしていくつかの手がかりを提起する。

1　前例なき経済情勢を分析する方法

似たような出来事の繰り返しがモデルの核にあり、それを介して経済学者は推論する習慣を獲得した。こうして合理的期待理論が生まれたが、それは次のことを定式化する。経済主体は、計量経済学者のように、定常的世界のなかで反復される相互作用から生じる調節結果を知ることとなる、と。レギュラシオン理論は、これとは反対の仮説から出発する。すなわち、資本蓄積過程に固有の不均衡は、利潤の論理に支配された経済に典型的なことなのだが、そのなかには発展様式とその後に来る構造的危機の連続が含まれている、と。第一のアプローチは、パンデミックの拡大で麻痺してしまった。二番目のアプローチは、自らの基礎的概念と前者とは違った方法を容易に使うことができる。それは、経済活動を、社会、政治体制、自然環境のなかに十分に統合した診断を下すことができる。また、そこには、人畜感染症にかんすること、すなわち、人と動物の関係から派生し、次に——グローバリゼーションにより容易になった——人の国際的移動ということから世界全体に拡散したウイルスについても含まれる。

1—1　経済的固定観念が突然無効になる

実物的景気循環モデルは、一九二九年の大危機や金融市場における突然の信用崩壊を説明するために、生産性のマイナスショックの影響を論じている。それが、二〇〇八年の金融大恐慌の原因なのだろうとしている。この二つのケースでは、ショックは速やかに危機前の状態に戻らなければならないはずであった。このような特徴づけは、原因と結果を取り違えているので、それが無効であることは驚くことではない。理論と観察のこの亀裂は、きわめて特殊なショックたる新型コロナのショックとともに、より大きな規模で繰り返されている。実際、大きなパンデミックは過去に属するものと考えられてきた。なぜなら、生物学の進歩によりそれらを克服する治療方法が素早く提供されるだろうことは明白だと思われていたからである。しかし、新型コロナは、二〇二〇年春にのみ影響を与えた事故ではなかった。なぜなら、それはパンデミックの長い拡散過程を広げたからである。この過程自体は、封鎖と封鎖解除の幕をあけ、二〇二〇年一一月に二つのワクチンが仕上げられた後でさえ、不確実な未来を用意している。経済のダイナミズムはウイルス対策の成否に強く縛られている。

さらに深刻なことに、エッセンシャルでないとされた多くの活動の凍結は、生産システムを解体し、消費を制約し、最も豊かな者たちには強制貯蓄をもたらし、最も弱い者たちには貧困化をもたらす。根本的な不確実性に直面して、未来の見通しはもつれ、流動性を追い求めることが、生産的投資によって後戻りできない道に入りこむことに勝るようになる。結果、パンデミックが長引くにつれ、経済が以前の成長経路に戻ることはますます遠のく。つぎつぎと事が起こり、徐々に違った未来が出来上がっていく。このような経路依存性は履歴《ヒステリシス》形態の一つであり、長期の進化において重要な役割を果たす。古くから定義された長期の均衡よ、さらば。それは、ウイルスによってもたらされた混乱とは縁遠いところでは、人を惹きつけるかもしれない。それは現代マクロ経済学の中核をなしているが、カール・ポッパーの言葉を借りれば、これはパンデミックによって反証されたのである。

1—2 政治経済学から新しい驚くべき現象の分析が生まれる

現代の経済理論を、政治経済学の誕生とのかかわりで見直してみるのも無駄ではない。思想史を簡単にたどると、分析者がどれほど時代の問題に答えようとしたかが見えてくる。

貨幣数量説は、南米からの金銀のあふれるような流入によってスペインで観察されたインフレに、その起源を有していないであろうか。それは、長期にわたって貨幣の安定が支配した金本位制の下で放棄されたが、第二次世界大戦後のフォーディズム的成長体制が支障をきたし、インフレの加速が起こり、一九七〇年代にスタグフレーションが広がると復活した。

景気循環論は、投資の過剰と収縮が交互に起こる産業資本主義が確立されたところに起源をもつ。それは、生産者が飢えるような偶然的気象災害に結びついていた、それまでの危機とは正反対のものであった。ある意味、実物的景気循環モデルは、このタイプの構図を説明することを目指している。ただしこのモデルは、これらの過程が外的ショックに支配されており、企業間競争すなわち典型的な内生的メカニズムによるものではないと考える点で、誤りを犯している。彼らは、規制緩和の下での金融的投機の決定的な役割を除外している。したがってそれは、一九九〇年代から始まる金融支配から一世紀以上も遅れているわけだ。ケインズ派マクロ経済学は、イギリスで見られた持続的大量失業からの内生的脱出経路がないことの確認から出発した。労働市場は本当は市場の一つではない。なぜならそれは、有効需要の不足により動かされているからである。有効需要自体は、企業家と賃労働者が不確実性というコンテキストのなかで形成しなければならない将来見通しに依存している。不確実性は、古典派理論に基づいたミクロ経済的計算を不可能にする。この概念上の革命は、おそらく戦間期の大恐慌なしには日の目を見なかった。

この解釈に従えば、パンデミックの再来は、気候変動や国民の真っただ中での不平等の悪化と同様に、経済的固定観念《ドクサ》への挑戦を突きつけることになるかもしれない。それは、その固定観念に、この十年を理解する障害となる公準として放棄されるよう迫るものである。自然諸科学――政治学、公衆衛生学、地政学も同じであるが――から経済学が超然と孤立したことは、公共当局や市民の眼からすれば、経済学が今や妥当性をもたないものとなったことを意味する。

継続的に起こるこれらの思わざる発見が歴史的性格をもつことや、画期的な新しいものが突然に出現することは、当然ながら、時空を超越するようなものを構築するのではなく、理論化を目指しながらレジームの継起という仮説を導入することになるにちがいない。これが、レギュラシオン理論が中心的に目指すものであり、そこで右の中心的仮説を思い起こすことも適切となる。

1―3　独自な危機の可能性に開かれたプロセスを接合する分析

費用とイノベーションによる競争に基づく経済体制は、長期的均衡――長期的に安定的な数少ないパラメーターで始まるようあらかじめ定められている――に収束するチャンスはほとんどない。社会とりわけ資本主義に支配された社会においては、基礎概念はプロセスの概念であり、それは、各領域で過去を建設中の未来につなぐものである。経済システムは決して休止状態にはない。それは、いくつかの構図のなかで、そして程度の差はあれ長期にわたって生き延びうるのである。しかし一般的には、その幸運と成功そのものによって、自らを不安定化する新しい機会主義的な戦略が引き起こされたり、あるいは、過剰な楽観主義により、ありうる停止状態や好循環を悪循環に変える前兆が軽視されてしまう。レギュラシオン・アプローチが研究する危機は、それゆえ基本的に内生的なものである。この意味で、パンデミックによる経済停止は、資本主義の概念を深めることを促す。

　蓄積を枠づける制度諸形態は、しばしば、社会のただ中に現れた政治闘争の権利により法典化された結果である。レギュラシオン・アプローチは、経済過程を、ヘゲモニーを競う政治過程のなかに浸して扱い、その理論構築を図ってきた。それゆえ、権力の次元が考察されなければならない。世界にかんする各種表象すなわち各種イデオロギーの間での競争は、ヘゲモニー・ブロックの形成にかかわる。通貨金融レジームは、さまざまな形態の信頼を動員する。それがなければ、経済は永遠に危機状態にあるだろう。社会諸科学のさまざまな分野は、当初から研究のなかに存在している。それゆえ、経済分野に干渉する新しいものが突発するとき、分析を広げ、それに呼応する諸過程がどのように関連しあうかを説明することが可能になる。それは、科学的、技術的、医学的さらには組織的なイノベーションをともなう場合である。このように開かれた分析枠組みは、経済的繁栄と公衆衛生の関係にも容易に適用できる。これはこの本が貢献できることの一つである。

　さまざまな過程のヒエラルキー〔階層関係〕は、何ら決定論的に扱えるものではない。なぜならヒエラルキーは、時と所により変化するからである。権力関係——それは偶発的な紛争に開かれているが——は、フォーディズムやその次の金融支配型レジームにおいて示されたように、しばしば異なった構図の中心にある。前者では資本と賃労働の妥協に、後者では金融業者と新しい金利生活者の同盟に、といった具合にである。国際比較には、発展様式のパノラマを豊かにし、経済学的固定観念がしばしば特権化する技術的決定論を相対化するメリットがある。それゆえ、パンデミックの進化が大きな社会的経済的変容の原動力となるというのは考えられることである。経済的過程と経済外的過程の接合における転換を探ることが、本書が示そうとしている研究計画の目標である。

パンデミックの出現は「経済的危機」という言葉が繰り返し使われることと結びついていた。実のところこれは、言葉の濫用である。今回の生産の落ちこみや雇用への脅威は、過剰蓄積や金融的投機バブルの爆発に後続する内生的な修正過程から生じたわけではない。それはもともと、たとえ富の創造を犠牲にしてでも、人の命を守るという政府の優先順位の結果である。経済的損失が重すぎたときや、責任者が新型コロナは収まったと考えたときに、保健上の障壁は、部分的にか全面的にか取り払われる。しかし、最初のリバウンド――それは部分的であった――の後、大部分の経済は元の水準に戻らなかった。実際、部門相互の補完性が断ち切られて、消費や投資の決定を導いていた規則性は解体した。パンデミックの第二波が来て経済主体の見通しを再び狂わせる前にさえ、はっきりとした回復は見られなかった。パンデミックと政府からの二重のインパクトのもとで、経済組織の解体が進んだと言えばより正確だろう。政府は、経済と公衆衛生を調停させるのに何度も躊躇したのである。結局、もし金融市場が寛容さを失い、パンデミックを最もまずく処理し、最後には持ちこたえられないほどの負債を積み上げた国の市場に制裁を加えると決めたのなら、真の経済危機はありうる。レギュラシオン・アプローチは、これとは別の危機形態により内容を充実させる。なぜなら、人畜感染症に結びついたパンデミックが繰り返される危険がある以上、それは、分析に値するからである。

2　七つの主要な教訓――初期診断の確定

上記の原則と方法論は、新型コロナの検知から二〇二〇年六月までに観察された推移のリアルタイムでの分析を可能にしたものである。ただしこの日付は、フランス語版原稿が書かれた最後の日であり、最終的にその出版は二〇二〇年一〇月になった。同じ年の一二月初めには結果はさらに進んでいるのか。もしくは、はっきりした教訓を引き出すためには、パンデミックが終息するまで待った方がいいのかもしれないだろうか。今、新型コロナの第二波と二〇二一年からのワクチンの大量接種をめぐる議論が起こっている。大半の接種の提案は時間の経過に耐えてきた。おそらく、その提案は一時的な分析ではなく構造的な分析によって出てくるものだからであろう。まさにここに、日本語版がフランス語版の全文を、加筆も削除もなく、出版される理由がある。これらの教訓とは何であろうか。

2―1　新型コロナゆえの不確実性の突発が政府の目標を覆す

主流派経済理論は、うまく調節された分析枠組みを展開している。企業は利潤を最大化し、労働者‐消費者は満足を最大化する。彼らそれぞれの計画は、制約なしに作動する市場機能から生じるところの価格ゲームを通して調節される。本質的に数学的性質をもつ当をえた仮説の下、少なくとも一つの均衡が存在し、それは希少資源の効率的配分に対応している。国家は、この「自生的」な均衡を乱してはならない。財政支出と課税の決定にあたっては、国家は、外的ショックに対応しながら経済情勢を安定化することができる。また場合によっては、政府によって定められた社会的正義の基準によりながら所得を再分配することができる。

この美しい体系は、大部分の公共当局決定者の考えには入っていなかった事件が突発したことで飛び散ってしまった。医師、生物学者、研究者はこのウイルスについて答えに窮してしまったことを認めた。彼らは、一歩一歩その特徴を発見していかなければならない。民間保険と金融市場が引き受けるリスクは、不確実性に変わってしまう。なぜなら、ウイルスにともなう損失を支配している統計的法則を誰も知らないからだ。疫学者はといえば、彼らは過去のパンデミックのために仕上げられたモデルを動員し、適用する。彼らは、何百万人もの死者が出るかもしれないという予言を提示する。パニックのなかで、大部分の政府は、保健医療上の緊急事態を宣言する。もはや、負債の管理を最適化したり、欧州連合条約にそって財政赤字に歯止めをかけるという基準を尊重することは問題ではなく、死亡率に歯止めをかけることが問題なのだ。

忘れられた三つの課題が、表に出てくる。

まず、生権力を国家の基本的な属性とするミシェル・フーコーの分析が、明確に復活する。その分析は、新型コロナを医学と政治権力の関係の長い歴史の中に書き込むという長所、すなわち、現代人による特徴づけを相対化するという長所をもつ。ちなみに、ジャーナリストや評論家たちは、起こっていることすべてが「前例のない」ものと特徴づけるが、それは言葉の濫用である。

次に、経済学者たちは、不確実な状況での意思決定にかんする一九六〇年代の仕事を再発見しなければならない。彼らは、いわゆる最大値最小化の基準を前面に出していた。つまり、最大の損失を最小にする戦略を選ぶというものだ。そのことは暗黙的には、人的損失のリスクに反対するようになった豊かな社会の市民たちの要求でもあるだけに、アジアやヨーロッパにおける大多数の政府が採用しようとしていることなのである。

最後に、新型コロナは、ジョン・メイナード・ケインズの『一般理論』における概念的成果を再び前面に押し出すはずである。すなわち、未来はリスクではなく不確実であるので、投資の意思決定は合理性から派生するのではないという考えである。アニマルスピリッツこそが、企業家や投資家を支配する原理なのである。さらに、情報にもとづいて意思決定をするために知っておくべきことを自分は知らないということを、誰もが知っているので、より良い情報を知っているかもしれない他人を模倣することは、最終的には理性ある行動となる。こうして模倣行動は、非合理的とは言えなくなる。事実、これは、新型コロナにおいて観察されたことでもある。各国政府は、互いに真似し合う傾向をもっていた。つまり封鎖措置に代わって、「検査、追跡、隔離」をしながら封鎖解除の出口戦略をとり、また次に、パンデミックの再来を食い止めようとして軽い封鎖措置を採用したのである。

2―2　封鎖－封鎖解除のサイクルは、「健康、経済、公的自由」のトリレンマを認識していないことによる

　この本の主要論点につき第二番目の確認事項が存在する。パンデミックにより、国家はマクロ経済的軌道の最適化を最優先の目標としてもちえないことが明らかとなった。新型コロナの侵入は不可能なミッションを浮かび上がらせた。いかにして、公衆衛生を確保し、国民の生産能力と生活水準を保持し、同時に公的自由の維持、とくに市民の移動の自由の維持を保障するのか。経験から分かることだが、この不可能なトライアングルという現実の認識が欠けているので、各政府は同じ措置を繰り返すことをやめられない。

　彼らはまず、強力な封鎖を決定したが、それは、個人の移動の自由をないがしろにし、財政を難破させた。なぜなら、企業と賃労働者がこうむった損失は、部分的にかほとんど全部かを補償しなければならないからである。このような制約を際限なく守るわけにはいかないので、責任者たちは、「検査、追跡、隔離」という別の戦略を編み出さざるをえなかった。経済活動は再活性化され、社会生活は再開可能となったが、数か

月後にはウイルス防御策は不十分であることがはっきりした。その伝染はヨーロッパで再開し、伝染速度は各国政府を驚かせた。もっとゆるやかなやり方ではあったが、新たに封鎖が必要であった。ここから、多数の部門が倒産と消滅の脅威に曝され、パブリック・オピニオンは、専門家や政府の言葉への信頼をなくした。この第二波は新しい要素を持ちこんだ。さまざまな利害グループの要求運動が盛んになり、政府に押し寄せた。彼らは、「同時に一緒に」という魅力的なスローガンが「健康－経済－公的自由」というトリレンマにぶつかることを理解した。

　ワクチン接種政策も同じ難しさにぶつかることは排除されない。有効なワクチンを手にすれば、保健上の不安が払拭されるから、手札を代えるようなものであり、政府も金融市場の業者も喜ぶ。しかし、注意が必要である。目指されている集団免疫は、ワクチン接種原則のきわめて広い受容を想定しているからである。この条件は、豊かな国々では満たされるのには程遠い。人びとの多くが、あまりにも早く市場に出されたワクチンに信頼を置きたがらないのである。だから市民の選択の自由と公衆衛生とのジレンマは、新型コロナ根絶を遅らせるリスクがある。なぜなら、投資にかんするある程度の見通しは、経済の機能が回復する条件であるからだ。各国の政策は、再度承認されかつ財政的手段を与えられたＷＨＯ〔世界保健機関〕の保護の下で協議され、すり合わされて、全世界を素早く回り始めたウイルスに対応しなければならないことが忘れられている。マスク争奪戦時に見られた「各国は自分のために」という政策により起こったこの断絶ぶりは、あまりにも損害を与えるものであり、多国間主義が危機に瀕していることを考えれば、何も保証されないものである。最後に、この危機からの脱出に際しては、豊かな国と発展候補の国との間の不平等が際立つかもしれない。重い国際紛争がやって来るかもしれない。

2―3　金融、経済、公衆衛生の間の時間的序列が覆る

レギュラシオン・アプローチの最近の成果の一つによれば、制度諸形態間の階層性がうまく根付いていればいるほど、社会経済レジームの統一性はよく保証される。フォーディズムにおける賃労働関係の優位、金融のイノベーションとグローバリゼーションによって動かされた諸国における通貨レジームの支配、中国式発展様式における競争の中心的役割などである。新型コロナに先行する時代では、経済競争力をめぐる国際競争と財政運営からのプレッシャーにより、予算裁定は公共サービスに不利に働いていた。とりわけ、病気予防と入院病床への投資はそうである。というのも、日帰り手術は、国庫を倹約する代替手段となるであろうという希望が勝っていたからである。ある意味で、公的および私的な意思決定者により内面化された階層性がはっきりと確立されていた。階層性の最上位には国際競争への挿入のあり方が位置し、これは、度重なる賃労働関係のフレキシブル化戦略を意味していた。制度設計の最下位には国家／経済関係が位置しており、とりわけ社会的サービスや医療サービスの提供が的となった。二〇二〇年春に蘇生用病床が一気に満杯になったのは、二つの要因が重なった結果である。一つは、パンデミックのリスクを考慮しなかったことであり、もう一つは重大な保健上の危機に直面した公立病院の中心的役割への過少評価である。

各国政府のイデオロギー的参照枠を超えて広く共有されたこの戦略的選択の結果は、時として劇的なものであったが、次のことを意識するのに役立った。パンデミックの時間は、財務省、中央銀行、短気な金融アクター、企業、消費者、そして最後に賃労働者に押しつけられた。こうして、ほぼナノ秒単位で構成されるトレーダーたちの時間は、保健相、首相、そして国家元首と記者たちとの会見の時間に席を譲らなければならなくなった。それら会見は、ウイルスの蔓延、医療の進歩、経済支援措置にかかわっていた。あらゆる責任者は、本当はよく分からない新型コロナの時間に従わなければならなくなった。いずれにせよその時間は、

以前のパンデミックの例を信じるなら、むしろ十年単位のものである。ここに、金融が自らの時間の対極にあるものに従わなければならない理由がある。

金融のこの後退は必ずしも決定的なものではない。有効なワクチンがもうじき手に入るという報告を受け株式相場が沸騰したことが、それを示している。株式相場は、二〇二〇年一二月以降、経済沈滞からの次回の出口が始まることを織り込んでいる。皮肉にも新型コロナは、もの言う株主に心強い論拠を提供した。彼らは長年、価値観や目標の序列をあえて覆そうとした時から別の世界が可能になると主張してきた。都市交通の準停止は都会の空気をきれいにした。国際的移動の阻止は、テレワークやビデオ会議によって避けることのできた浪費を際立たせた。理論的には、パンデミックにより暴露された各種時間の対立は、制度階層性の重要性と多様性を明らかにした。それはしばしば、特定の創成期の妥協を表している。

2―4　超国籍的プラットフォーム資本主義と国家資本主義との驚くべき弁証法と補完性

商科大学と企業の経営コンサルタントたちは「ワン・ベスト・ウェイ」のビジョンを大衆化させ、この名のもとに、あらゆる経営実践はやがてただ一つのモデルに収斂すると主張した。しかし比較分析からは、依然として次のことが示されている。例えば、自動車産業のような世界化された部門においてさえ、同一部門にきわめて異なった生産モデルが長期にわたって強固に存在している。産業組織にかんしては、非収斂が規則となっている。一国の制度設計の場合はなおさらそうである。それほどに特異体質性と経路依存効果が存在しているのである。大多数の経済学者が右のことを考慮していない証拠も、同じほどある。実際、あらゆる理論的潮流（新しい古典派、ケインズ派、ポストケインズ派、シュンペーター学派……）がごちゃまぜになって、一個同一の基本仮説を共有している。あらゆる経済は一つの包括的マクロ経済モデルに支配されており、それは、技術、制度設計、国際的な特化からは独立している、と。明らかに、これら三つの要因は量的な違いだけを導入しているが、それは共通の諸属性に比べれば第二義的なものである。ある意味では、全部が同じ社会経済レジームだ！　そうでないとしたら、経済主体の非合理性が出現し、「経済法則」――経済学者はこの法則の陰の守護者である――など知りたくはない政治的責任者によって、誤った意思決定がなされたということなのだ、と。それゆえ、彼らのスローガンは、「われらのモデルを若い世代に教えよう。そうすれば、最後には合理性が勝利する」となる。こうして、スローガンはほんのわずかの考察を正当化しているのだということを疑わず、分析者は予言者になる。それを、公衆の意見のかたわらで、経済学者が喜んでいるのである。

この本の主要成果の一つは、三〇年近くの国際化を考慮に入れて、資本主義諸形態の分類論を現代化したことにある。読者には、二一世紀の資本主義一般のあるべき姿が暴露されていると期待しないでほしい。実際には、資本主義の三つの構図が語られているが、それらは、覇権争いと事実上の相互補完の間で揺れ動いている。それらは、それぞれ異なる理由でパンデミックから強化されて出てくる。

超国籍的プラットフォーム資本主義は、継続的に作り出されるビッグデータの収集、処理、経済的利用に集中しているが、前例のないほどに集積した規模の収益を動員したおかげで、二〇一〇年代を通して繁栄をした。というのも、その潜在的市場は世界的となったからである。物理的距離をとるという措置や、人の移動と――サービス活動においては本質的な――対面関係の大幅な削減が実施されたので、ＧＡＦＡＭ（グーグル、アマゾン、フェイスブック、アップルそしてマイクロソフト）がそうなったところの多国籍企業は、折よく、技術とインフラをもたらし、情報検索、ｅコマース、脱物質化された社会的ネットワーク、携帯装置に利用され、社会のデジタル化の中心となった。ついに確保された彼らの収益性は金融的力を放ち、これが彼らの株式相場の高騰を引き起こした。ＧＡＦＡＭは、保健上の危険が上昇するに応じて、デジタル技術と生物学研究の同盟の媒介者となるところまで来た。

党‐国家に支配された資本主義は、デジタル技術を社会の支配を確実にするために利用し、経済の舵を、国内の需要と要求に根差した発展様式に移行する方向に切った。それゆえ中国では、伝統的部門での競争の論理は、未来産業部門を起こすことを狙った戦略にかんしては、国家の強い介入のなかにその補完物を見出すのである。逆説的だが、パンデミックは武漢という都市に起源をもち、まず、中国の政治体制に対して不信をもたらしたように思える。二〇二〇年一二月には、中国は、新型コロナ第二波の到来を免れたように見え、経済活動が再開できるところまで来た。これに対して、北米やヨーロッパの状況では、ウイルスへの勝利が不確実であることが重くのしかかっている。評論家たちは、二〇二〇年一月には、感染症の処理を、中国のアキレス腱――すなわち近いうちの体制危機のありうる前兆――だとしていた。事実は、強権的な社会支配により厳格な封鎖が実施され、それは効果的であると証明されたが、同じことを個人主義と自由原則の上に築かれた社会で行うことは難しい。同じ年の一二月には、アメリカの方が、パンデミックを根絶するのに最も大きな困難を抱えている。なぜなら、営業の自由と人の移動の自由が重視されていたからである。これは、新型コロナが続く要因でもある。

ＧＡＦＡＭの代替物を登場させたり、中国の政治体制を採用するのは、大部分の社会にとっておよそ射程外のことである。しかし、全方位の国際化は不平等の増大を引き起こし、ポピュリストの運動や政権がそれを捉え、国民国家を、世界的競争の嵐からの防壁と国民的連帯の番人にしようとしている。それゆえ、ほとんどすべての大陸で、国家に強力に衝き動かされた資本主義のさまざまな変種が登場した。これらのそれぞれは、他の二つの資本主義から促迫された傾向の下に置かれている。ＧＡＦＡＭは以前の大量生産パラダイムを受け継いだ産業構造を不安定にする。他方、中国企業を介した関連産業が再度勃興することによって、ほとんどの国の特化は不安定となった。これらの競争圧力は、政府が市民や場合によっては企業に対して国家のコントロールを拡大しようとその圧力を動員するほど、議論の種となるのである。

この三つの資本主義は、国際レジームが解体したり、ブレトンウッズ体制から引き継いだ国際機関が衰退した場合、共存し続けることができるのか。読者は、これを扱う第7章に向かうことになる。

2―5　国家の復帰――新しい社会的政治的秩序への弥縫策なのか創設者なのか

パンデミックを制御するなかで国家が復帰してきたが、これは新自由主義的イデオロギーの公然たる危機や、これと裏腹にジョン・メイナード・ケインズへの復帰を意味しているのだろうか。決着をつけるにはまだ早すぎる。実際、かつてサブプライム危機から脱出したのは、アメリカ財務省による金融システムの救済の結果であった。国家は金融市場の欠陥を助けにきたのであり、その後、そのコントロールがいくらか困難になったにもかかわらず、そこから手を引いて新しい投機バブルに席をゆずってしまった。同様に欧州連合は、欧州中央銀行の定款に定められている原則を歪めることによって、何とかユーロを救済しえたのであったが、ひとたび最悪事態が過ぎ去ると正統的な予算へと復帰し、これによって経済回復は停止状態となった。二〇二〇年末、専門家たちは再び、新型コロナにかかわる追加的な公債の持続可能性について議論しはじめた。事実、「いかなる犠牲をはらっても」という合言葉を、二〇二〇年代全般にわたって引き延ばしていくことはできなかろう。金利がこれほど低くとどまるという保証など、どこにもないからである。各国間の分岐が拡大したので、国際金融業者は、大なり小なりの近未来において、各国公債間で裁定を行うことができるようになり、それによっていちばん脆弱な諸国では公然たる危機が促進されるようになる。ラテンアメリカがそのケースに当てはまるが、欧州中央銀行が一番問題含みの公債のスプレッドを抑制できない場合には、欧州連合内でもまた起こりうることである。

諸現象に間違った命名をするとその理解が台無しになり、パンデミックの人的・社会的・経済的コストが高くなってしまう。例えば、封鎖〔外出禁止〕のせいでストップした経済活動の損失を補償するための支援プランを、ケインズ的と名付けるのは間違いである。第一に、公的支出の拡大は副次的で数年にわたって割りふられているが、他方、国家の短期的行動の核心は信用保証や社会保障分担金・租税の繰り延べを対象としているのであって、その分これは、将来返済すべき財政基金によって融資された一時的な措置なのである。これら資金投入の一部は、新型コロナ用にヨーロッパ・レベルで融資されており、将来、ＥＵレベルで新しい税を創設することによって返済されることになる。第二に、この活動は失業の抑制を直接には意図しておらず、本質的には、企業の経済的損失を補償し、人びとの貧困化リスクにブレーキをかけることを狙っている。新型コロナの時代にあって、国家はシステミック・リスクへの最後の拠りどころとしての保証者となったのであり、これはいかなる民間保険会社も引き受ける用意がないものである。脅威の新奇性――したがって命というものが高い代価を獲得した社会における人的損失を抑えること――ということから、国家が生権力を強化したことが説明されるのであり、国家はパンデミックにつれて生権力を獲得してきたのである。

ウイルスの蔓延が引き起こした社会の混乱と多数の生産活動の行政的停止措置に直面して、アクターたちは、保健医療危機からの出口や機能的な経済を再度構築する手段についての根拠があまりないので、期待を形成することができなくなった。こうした根本的不確実性を前にして、金融市場は度を失って、株価の崩落と根拠なき楽観論の発作とを交互に繰り返した。ここでもまた国家は、私的期待が再調整されていきうるような方向性を定めうる唯一のアクターなのである。こうして国家は公共の時計の統率者となったのであり、他のいかなるアクターもこれを保証しえない役割を担った。こうして封鎖、次いでそこからの脱出、そして最後にワクチン接種――パンデミックの勃発以来社会を律動づけてきたもの――といった予定表が説明される。こうした計画がどんなに不完全なものであろうとも、それは不可欠なものだということが明らかとなった。計画なしには社会は無秩序《アノミー》に陥り、もっと悪いことに発作を起こし、さらには混沌《カオス》に陥るからである。

ここに提起された問題は決着をつけがたい。つまり、自由主義的信条と規制緩和の全般的運動によって縮小された国家が、公衆衛生、不平等縮小、そしてもちろんエコロジー的持続可能性という至上命令を統合した社会経済レジームへの再編を先導しうるのだということを、市民たちに説得しうるのだろうか、と。

2―6　新しい国際的両極化――危機から学んだ国もあればそうでない国もある

第二次世界大戦の終わりがけ、国家はテクノロジー的および経済的な近代化の担い手として登場しえたのであり、それゆえ国家は市民社会の創設者であった。国際競争とこれにつぐ金融化が開始され、ごく最近では――もう過去のものだと思われていた――危険なパンデミックが再登場するとともに、公共当局は、近年の歴史には類例を見ない挑戦や危険に対応しなければならなかった。だから公共当局は、再度適用するに足る実験済みの解決策をもっていなかった。それゆえ国家は一連の試行錯誤によって実験しなければならなかった。ある時代から次の時代へと間違いを繰り返さないために、国家は自らの間違いから学び、その結果、制度や組織の構図を再編していく必要があったのである。こうした不透明で不確実な時代にあって、不測の事態に反応し学習する能力は、成功裡に切り抜ける国民国家と危機を繰り返す国民国家とでは区別される。この教訓は経済政策のあらゆる領域に貫通しており、そしてとりわけ二〇二〇年の状況に当てはまる。

金融危機の歴史は教示に富む。一九九七年、アジア諸国は突然の資本流出によって引き起こされた深刻な危機を経験した。その資本は、これら諸国における資本勘定の自由化を利用しつつ、そのきわめてダイナミックな成長へと押し寄せこれを不安定化させていたものであった。アジア諸国の政府はそこから結論を引き出し、それ以来、他の国際金融危機に際して大した損害なしにこれを切り抜けうるような政策をとるようになった。これと対照的に一九八〇年代以来、多くのラテンアメリカ経済は、大して学ぶことなく危機から危機への道を不断にたどったのであり、これについては、一九七六年から今日に至るまでのアルゼンチンが象徴的な好例を提供している。世界経済への統合や特化のあり方がきわめて異なっているということ以上に、過去の危機から学ぶという態度の有無こそが、国民的軌道における明確な境界線を引いているのである。

新型コロナとの闘いの戦略を比較すると、これと同じ対立が見られる。それぞれの社会がどうであろうとも、ウイルスはそれ自体としては同じ脅威を押しつけるだけに、それだけこの対立は顕著となる。たしかに諸社会は、人口密度や個人的移動にむらがあることによって特徴づけられる。一方で、北東アジア諸国はＳＡＲＳの脅威を真剣に受けとめ、情報や意思決定の集権化によって、またあらゆる保健医療システムのコーディネーションによって、来たるべきパンデミックとの闘いを合理的に組織するよう決定した。台湾と中国は、パンデミックをその根源において処置する法を見出した二つの成功例である。他方で、ヨーロッパとアメリカは、遠方のウイルスが自分たちの大陸に到来する機会はほとんどない――大量の国際的移動の時代にあってこれは正しいのか――と考え、また、何はともあれ自分たちの医療技術は大変に進歩しているのでウイルスの拡散を未然に防止するのは容易だろうと考えていた。二〇二〇年一二月、パンデミックは加速し、経済回復は停止し、その結果、医療崩壊と不確実性が相ともに進み、人的損失と経済的損失との微妙な裁定という希望は失われた。

ここから、あるパラドクスが浮かび上がる。つまり、パンデミックは各国の軌道の分岐をさらに強めるのであって、一方の国々はその行動を未来のうちに刻み込むとすれば、他方の国々は過去の誤謬の反復のなかでがんじがらめになる。

2—7 二一世紀の発展様式は人間形成型になるはずだ

パンデミックが突如として際立たせたのは、経済活動は、それゆえ経済的繁栄は、公権力によってあまりにも長らく無視されてきた公共財——保健衛生的安全——の存在を前提としているということだ。二〇二〇年一二月の時点で国際比較してみれば、その最初の判断が示されよう。一方で、新型コロナとの闘いを犠牲にして経済活動を優先した諸政府は、死者数の激増と治療能力の飽和を見ることになったが、しかもそのうえ、大量の公的資金の注入にもかかわらず経済回復は停止してしまった。他方で、ウイルスの根絶を優先したわずかながらの政府は、大量の公的介入の必要もなく、信頼の回復とほぼ正常な経済活動を享受した。読者はアメリカと中国の対照的な推移を知ったことだろう。ヨーロッパはこれらとはまた違った戦略——ストップ・アンド・ゴー戦略——をとったのであり、これは封鎖期間と封鎖解除期間を交互に繰り返すものであり、したがって経済パフォーマンスは凡庸なものであった。

本書はこのパンデミックを、さまざまな発展様式の長期的歴史のうちに置きなおす。パンデミックは、新しい部門が自らのロジックを経済全体に及ぼしつつあることを自覚する機会となりうるからである。大量生産というフォーディズム時代ののち、またその後の純粋に金融的ロジックに従属した経済という幻影ののち、最近二〇年間は三つのタイプの支出のダイナミズムによって特徴づけられる。すなわち、教育、医療、文化のための支出である。これらの支出はどれも、現代の生産システムが必要とする能力を形成したり、豊かな文化を共有するなかで終生健康に社会生活に参加できるよう促進したりするためのものである。こうしたことは、制度化された妥協——それゆえ調整様式の持続性——を形成するための母胎である。この人間形成型発展様式はすでに現存しているのであるが、しかし大多数の政府にとって座標系として役立つ支配的な経済パラダイムのせいで、感知されるに至っていない。実際、右のものに照応する投資は不生産的支出として現れ、これらへの資金調達は、国際競争にさらされた部門の企業の競争力を削ぐものと見られている。

3　新世代のレギュラシオン研究に向かって

保健医療危機からの脱出の困難性は新しい研究分野を登場させることになった。ここではごく手短にでしかないが、それを素描しておこう。

3—1　新しい制度設計や発展様式はどのように出現するのか

封鎖〔外出禁止〕といった、パンデミックとの闘いにおける非医学的措置は、エッセンシャルとは見なされない財の生産を停止させ、人びとの移動を制限し、それゆえに消費構造を一変させ、そのおかげで各種活動が調整されえていた社会的諸時間を凍結させた。経済に対する公的支援計画は、全面的にであれ部分的にであれ、経済的損失を埋め合わせはしたのだが、しかしこうした社会諸関係の解体を解決するのに貢献したわけではなかった。ワクチンが利用可能になった暁においてさえも、一定の予見可能性が戻って来るという保証はない。

これは主流派経済学への挑戦である。なぜならこの経済学は、整合性のある社会経済レジームの内部での価格体系の調節しか取り扱わないからである。それゆえ、自己均衡化力を与えられた市場が再建され構築され、その基盤のうえに資本主義経済を機能させるようなコーディネーション手続きの出現過程について反省してみる必要がある。この点、経済史は貴重な教訓を提供しており、ソビエト体制の崩壊は「市場経済」の自生的出現なるものが幻想であることを示した。本書の最終章は、現状への復帰に対する制度的障害について概観を与えている。ウイルスへの勝利が遅れるならば、現状への復帰はいよいよもってありえないことになる。今回の事態を二つの世界大戦からの出口と比較してみれば、格別に理解が進むであろう。

3─2　敵対する両陣営に分裂した社会を前にして、何が政治的媒介勢力となるのか

二つの世界大戦からの出口において、復興という目標や、戦争経済を市民たちの切迫した欲求充足の方向へと転換させるという目標は、自由主義者と介入主義者の政治的亀裂をはるかに超えて、広範な賛同を得ていた。実用的なアプローチが重きをなし、それが過去のイデオロギー的対立を超越していた。ただし、ひとたび繁栄が再来し、これと結びついてしばしば個人主義が勃興することになったら、そうしたイデオロギー的対立が再現するおそれはあるかもしれないが。まさにこれが、保健医療上の危機から脱する戦略が遭遇する障害の一つである。

長く底深い国際化によってすでに、勝ち組──高学歴者、高技能者、国際人、金融業者──と、再分配措置を削減された社会内負け組──低技能者、不安定労働者、国際競争によって打撃を受けた農産地に繋ぎとめられているすべての人びと──との間の溝は掘り深められている。時が経つにつれて、利害もイデオロギーも敵対する二つのグループ──その規模はほぼ同じくらいだ──は対決するようになる。こうした文脈では、アイデンティティ問題で和解したり、栄光の三〇年〔第二次大戦後の高度成長期〕の時のように貨幣的補償について議論したりすることは、問題外である。あの当時、各人は同じ中産階級に属していると思っていたから

である。新型コロナはとりわけいちばんの弱者を襲った。その結果、保健医療にかかわる不平等は、雇用、所得、住宅、政治過程への参加程度にかかわる不平等と重なるようになった。

結局、政治的多数派――およびそれが決定する公的介入策――の形成を分析することが、かつてないほどに重要となってきた。実際、ポストコロナの社会経済レジームが出現するのは、まさに彼らの戦略的相互作用からであって、何らかのテクノロジー的決定論からでもないし、まして市場価格の形成による自動作用からでもない。この問題はレギュラシオン・アプローチにとって、困難でもあれば有望な研究分野でもある。

3—3 それなくしては各国の発展様式が繁栄しえないような世界的コモンズをいかに創設するか

当初、レギュラシオン・アプローチはさまざまな国民的軌道の研究に焦点を当てていた。第二次世界大戦の結果、国民国家が強くなってきたからである。すでに強調しておいたように、この三〇年以上にわたって休みなく国際的開放が追求されてきたのだが、その国際的開放によって、各国政府の自律性の度合いは徐々に浸食されてきた。これ以降、あらゆる社会経済レジームは極端に相互依存的になった。この点は世論によって、耐えがたき主権喪失として感じ取られ、この感情は各種のポピュリズムの土壌となった。連鎖的な保護主義的退却を予想せねばならないのだろうか。これは世界不況や国際的緊張――それは局地戦争さらには地域戦争の源だ――をもたらすであろう。あるいは反対に、パンデミックに代表される前例は、保健衛生的安全が世界的公共財――コモンズの一つ――以上のものとなり、気候変動に対してもこれと同じアプローチが取りやすくなるという自覚を促すのであろうか。

さらに若い研究者たちは、さまざまな国際レジームはかつてどのようにして出現したのかという、大いなる研究領域を拓いていくことになるのか。未来にかんして今日観察されている諸過程の結果は何であろうか、ディストピアなのかユートピアなのか。政治的責任者たちはこうした分岐——富裕か災難か——に心を砕くことができるのだろうか。

訳者あとがき

本書は Robert Boyer, *Les Capitalismes à l'épreuve de la pandémie*, Paris: La Découverte, octobre 2020 の全訳である。原題を直訳すれば「パンデミックの試練に立つ資本主義」とでもなろうか。

いま少し正確にいえば、本書はフランス語原書に対して、二つの点で事実上の増補版となっている。

第一に、原書では図・表・コラムは存在せず、代わりに付録（Annexe）として、以下のウェブサイトに約八〇ページにわたって一括公表されており、著者は適宜これへの参照を求めている（http://robertboyer.org/download/Annexes-livre-Boyer-2.pdf）。しかしこの日本語版では、一冊の書物としての完成度を高めるために、また日本の読者の便宜のために、著者の了解を得て、図表類を訳書中に繰り入れた（図表番号の一部に本文との齟齬がみられたが、これは補正した）。著者自身、「図表類は、大学や高校における経済学や政治学の教育にとってとりわけ有益なものとなろう」と注記しているとおり、図表類を組みこんだこの訳書は、コロナ・パンデミックを経験した今日、大学などでの教科書としての役割をも果たすことができるものと信じている。

第二に、本書は新しく冒頭に「日本の読者へ」を、巻末に「補章　歴史的出来事をリアルタイムで分析することは可能か」を付している。いずれも日本語で初めて発表されるものである。その経緯を述べれば、最初、訳者からは著者ボワイエに「日本語版への序文」を依頼したのであるが、著者からは「歴史的出来事をリアルタイムで分析する」と題する長文が送られてきた。これは、原書原稿擱筆後約半年にわたる新型コロナ問題の推移を踏まえた最新の分析となっているが、序文としては長大にすぎるので、出版社および訳者の判断により、これまた著者の了解を得て、その結論部を中心にして「日本の読者へ」とし、残りの主要部分は「補章」として巻末に置くことにしたものである。その際、タイトルも著者の提案により少々変更した。いずれにしても右の二点において、本書は事実上の増補版となっている。

本書の内容については、ごく大略的には「序説」にあらかじめ要約されており、また「日本の読者へ」や補章も参考になる。ここでは、今回のコロナ危機が資本主義の中長期的趨勢にどのような影響を及ぼすかについて、著者の主張の一端を紹介するにとどめよう。

コロナ危機とそれへの各国の政策的対応（特に外出制限などの封鎖措置）はさし当たって、人びとの健康と経済と自由という三つの重要課題のすべてを同時には達成しえないという、トリレンマの難題を突きつけた。しかしそれへの対応は、資本主義の類型や政策責任者の選択いかんによって異なった形と強度をとった。ここにも、同じ危機に対して反応は各国別に多様であるという、レギュラシオン学派の年来の主張の妥当性が見られる。

コロナ危機という、経済にとってはいわば外来のショックは、各国の資本主義や世界の経済的・地政学的動向に、ある種不可逆の影響を与えずにはおかないというのが、著者の基本的視線である。変化の方向はすでに今世紀以来、萌芽的に胚胎していたものかもしれないが、コロナ危機はそれを一挙に加速しようとしていると著者は見る。

著者が特に強調するのは、危機のなかで、また危機を通して、成長産業（とくにデジタル関連産業）と衰退産業（それ以外）との分岐が進行し、これにともなってそれぞれに関連する人びとの間の不平等がいよいよもって拡大するのではないかという懸念である。加えて今日、デジタル化は監視社会化としてネガティブな面が強く出てもいる。また、コロナ危機を通して国家の役割があらためて再認識され、グローバリズムのもとでの国家退場論に対する大きな反省を迫っているが、かといって無条件な国家主権論は「ポピュリズム」の温床ともなっており、事態は複雑である。

また、コロナ危機のなか、デジタル産業は発展してプラットフォーム資本主義による支配が強化されつつあるが、その同じプラットフォーム資本主義の二大類型として、超国籍的プラットフォーム資本主義（アメリカ型）と国家資本主義（中国型）が主流となっており、これらと対抗して市民による情報管理を掲げる欧州連合の資本主義は、理想は高いが残念ながら力が弱い。

このようにコロナ禍の資本主義の動向は、そのネガ面が目立つのであるが、しかし著者は、そのネガのなかに教育・医療・文化に支えられた、つまり「人間による人間の生産」に支えられた、そのような「人間形成型」発展様式という、ポジティブな傾向の萌芽をも見逃さない。デジタル監視社会か、それとも人間形成的な経済社会か。情報の多国籍企業ないし国家による支配か、それともその市民的制御か。どちらも単純な二者択一の問題ではなく、ポジとネガが複雑に錯綜しているが、コロナ危機を奇貨としていかにして新しい民主主義を築き上げていくか。そして、そのための新しい政治連合をいかに形成するか。コロナ危機によって顕在化した現代史の伏流を、著者はそのように見透しているかのようである。


訳語について、若干の注記をしておきたい。

“COVID-19”は当然ながら頻出する語であり、日本ではこれをそのまま使ったり、あるいは「新型コロナウイルス感染症」と訳されたり、さらには「新型コロナ」と略称されたりしている。本書では主に「新型コロナ」と表記するが、これをウイルス名でなく病名として理解していただきたい。なお、言うまでもないことだが、「新型」とは今日の時点における「新」型であって、未来永劫にわたるそれではない。

“confinement”もよく使用されている単語である。通例は「閉じこめること」「封じこめること」を意味する語であるが、コロナ・パンデミックの状況下ではその含意は広い。著者に問い合わせたところ、主要には「ステイホーム」（つまり外出制限・禁止）に相当するが、場合によってはさらに広く「ロックダウン」（つまり都市・地区封鎖）も意味するとのことであった。日本での経験に当てはめて言えば、自宅待機、外出・移動制限、店舗営業制限、イベント開催制限、地区封鎖、そしてさらには隔離措置など、すべてを含みうる語である。本書での訳語としては、基本的には「封鎖」を使用し、文脈に応じて右のどれかの訳語に代えたり、それで補ったりしている。

訳文中の記号は以下の通り。〔　〕内は訳注ないし訳者補足であり、本文中の傍点は原文での強調のイタリックである。図表中の太字は原文での強調のイタリックである。

訳書全体にわたって、訳者両名は訳文を相互にチェックし、分かりやすい日本語にするよう、また誤訳や遺漏のないよう努めたつもりであるが、思わぬ間違いなどがあるかもしれない。忌憚のないご指摘をいただけたら幸いである。

本書成立に当たっては、藤原書店社長の藤原良雄氏ならびに同社編集部の山﨑優子さんのお世話になった。記して感謝する。また著者ロベール・ボワイエ氏からは、右に述べたように、本書のための新しい一文を起草していただいた。これについても、心からの御礼を申し上げたい。

二〇二〇年一二月

山田鋭夫
平野泰朗

Verdugo Gregory (2020), 'The Covid-19 passport and the risk of voluntary infection', *Blog OFCE*, 5 mai, <frama. link/E8UhE_fE>.

Vespignani Alenssandro et *al.* (2020), 'Modelling Covid-19', *Nature Review Physics*, 6 mai.

Weaver Courtney (2020), 'US graduates in crisis: "Entry level jobs are not safe at all"', *Financial Times*, 28 mai.

White House (2020), *Economic Report of the President together with the annual Report of the Council of Economic Advisers*, fevrier.

Wolf Martin (2020), 'The virus is an economic emergency too. As borrowers and spenders of last resort, governments must act now to avert a depression', *Financial Times*, 17 mars. 日本経済新聞社説「コロナ対策　政府の出番」日本経済新聞2020年3月20日

Xiao-Guang Yue *et al.* (2020), 'Risk management analysis for novel coronavirus in Wuhan, China', *Journal of Risk and Financial Management*, vol. 13, n° 2, p. 1-6, fevrier.

Yunus Muhammad (2020), 'La crise due au coronavirus nous offre la possibilité de tout reprendre à zéro', *Le Monde*, 6 mai.

Zacharie Arnaud (2020), *Mondialisation et national-populisme. La nouvelle grande transformation*, Le Bord de l'eau, Lormont.

Zuboff Shoshana (2019), *The Age of Surveillance Capitalism*, Profile Book, Londres.

Sandbu Martin (2020), 'German court has set a bomb under the EU legal order. Its ruling on the ECB's bond-buying program is misguided and ill-timed', *Financial Times*, 5 mai.

Saint-Bonnet Francois (2020), 'Covid-19, le discours guerrier est une erreur', *Le Figaro*, 15 avril.

Sansonetti Philippe (2009), *Des microbes et des hommes*, Fayard, Paris.

—— (2020), 'Covid-19 ou la chronique d'une émergence annoncée', *Conférence au Collège de France*, 30 avril, <frama. link/b_zYxVhZ>.

Schama Simon (2020), 'Plague time: what history tells us', *Financial Times*, 10 avril.

Sen Amartya (1999), *Development as Freedom*, Oxford University Press, Oxford. 石塚雅彦訳『自由と経済開発』日本経済新聞社、2000年

—— (2020), 'A better society can emerge from the lockdowns. History shows some crises lead to improved equality and access to food and healthcare', *Financial Times*, 5 avril.

Sevastopulo Demitri et Polito James (2020), 'White House to seek up to $850bn stimulus package. Trump administration pursues a more aggressive response to economic impact from Covid-19', 17 mars.

Sibony Olivier (2020), 'Le trilemme du déconfinement, ou comment résoudre un problème insoluble', *Linkedin*, 12 avril.

Simon Herbert (1982), *Models of Bounded Rationality. Behavioral Economics and Business Organization*, The MIT Press, Cambridge.

—— (1983), *Reason in Human Affairs*, Stanford University Press, Stanford. 佐々木恒男・吉原正彦訳『意思決定と合理性』ちくま学芸文庫、2016年

Sitbon Xavier (2020), 'Krach boursier: la baisse amplifiée par les trackers ?', *Le Revenu*, 30 mars.

Slama Serge (2020), 'État d'urgence: "loi de 1955" *versus* état d'urgence sanitaire, une contamination des libertés par la logique d'exception ?', *YouTube*, 27 mars, <frama. link/LKty36ys>.

Streeck Wolfgang (2014), *Buying Time. The Delayed Crisis of Democratic Capitalism*, Verso, Londres. 鈴木直訳『時間かせぎの資本主義——いつまで危機を先送りできるか』みすず書房、2016年

Tirole Jean (2020), 'Quatre scénarios pour payer la facture de la crise', *Les Échos*, 2 avril.

The Conversation (2020a), 'Comment la France compte-t-elle ses morts ?', 5 avril.

—— (2020b), 'Covid-19: comment une stratégie de doubles tests permettrait de sortir du confinement et de relancer l'économie', 13 avril.

—— (2020c), 'Débat: le savant et le politique en 2020, un attelage de fortune ?', 6 mai.

The Economist (2020), 'A dangerous gap. Financial markets have got out of whack with the economy', 9-15 mai.

Théret Bruno (1997), 'Méthodologie des comparaisons internationales, approches de l'effet sociétal et de la régulation: fondements pour une lecture structuraliste des systèmes nationaux de protection sociale', *L'Année de la régulation*, vol. 1, p. 163-228.

Tooze Alan (2020), 'Onde de choc', *London Review of Books*, vol. 42, n° 6, 16 avril.

Padilla Jorge et Petit Nicolas (2020), 'Competition policy and the Covid-19 opportunity', *Concurrence*, n° 2, p. 1-5.

Pasquale Frank A. (2018), 'Tech platforms and the knowledge', *American Affairs*, vol. 2, n° 2, p. 3-16.

Payne Sebastian (2020), 'Coronavirus: the hidden health costs of the UK lockdown', *Financial Times*, 26 avril.

Pech Thierry et Richer Martin (2020), 'La révolution du travail à distance', *Terra Nova*, 30 avril.

Petit Nicolas (2020), *Big Tech and the Digital Economy. The Moligopoly Scenario*, Oxford University Press, Oxford.

Pettis Michael (2020), 'China's economy can only grow with more state control not less. Beijing's repeated pledges to shrink the state are both empty and impossible', *Financial Times*, 26 avril.

Pichler Anton *et al.* (2020), 'Production networks and epidemic spreading: how to restart the UK economy ?', *preprint ArXiv*, 22 mai, <frama. link/sLyXaNpH>.

Piketty Thomas (2020), 'Il faudra demander un effort aux plus aises', *France Info*, 27 mai, <frama. link/7Cn9SZa3>.

Piketty Thomas, Alvaredo Facundo, Chancel Lucas, Saez Emmanuel et Zucman Gabriel (2018), *Rapport sur les inégalités mondiales 2018*, Seuil, Paris.

Philippon Thomas (2019), *The Great Reversal. How America Gave Up on Free Markets*, Harvard University Press, Cambridge.

Pollin Jean-Paul (2011), 'Le dérapage des dettes publiques en question, un essai d'inventaire', *Revue économique*, vol. 62, n° 6, p. 981-1000.

Ponsot Jean-Francois et Marie Jonathan (2020), 'Relance économique: sommes-nous vraiment tous devenus keynésiens ?', *The Conversation*, 9 juin.

Programme des Nations unies pour le développement (PNUD) (2019), *Rapport sur le développement humain 2019*, New York,

Quinet Emile (2013) 'Évaluation socioéconomique des investissements publics', *Rapport du Commissariat général à la stratégie et à la prospective*, septembre.

Rambachan Arhesh, Kleinberg Jon, Ludwig Jens et Mullainathan Sendhil (2020), 'An economic perspective on algorithmic fairness', *AEA Papers and Proceedings 2020*, vol. 110, p. 91-95.

Rasul Imran (2020), 'The economics of viral outbreaks', *AEA Papers and Proceedings 2020*, vol. 110, p. 265-268.

Reungoat Emmanuelle, 'Les difficultés d'implantation d'un parti souverainiste en France (1992-2009)', *Les Cahiers Irice*, vol. 4, n° 2, 2009, p. 113-128.

Revue de la régulation (2014), 'Renouveler la macroéconomie postkeynésienne? Les modèles stock-flux cohérent et multi-agents', n° 16, automne, <frama. link/ABtoWaQ0>.

Roché Sébastien (2020), 'Dans sa réponse au coronavirus, notre exécutif survalorise la surveillance et la punition', *Le Monde*, 4 juin.

Rouban Luc (2020), *La Démocratie représentative est-elle en crise ?*, La Documentation française, Paris.

[1885]. 小林昇訳『経済学の国民的体系』岩波書店、2014年

Luce Edward (2020), 'It's the end of globalism as we know it (and I feel fine)', *Financial Times*, 8 mai.

Maechler Sylvain, Perticone Yannick, Sobrino Piazza Jimena et Damian Michel (2020), 'La transition socio-écologique sera-t-elle la grande oubliée de la relance post-Covid ?', *The Conversation*, 2 avril.

Mallaby Sebastien (2020), 'The age of magic money. Can endless spending prevent economic calamity ?', *Foreign Affairs*, 29 mai.

Mankiew Gregory (2020), 'A skeptic's guide to modern monetary theory', *AEA Papers and Proceedings 2020*, vol. 110, p. 141-144.

Marty Frederic (2020), 'La concentration du pouvoir économique', GREDEG, mai.

Marty Frederic et Kirat Thierry (2018), 'Les mutations du néolibéralisme américain quant à l'articulation des libertés économiques et de la démocratie', *Revue internationale de droit économique*, vol. 32, n° 4, p. 471-498.

Marx Karl (1852), *Le 18 Brumaire de Louis Bonaparte*, rééd. Mille et Une Nuits, Paris, 1997. 植村邦彦訳『ルイ・ボナパルトのブリュメール18日』平凡社、2008年

Méda Dominique (2020), 'Penser l'après: seule la reconversion écologique pourra éviter la déshumanisation du travail', *The Conversation*, 8 mai.

Michel Jean-Dominique (2020), 'Anatomie d'un désastre', *Blogs Mediapart*, 7 mai, <frama. link/aVWkyoH1>.

Michel Sandrine, Vallade Delphine (2007), 'Une analyse de long terme des dépenses sociales: vers un indicateur synthétique de développement des hommes', *Revue de la régulation*, n° 1, juin.

Minsky Hyman (1986), *Stabilizing an Unstable Economy*, Mac Graw Hill, New York. 吉野紀・内田和男・浅田統一郎訳『金融不安定性の経済学』多賀出版、1989年

Mistral Jacques (2019), *La Monnaie au XXIe siècle*, ronéotypé.

Moulier-Boutang Yann (2007), *Le Capitalisme cognitif. La nouvelle grande transformation*, Éditions Amsterdam, Paris.

Musgrave Richard (1959), *Theory of Public Finance*, McGraw-Hill, New York. 大阪大学財政研究会訳『財政理論——公共経済の研究』有斐閣、1961年

Nelson Richard et White Winter Sidney (1985), *An Evolutionary Theory of Technical Change*, Belknap Press, Cambridge. 後藤晃・角南篤・田中辰雄訳『経済変動の進化理論』慶應義塾大学出版会、2007年

OCDE (2020), *Perspectives économiques de l'OCDE. Rapport intermédiaire sur le coronavirus: l'économie mondiale menacée*, 2 mars.

OFCE (2020), 'Évaluation au 30 mars de l'impact économique de la pandémie de Covid-19 et des mesures de confinement en France', *Policy Brief*, n° 65, 30 mars.

Orléans André (1990), 'Contagion et effets de mode sur les marchés financiers', *Quaderni*, n° 12, p. 95-102.

stochastic agent-based model of SARSCoV-2 epidemic in France', preprint *Medrxiv*, 5 mai, <frama. link/jnyFFGbc>.

Houellebecq Michel (2020), 'Réponses à quelques amis', France Inter, 4 mai.

ILO (2020), 'COVID-19 and the world of work. Fourth edition', Geneve, 27 mai, <frama. link/1ssp2Fd->.

Imperial College (2020), 'Impact of non-pharmaceutical interventions to reduce COVID-19 mortality and healthcare demand', 16 mars.

Jenny Frederic (2020), 'Economic resilience, globalization and market governance: facing the Covid-19 test', *CEPR Press*.

Jorda Oscar, Singh Sanjay R. et Taylor Alan M. (2020), 'Longer-run economic consequences of pandemics', *CEPR Press*.

Karlson Nils, Stern Charlotta et Klein Daniel B. (2020), 'La stratégie suédoise contre les coronavirus sera bientôt celle du monde. L'immunité collective est la seule option réaliste, la question est de savoir comment s'y rendre en toute sécurité', *Foreign Affairs*, 12 mai.

Kay John et King Mervin (2020), *Radical Uncertainty. Decision Making for an Unknowable Future*, The Bridge Street Press, Londres.

Keck Frédéric (2020), *Les Sentinelles des pandémies. Chasseurs de virus et observateurs d'oiseaux aux frontières de la Chine*, Zones sensibles, Paris, juin.

Kelly Jemima et Cookson Clive (2020), 'Politicised nature'of lockdown debate delays Imperial report. Neil Ferguson's team has sent modelling findings to government but not released them to the public', *Financial Times*, 23 mai.

Kissler Stephen et *al.* (2020), 'Projeter la dynamique de transmission du SRAS-CoV-2 pendant la période postpandemique', *Science*, n° 14, avril.

Klein Etienne (2020), *Je ne suis pas médecin mais...*, *Tract Gallimard*, n° 35, 31 mars.

Krugman Paul (2020a), 'Sympathy for the epidemiologists', *New York Times*, 5 mai.

—— (2020b), 'A post-modern slump', *New York Times*, 12 mai.

Lalucq Aurore et Couppey-Soubeyran Jezabel (2020), 'La "monnaie hélicoptère" ou le desastre', *L'Obs*, 30 mars.

Latour Bruno (2020), 'Imaginer les gestes barrières contre le retour à la production d'avant crise', *Revue AOC*, 29 mars.

Le Monde (2020a), '2011-2017, la mécanique du délitement', 8 mai.

—— (2020b), '2017-2020, l'heure des comptes', 8 mai.

—— (2020c), 'En France, le Covid-19 aurait contaminé moins de 5 % de la population, loin de l'immunité collective', 14 mai.

Leijonhufvud Axel (1968), *On Keynesian Economics and the Economics of Keynes*, Oxford University Press, Oxford.

List Friedrich (1841), *The National System of Political Economy*, trad.anglaise par Sampson S. Llyod

Bruxelles, 27 mai.

Ferguson Neil (2020), 'Top UK adviser says mass tests key to ease lockdown publics', *Financial Times*, 4 avril.

Ferrer-Bartomeu Jeremie (2020), 'Cette attestation de déplacement datée de 1720 va vous surprendre', *Ça m'intéresse*, 27 avril.

Figueres Christiana et Zycher Benjamin (2020), 'Can we tackle both climate change and Covid-19 recovery ?', *Financial Times*, 7 mai.

Financial Times (2020), 'Coronavirus tracked: has the epidemic peaked near you ?', <frama. link/fRK0LGQZ>.

Fontvieille Louis et Michel Sandrine (2002), 'Analysis of the transition between two successive social orders. Application to the relation between education and growth', *Review*, Fernand Braudel Centre, New York, vol. 25, n° 1, p. 23-46.

Foucault Michel (2004), *Naissance de la biopolitique. Cours au Collègede France 1978-1979*, Gallimard, Paris. 慎改康之訳『生政治の誕生（コレージュ・ド・フランス講義1978-79）』筑摩書房、2008年

Garin Andrew, Jackson Emilie, Koustas Dmitri K. et McPherson Carl (2020), 'Is new platform work different from other freelancing ?', *AEA Papers and Proceedings 2020,* vol. 110, p. 157-161.

Glanz James et Robertson Campbell (2020), 'Lockdown delays cost at least 36,000 lives, data show', *New York Times*, 20 mai.

Gollier Christian (2011), 'Le calcul du risque dans les investissements publics', *Rapport du Centre d'analyse stratégique*, n° 36, 2011.

Haldane Andry (2020), 'Reweaving the social fabric after the crisis. The lesson is to better recognise all the paid and unpaid contributions citizens make', *Financial Times*, 24 avril.

Hall Peter A. et Soskice David (2001), *Varieties of Capitalism. The Institutional Foundations of Comparative Advantage*, Oxford University Press, Oxford. 遠山弘徳ほか訳『資本主義の多様性——比較優位の制度的基礎』ナカニシヤ出版、2007年

Harari Yuval Noah (2020), 'The world after coronavirus. This storm will pass. But the choices we make now could change our lives for years to come', *Financial Times*, 20 mars.

Hayek (von) Frederik (1973), *Droit, législation et liberté*, tome 2, partie 'Le mirage de la justice sociale', traduction francaise PUF, Paris, 2003. 篠塚慎吾訳『法と立法と自由II——社会正義の幻想』春秋社、2008年

Heyer Eric (2020), 'Une croissance de – 8 % est-elle encore possible ?', *OFCE blog*, 5 mai, <frama. link/_P9Ns3kj>

Heyer Eric et Timbeau Xavier (2020), 'Évaluation de l'impact économique de la pandémie de Covid-19 et des mesures de confinement sur l'économie mondiale en avril 2020', *Policy brief*, n° 69, 5 juin.

Hoertel Nicolas *et al.* (2020), 'Lockdown exit strategies and risk of a second epidemic peak: a

LSE Europe in Question, Discussion Paper Series, LEQS paper n° 152, fevrier.
Brunsden Jim et Fleming Sam (2020), 'How would Ursula von der Leyen's coronavirus recovery fund work ?', *Financial Times*, 27 mai.
Cagé Julia (2019), *Le Prix de la démocratie*, Fayard, Paris.
Caillé Alain (2020), *Second Manifeste convivialiste*, Actes Sud, Arles.
Carlin Wendy (2020), 'Covid-19 is resetting the way we talk about the economy. The twin crises of climate change and the pandemic provide an opportunity to transform thinking', *Financial Times*, 25 avril.
Carney Mark (2016), 'Resolving the climate paradox', *Arthur Burns Memorial Lecture*, Berlin, 22 septembre.
Carrol Dennis (2020), 'L' épidemie actuelle était prévisible', *Nautilus*, 12 mars (repris dans *Courrier international*, n° 1535, 2-8 avril, p. 41-43).
CEPR (2020), 'Covid economics', *Vetted and Real Time Papers*, vol. 1, *CEPR Press*, Londres, 3 avril.
Cereq (2011), '2007-2010. Premiers pas dans la vie active. Le diplôme: un atout gagnant pour les jeunes face à la crise', *Génération 2007*, premiers résultats.
Changy (de) Florence (2020), 'En traitant plus tôt, Hong Kong a évité le pire', *Le Monde*, 8 mai.
Chemain Regis (2020), 'L'euro à l'épreuve du coronavirus', *YouTube*, 26 mars, <frama.link/xFnwedNd>.
Cherukupalli Rajeev et Frieden Tom (2020), 'Seul sauver des vies sauvera des moyens de subsistance. La bonne façon de comprendre l'économie pandémique', *Foreign Affairs*, 13 mai.
Cheurfa Madani, Chanvril Flora (2020), '2009-2019: la crise de la confiance politique', Cevipof/Sciences Po, Paris.
Colonomos Ariel (2020), *Un prix à la vie. Le défi politique de la juste mesure*, PUF, Paris.
Conseil d'analyse economique (2019), *Territoires, bien-être et politiques publiques*, Paris.
Cookson Clive (2020), 'Coronavirus numbers. What we have learnt from the pandemic. Scientists understand much more about Covid-19 than they did but big gaps in knowledge persist', *Financial Times*, 10 juin.
Corrado Carol, Martin David et Wu Qianfan (2020), 'Innovation α: what do IP-intensive stock price indexes tell us about innovation ?', *AEA Papers and Proceedings 2020*, vol. 110, p. 31-35.
Covile Robert (2020), 'Capitalism is not to blame, it's our escape route out of this mess. We have clearly optimized the economy for efficiency rather than resilience', *Financial Times*, 1er mai.
Cremieux Anne-Claude (2009), *Gouverner l'imprévisible. Pandémie grippale, SRAS, crises sanitaires*, Lavoisier, Paris.
Deaton Angus (2020), 'We may not all be equal in the eyes of coronavirus', *Financial Times*, 5 avril.
Esping-Andersen Gosta (2008), 'Childhood investments and skill formation publics', *International tax and Public Finance*, vol. 15, p. 14-49.
European Commission (2020), 'Communication from the Commission to the European Parliament',

n° 4, p. 1197-1229.

Blanchard Olivier, Philippon Thomas et Pisani-Ferry Jean (2020), 'Une nouvelle boîte à outils politique est nécessaire à mesure que les pays quittent les blocages COVID-19', *Peterson Institute for International Economics*, juin, <frama. link/LCdWBps6>.

Boskin Michael (2020), 'Are large deficits and debt dangerous ?', *AEA Papers and Proceedings 2020*, vol. 110, p. 145-148, <frama.link/76cwb0G>.

Blot Christophe et Hubert Paul (2020), 'La baisse des Bourses risque-elle d'amplifier la crise ?', *Blog OFCE*, 30 avril, <frama.link/ V7qAuuL5>.

Bourdieu Pierre et Passeron Jean-Claude (1970), *La Reproduction. Éléments d'une théorie du système d'enseignement*, Minuit, Paris. 宮島喬訳『再生産――教育・社会・文化』藤原書店、1991年

Bourne R. (2019), 'Is this time different ? Schumpeter, the Tech Giants, and monopoly fatalism', *Cato Institute Policy Analysis*, juin.

Boyer Robert (2002), *La Croissance, début du siècle. De l'octet au gène*, Albin Michel, Paris. 井上泰夫監訳、中原隆幸・新井美佐子訳『ニュー・エコノミーの研究――21世紀型経済成長とは何か』藤原書店、2007年

―― (2011), *Les Financiers détruiront-ils le capitalisme?*, Economica, Paris. 山田鋭夫・坂口明義・原田裕治監訳『金融資本主義の崩壊――市場絶対主義を超えて』藤原書店、2011年

―― (2013), 'Les crises financières comme conflit de temporalités', *Vingtième Siècle. Revue d'Histoire*, n° 117, p. 69-88, janvier-mars.

―― (2014), 'The welfare-innovation institutional complementarity: aking sense of Scandinavian history', *in* Susana Borras et Leonard Seebrooke (dir.), *Sources of National Institutional Competitiveness. Sense-making and institutional change*, Oxford University Press, Oxford, p. 129-147.

―― (2015), *Économie politique des capitalismes. Théorie de la régulation et des crises*, La Découverte, Paris. 原田裕治訳『資本主義の政治経済学――調整と危機の理論』藤原書店、2019年

―― (2016), 'Brexit: the day of reckoning for the neo-functionalist paradigm of European Union', *Socio-Economic Review*, vol. 14, n° 4, p. 836-845.

―― (2019a), 'The French state capitalism in comparative and historical perspective', prepared for the *Handbook State Capitalism*, OUP.

―― (2019b), 'Platform capitalism in the light of history and economic theory', soumis pour publication *Socio-Economic Review*.

―― (2020), 'Le coronavirus, analyseur de l' économie et de la société étatsunienne', Institut des Amériques, avril, <frama. link/JCDD7RoH>.

Boyer Robert, Uemura Hiroyasu, Yamada Toshio et Song Lei (dir.) (2018), *Evolving Diversity and Interdependence of Capitalisms*, Springer, Tokyo.

Bronk Richard et Jacoby Wade (2020), 'The epistemics of populism and the politics of uncertainty',

文献目録

Aglietta Michel et Rebérioux Antoine (2004), *Les Dérives de la finance*, Albin Michel, Paris.

Akihiko M. (2006), *Shrinking Population Economics*, I-House Press, Tokyo.

Algan Yann et Cahuc Pierre (2008), *La Société de défiance. Comment le modèle social s'autodétruit*, Editions Ulm/CEPREMAP, Paris.

Alternatives économiques (2020), 'Spécial Covid-19', avril.

Amable Bruno (2017), *Structural Crisis and Institutional Change in Modern Capitalism. French Capitalism in Transition*, Oxford University Press, Oxford.

Amable Bruno et Palombarini Stefano (2018), *L'Illusion du bloc bourgeois. Alliances sociales et avenir du modèle français*, Raison d'agir, Paris.

Artus Patrick (2020), 'Coronavirus: changer de modèle économique ? Pas si vite', *Les Échos*, 5 mai.

Attali Jacques (1983), *Histoire du temps*, Le Livre de poche, Paris. 蔵持不三也訳『時間の歴史』原書房、1986年

Audureau William et Vaudano Maxime (2020), 'Coronavirus: du premier cas détecté de Covid-19 au début du déconfinement, la chronologie d'une crise mondiale', *Le Monde*, 12 mai.

Auray Stéphane et Eyquem Aurelien (2020), 'Les effets macroéconomiques du confinement: quels enseignements d'un modèle à agents hétérogènes ?', *Blog OFCE*, 30 avril, <frama. link/e5UgYd4j>.

Baker Scott R., Bloom Nicholas, Davis Steven J., Kost Kyle, Sammon Marco, Viratyosin Tasaneeya (2020), 'The unprecedented stock market reaction to Covid-19', Center for Economic Policy Research, *CEPR Press*.

Baldwin Richard et Weber di Mauro Beatrice (2020), *Mitigating the COVID Economic Crisis. Act Fast and Do Whatever it Takes*, *CEPR Press*, avril.

Banque de France (2020), 'Projections macroéconomiques, France', juin, <frama. link/4eJ9e4PJ>.

Baumstark L., Carrere M.-O., Rochaix L. (2008), 'Mesures de la valeur de la vie humaine. Usages et enjeux comparés dans les secteurs de la santé et des transports', *Les Tribunes de la santé*, vol. 21, n° 4.

Bell Clive et Lewis Maureen (2004), *The Economic Implications of Epidemics Old and New*, Center for Global Development, Washington, DC, septembre.

Bénassy Jean-Pascal (1984), *Macroéconomie et théorie du déséquilibre*, Dunod, Paris.

Berti Nicolo (2020), 'Il coronavirus ha cambiato l'idea che gli italiani hanno dell'Europa', *Youtrend*, 28 avril, <frama. link/5t-jUPdU>.

BIT (2020), 'Covid-19 pandemic: Analyzing labour market implication of the health crisis', BIT, Genève.

Blanchard Olivier (2019), 'Public debt and low interest rates', *American Economic Review*, vol. 109,

図表一覧

著者紹介

ロベール・ボワイエ（Robert BOYER）

1943年生。パリ理工科大学校（エコール・ポリテクニック）卒業。数理経済計画予測研究所（CEPREMAP）および国立科学研究所（CNRS）教授、ならびに社会科学高等研究院（EHESS）研究部長を経て、現在は米州研究所（パリ）エコノミスト。

著書に『レギュラシオン理論』『入門・レギュラシオン』『第二の大転換』『現代「経済学」批判宣言』『世界恐慌』、〈レギュラシオン・コレクション〉『1 危機——資本主義』『2 転換——社会主義』『3 ラポール・サラリアール』『4 国際レジームの再編』（共編著）、『資本主義 vs 資本主義』『ニュー・エコノミーの研究』『金融資本主義の崩壊』『ユーロ危機』『作られた不平等』『資本主義の政治経済学』（以上いずれも藤原書店）『レギュラシオン』（ミネルヴァ書房）などがある。

訳者紹介

山田鋭夫（やまだ・としお）

1942年生。1969年名古屋大学大学院経済学研究科博士課程単位取得退学。経済学博士。名古屋大学名誉教授。専攻は、理論経済学・現代資本主義論。著書に『さまざまな資本主義』（2008年）『内田義彦の学問』（2020年、以上藤原書店），*Contemporary Capitalism and Civil Society*, Springer 他。訳書にピエール・ブルデュー『住宅市場の社会経済学』（共訳、2006年、藤原書店）、ロベール・ボワイエ『ユーロ危機』（共訳、2013年、藤原書店）他。

平野泰朗（ひらの・やすろう）

1948年生。1978年名古屋大学大学院経済学研究科博士課程修了。1978～80年、フランス社会科学高等研究院に留学。経済学博士。福岡県立大学名誉教授。専攻は、労働経済学・社会政策。著書に『日本的制度と経済成長』（1996年、藤原書店）他。訳書にパスカル・プチ『低成長下のサービス経済』（1991年、藤原書店）、エマニュエル・トッド『経済幻想』（1999年、藤原書店）他。

パンデミックは資本主義《しほんしゅぎ》をどう変《か》えるか
――健康《けんこう》・経済《けいざい》・自由《じゆう》

2021年2月28日　初版第1刷発行©

訳　者　山　田　鋭　夫
　　　　平　野　泰　朗
発行者　藤　原　良　雄
発行所　株式会社　藤　原　書　店

〒162-0041　東京都新宿区早稲田鶴巻町523
電　話　03（5272）0301
FAX　03（5272）0450
振　替　00160-4-17013
info@fujiwara-shoten.co.jp

印刷・製本　精文堂印刷

落丁本・乱丁本はお取替えいたします
定価はカバーに表示してあります
Printed in Japan
ISBN978-4-86578-302-5

新しい経済学、最高の入門書

入門・レギュラシオン
〈経済学／歴史学／社会主義／日本〉

R・ボワイエ
山田鋭夫・井上泰夫編訳

マルクスの歴史認識とケインズの制度感覚の交点に立ち、アナール派の精神を継承、ブルデューの概念を駆使し、資本主義のみならず、社会主義や南北問題をも解明する、全く新しい経済学＝「レギュラシオン」とは何かを、レギュラシオン派の中心人物が俯瞰。

四六上製　二七二頁　**二一三六円**
（一九九〇年九月刊）
品切◇978-4-938661-09-0

現代資本主義分析の新しい視点

レギュラシオン理論
〈危機に挑む経済学〉

R・ボワイエ
山田鋭夫訳＝解説

レギュラシオン理論の最重要文献。基本概念、方法、歴史、成果、展望のエッセンス。二〇世紀の思想的成果を結集し、資本主義をその動態性・多様性において捉え、転換期にある世界を、経済・社会・歴史の総体として解読する理論装置を提供する。

四六上製　二八〇頁　**二一三六円**
（一九九〇年九月刊）
品切◇978-4-938661-10-6
LA THÉORIE DE LA RÉGULATION　Robert BOYER

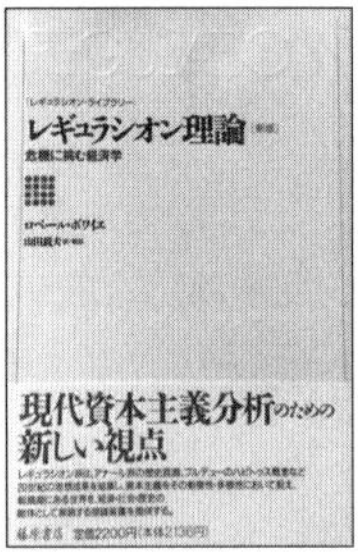

危機脱出のシナリオ

第二の大転換
〈EC統合下のヨーロッパ経済〉

R・ボワイエ
井上泰夫訳

一九三〇年代の大恐慌を分析したポランニーの名著『大転換』を受け、フォード主義の構造的危機からの脱出を模索する現代を「第二の大転換」の時代と規定。EC主要七か国の社会経済を最新データを駆使して徹底比較分析、危機乗りこえの様々なシナリオを呈示。

四六上製　二八八頁　**二七一八円**
（一九九二年一一月刊）
◇978-4-938661-60-1
LA SECONDE GRANDE TRANSFORMATION　Robert BOYER

現代資本主義の〝解剖学〟

現代「経済学」批判宣言
〈制度と歴史の経済学のために〉

R・ボワイエ
井上泰夫訳

混迷を究める現在の経済・社会・政治状況に対して、新古典派が何ひとつ有効な処方箋を示し得ないのはなぜか。マルクス、ケインズ、ポランニーの系譜を引くボワイエが、現実を解明し、真の経済学の誕生を告げる問題作。

Ａ５変並製　二三二頁　**二四〇〇円**
（一九九六年一一月刊）
◇978-4-89434-052-7

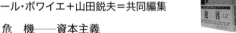

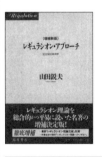